一遍読み解き事典

長島尚道・髙野修・砂川博・
岡本貞雄・長澤昌幸【編著】

柏書房

「紙本墨画淡彩一遍上人像」　清浄光寺（遊行寺）蔵

『一遍聖絵』第六　清浄光寺（遊行寺）蔵

「絹本著色二河白道図」　清浄光寺（遊行寺）蔵

はじめに

時宗の宗祖一遍は、念仏札くばりと踊り念仏を行いながら遊行《ゆぎょう》の旅を続け、十六年間、日本各地を歩いた後、五十一歳でその生涯を終えた。

一遍は、自分の教えは自分一代限りのものであるとして、経典以外の書籍や持ち物は、生前にすべて焼き捨ててしまった。人々が「南無阿弥陀仏」と称《とな》えること、そのことだけを伝えられればよいと考えたのである。

そのため、一遍の著書は一つも残っていないが、弟子たちが書きとめた一遍の言葉や手紙などから、その思想を知ることができる。また、一遍の伝記を絵巻物にした『一遍聖絵《いっぺんひじりえ》』や『一遍上人縁起絵《いっぺんしょうにんえんぎえ》』は、一遍の遊行の旅の様子を、生き生きと描いている。

「自分は下根《げこん》の者であるから、臨終のときには必ず様々なものに執着して、極楽往生しそこなう。だからすべてのものを捨て、遊行しながら念仏を称えている」(『一遍上人語録《いっぺんしょうにんごろく》』)と、一遍は述べている。一遍の遊行は、「捨てる」ということに徹したものだった。旅に必要な十二の道具だけを持って遊行を続け、一生を終えた。妻子を抱え、田畑を持ち、富をたくわえ、衣食住に執着するということを徹底して避けたのである。そのため一遍は、「捨聖《すてひじり》」とも呼ばれた。

現代において、捨てることの意味はますます重要になっている。捨聖一遍の遊行の旅には、私たちの日々の暮らしを見つめ直すヒントがあるかもしれない。

本書『一遍読み解き事典』は、一遍の足跡を追い、様々な視点から一遍と時宗を明らかにする事典である。

本書の出版にあたっては、一遍の研究を続けてこられた髙野修、砂川博、岡本貞雄、長澤昌幸の各氏に編者となっていただくとともに、中堅・若手の研究者の方々にもご執筆をお願いした。各氏の献身的努力に、心から御礼申し上げたい。

このたび、総本山清浄光寺《しょうじょうこうじ》（遊行寺《ゆぎょうじ》）には、遊行寺宝物館を通じて、『一遍聖絵』ほか多くの貴重な資料を特別にご提供いただいた。清浄光寺をはじめ、資料提供や掲載承諾を賜った諸寺院・諸機関の方々に深く感謝申し上げる。

二〇一四年四月

編者代表　長島尚道

【一遍読み解き事典◉目次】

附録　参考資料

凡　例

一　本書は、一遍の教えや事績などを、第1部「一遍と出会う」、第2部『一遍聖絵』を読み解く」、第3部「一遍ゆかりの地を歩く」、第4部「一遍の世界」で紹介するとともに、一遍に関わる重要な事項について、第5部「一遍関係用語集」において五十音順に配列し、解説した。

一　本書の記述は、常用漢字を原則とした。

一　本文中、特に説明を要する言葉は、＊を付して下に説明を示した。

一　執筆者名は、各部または各章の末尾に示した。

一　「一遍」をはじめ、人名の尊号や敬称は原則として用いなかった。

一　本書中に掲載した『一遍聖絵』の画像は、第七巻も含めすべて清浄光寺（遊行寺）蔵のもので、遊行寺宝物館を通じて提供されたものである。

一　本文中、現在の人権意識からすると不適切な表記が見られるが、それは一遍の教えが当時の社会的弱者の救済と関わっていた歴史的事実を解明するために用いたものである。

序

今なぜ一遍なのか

一遍と現代

快適に暮らすために、身のまわりのモノを整理し、処分することがもてはやされる世の中になった。使わないモノはどんどん捨てるべきだというのである。確かに、家の中にはモノがあふれかえり、足の踏み場もない。モノがありすぎると、そのために弊害を生じることもある。物質の豊かさに比べて精神が貧困である、モノによって魂が滅ぶなどといわれてきたが、今やモノによって身動きできない時代になってしまった。

つい数十年前まで、モノがあるということはよいことであった。いや今でも、それはよいことである。人は、所有するモノによって周囲から評価される面もある。近年ではモノの価値も、量より質が問われるようになった。しかし、多量にあること、豊富にあることが、持てる者のステータスであるという価値観から、我々はいまだ抜けきれずにいるのではないだろうか。現代の大量生産、大量消費の流れは止まらない。我々は、さらに所有するために、ため込んだモノを捨ててしまえといわれているように思える。

かつて、日本は戦争に敗れ、人々はどん底の貧しさを経験した。モノのない生活の苦しさをいやというほど味わわされたため、それを体験した人の中には、それをトラウマとして、モノをため込んでしまう人もいる。もちろん、モノを大切に扱う習慣はよいことである。かつては、それが当たり前のこととされてきた。現代においても、それはもちろん悪いことではない。

しかし、日本という国のあり方は今、ゆがんでいるのではなかろうか。普通の生活をしていると、あっという間にモノであふれかえってしまう。「もったいない」という言葉が日本人の徳目として世界中に広められていると聞くが、今や日本は、モノによって沈没してしまうのではないかと思われるほどである。もっとも、モノが生産され続け、売れ続けなければ、日本の経済は成り立っていかない。消費が停滞すると、企業は倒産し、労働者は路頭に迷ってしまう。そうなると、モノを得るための金銭は入ってこない。日本人の大多数は、そのような社会の将来に不安を抱きながら日々を送っているのではなかろうか。

今から約七百五十年前、一遍なる僧がおり、念仏札をくばりながら、遊行《ゆぎょう》と称して、日本国中を歩いて回っていた。彼は「捨聖《すてひじり》」とも呼ばれ、世の尊崇《そんすう》を集めていた。「身には塵《ちり》ほどのモノもたくわえず、一生の間、絹や綿には触れず、金銀の道具は手に取ることなく、酒や肉や五辛《ごしん》（辛さや臭いの強い野菜）を断ち、出家の守るべき戒を完全に守った」という。あえて極貧の生活を自ら選び、そのことで、多くの人々から尊敬されたというのである。

世間から崇《あが》め奉《たてまつ》られれば、その人物のもとには、供物が山ほど集まる。そして信者の数を誇り、集金高を誇り、施設の豪華さを誇る。また、そのことを見せつけることにより、さらなる組織の拡大をはかっていく。欲望は、限りなく人をさいなむ。それこそが、無間地獄《むげんじごく》の様相に思えてならない。このような苦しみの世界から人々を解放することが救済であり、宗教本来の役割であるはずである。富めること、豊かであることは悪いことではないが、そのことによって身動きが取れなくなってしまっては、人間にとってもっとも大切な自由が奪われてしまう。

モノを持たず、貧しいながらも自由に生きた、一遍の生き方を振り返ってみることは、我々の人生にとって、大きな意味を有するのではなかろうか。

一遍は、家族を捨てた。『一遍聖絵《いっぺんひじりえ》』では、「恩愛をすてて無為にはいらむ」という言葉で表現されている。一遍は、有数の武士である伊予河野《いよこうの》氏の末裔《まつえい》であるが、当時、河野氏は没落していた。出家して修行中であった一遍は、父の死により呼び戻され、わずかに命脈を保っていた河野氏の家督を継ぎ、家庭を持った。しかし一族の財産問題と人間関係の悪化によって、故郷を出て行かざるを得なくなったらしい。現代的にいえば、「家庭崩壊」といったところであろうか。「聖と鹿は人里に長くいると災難に逢う」と語ったという。よりどころとなるべき家族をさっさと捨て、ふたたび出家してしまったのである。釈尊《しゃくそん》の例を挙げるまでもなく、出家本来の意味からすれば、それも当然である。しかし、現代においては驚きの目で見られるようなことである。一遍は幼くして母を失い、十三歳で出家している。現代的な意味での家庭の温かさとは無縁であったのであろう。そのあたりの事情が、一遍の人格形成や思想に影響を与えているのかもしれない。

再出家以後、一遍は、遊行という、一所不住の旅から旅への日々を送ることとなった。当時、定住せずに旅を続けるということは、生きていく上で最小限度のモノしか所有できないということである。捨てられるモノを捨てなければ、移動が困難になる。一遍は遊行中、時衆《じしゅう》と呼ばれる十数人の集団を率いた。最小限の携行品十二種類を定め、それ以外のモノを持つことを、厳しく戒めている。自然に湧いてくるモノへの欲望は往生の妨げになるから、個々人の欲望を抑えなければ、同行する時衆全体が危機におちいってしまう。

生産手段を持たない一遍らの一行が生命を維持するためには、人々から供養と称する施しを受けるしかないが、ややもすると、その供養が欲望を助長してしまうことにもなりかねない。供養が過ぎれば遊行が困難になることが、一遍にはわかっていた。そのため一遍は、同行者を徹底的に厳しく律した。その厳しさに耐えかねて脱落した者もいたであろう。遊行では、モノを捨て、欲望を捨てねばならなかったのである。一遍の遊行は、臨終の直前まで続けられた。

信仰を持つ者は、何らかのご利益《りやく》を求めがちである。一遍にとって、最大の利益とは、極楽往生であった。賦算《ふさん》（念仏札をくばること）や踊り念仏は、信仰をそこに導くための方便であった。大切なことは、念仏を称《とな》えることである。

唐橋法印印承《からはしほういんいんしょう》なる者は、一遍に対して、「あなたは勢至菩薩《せいしぼさつ》の生まれ変わりでいらっしゃる」といって、自身の見た霊夢を書に記して示した。一遍は、「念仏こそ真実である。私が勢至菩薩でなければ信じないのか」と返した。同様に、従三位元長《じゅさんみもとなが》は、夢の内容を記した巻物を持参し、帰依を申し出たが、一遍は「信心が起きればよいことよ」と、その巻物は放っておいたという。取りつく島もない。信者としては、救済の保証が得られなければ、不安が残る。それでも一遍は容赦ない。ここにあるのは、信者の依存心であろう。いくら教祖が優れた者であっても、人への依存は、多くの場合、不信を生じる。「依法不依人（法により、人によらず）」が真実への道程である。一遍が「法」として頼みにするのは、念仏のみである。ただ一声の「南無阿弥陀仏」に確信が持てるかどうか。いや、確信も必要ない。ただ「南無阿弥陀仏」と称えることであった。

『一遍聖絵』は、一遍にまつわる超自然的な現象や、一遍の超能力者的言動を数多く記載している。それらの出来事を周囲が不思議がっても、一遍は、そのことに関心を持たない。片瀬の浜の地蔵堂に滞在していたときのこと、たびたび紫雲が立ち、空から花が降ってくるという、不思議なことが起こった。そのことを一遍に尋ねると、「花のことは花に聞け、紫雲のことは紫雲に聞け、一遍は知らない」と答えた。日常、言葉では説明しにくいことが起こると、何かと都合のよい理由づけをしがちである。しかし、それが往生と関係ないのであれば、一遍にとっては何の価値もないのであった。

一遍は、自身の心境を歌にしている。

さけば咲きちらばおのれとちる花の
　ことわりにこそ身はなりにけれ

（『一遍聖絵』）

咲くときが来たら咲き、散るときが来たら散る、花と自然の道理が私の生き方となっている。

花がいろ月がひかりとながむれば
　こころはものをおもはざりけり

（『一遍聖絵』）

花には花の色、月には月の色がある。それをそのまま素直に眺めれば、心はくだらぬことを思いめぐらしたりはしない。

現代では、生涯を通じた福祉の充実が訴えられているが、一遍の時代には望むべくもなかった。常に死と向き合い続けなければならない社会にあって、もっとも大切なことは何か。一遍の教えは、その一点にある。人は必ず死ぬ。そこから生まれる不安にどのように対処すればよいのか。一遍の遊行は、時衆という集団の生を維持していく営みという面を有してはいるが、その一歩一歩は、意識するしないにかかわらず、そのまま死への歩みでもあった。時衆の遊行の中で、人の死は日常的に体験され、ごく自然にあることであった。死を特別視はしていない。「死んだらどこへいくのか」という問いは、各宗教における共通の問いであるが、不要な事柄をすべて捨て去ってみると、答えはおのずと明らかになる。「ただ往生するのみ」である。

六道輪廻《りんね》の間には　ともなふ人もなかりけり
独《ひとり》むまれて（生まれて）独死す　生死のみちこそかなしけれ
（「百利口語《ひゃくりくご》」『一遍上人語録《いっぺんしょうにんごろく》』）

をのづから相あふ時もわかれても
ひとりはをなしひとりなりけり
（『一遍聖絵』）

これが一遍の真骨頂である。

現代においては、孤独死の問題がしばしば取り上げられる。温かい自分の家で、家族に看取られて臨終を迎え、葬られることをよしとし、人知れず孤独に息を引き取ることは問題視される。しかし、歴史を振り返ってみて、そのような時代がどれほどあったであろうか。現代は、そのようなことが問題視されるほど恵まれた社会であるという見方もできるのではなかろうか。むしろ、人の死を問題視するのではなく、自分自身の問題として、死をしっかりととらえることが重要である。

一遍は常に主張している。

はじめの一念よりほかに

最後の十念《じゅうねん》なければども
思をかさねて始《はじめ》とし
思のつくるををはりとす
思つきなむその時に
始をはりはなけれども
仏も衆生《しゅじょう》もひとつにて
南無阿弥陀仏とぞ申べき

はやく万事をなげすてゝ
一心に弥陀をたのみつゝ
南無阿弥陀仏といきたゆる
これぞ思のかぎりなる

（『一遍聖絵』）

旅衣《たびごろも》木のね（根）茅《かや》のね（根）いづくにか
　身の捨てられぬところあるべき

（『一遍聖絵』）

念仏に始まり、念仏に終わる。旅から旅への生涯、草木の根元であろうと、どこで死んでも悔いはないのである。

一遍は、正応二年（一二八九）八月二十三日、臨終を迎えるが、生きているときと何ら変わった様子もなく、禅定《ぜんじょう》（修行で精神を集中し、静寂の心境に達すること）に入るような、静かなものであったという。弟子たちには死後の葬儀を禁じ、遺骸は野に捨て、獣に施せばよい。在家の人たちが葬儀をしたいと申し出てくれれば、そのようにさせるよう指示していた。近年流行している自然葬や家族葬を思わせるところがある。

弟子たちには最後まで厳しかった一遍であったが、本質的には思いやりの深い人物であったようである。

（岡本貞雄）

第1部

一遍と出会う

一遍の生涯

誕生と出家

一遍の出自

一遍（一二三九〜一二八九）は、鎌倉時代後期の延応元年（一二三九）、伊予《いよ》国の道《どう》後《ご》（愛媛県松山市）の豪族河野《こうの》七郎通広《しちろうみちひろ》の次男として生まれた。

一遍の祖父通信《みちのぶ》は源平合戦のとき、源 義経《みなもとのよしつね》に味方して水軍を率い、元暦二年（一一八五）、壇ノ浦《だんのうら》において平家を全滅させる大きな力となった。しかし、承久三年（一二二一）、後鳥羽《ごとば》上皇と幕府方とが争った承久《じょうきゅう》の乱《らん》では、一族の多くが上皇方について敗れ、没落してしまった。すなわち、通信は奥州江刺《おうしゅうえさし》（岩手県北上市）に流され、その子通俊《みちとし》は戦死し、通政《みちまさ》は信濃国葉広《はびろ》（長野県伊那市）で斬首《ざんしゅ》され、通末《みちすえ》は信濃《しなの》国伴野《ともの》（長野県佐久市）に流されて、一族の所領は没収されてしまった。

通信の四男通広は、病弱のゆえか、承久の乱の以前に伊予に帰国していたために戦乱を免れ、出家して如仏《にょぶつ》と号し、道後の宝厳寺《ほうごんじ》の塔頭《たっちゅう》（寺の境内にある小寺院）に隠棲《いんせい》していたという。承久の乱の十八年後、ここで一遍が誕生したと考えられてい

る。＊

最初の出家

一遍は、幼名を松寿丸《しょうじゅまる》といった。宝治二年（一二四八）、十歳のとき、母の死を機に、父の命で出家をした。『一遍聖絵《いっぺんひじりえ》』第一の詞書《ことばがき》によれば、「十歳にて悲母にをくれて、始て無常の理《ことわり》をさとり給ぬ。つゐに命をうけ、出家をとげ」たという。無常の理を知った一遍を、父は継教寺《けいきょうじ》（所在地不詳）で出家させることにしたのである。このとき、一遍は随縁《ずいえん》という法名を授けられた。

建長三年（一二五一）春、十三歳になった一遍は、善入《ぜんにゅう》という僧に伴われて九州へ旅立ち、太宰府《だざいふ》（福岡県太宰府市）の聖達《しょうだつ》の弟子となった。彼は浄土宗の開祖法然《ほうねん》（一一三三～一二一二）門下の證空《しょうくう》（浄土宗西山派《せいざんは》の祖、一一七七～一二四七）の弟子で、太宰府近くの筑紫郡原山《つくしぐんはらやま》の無量寺《むりょうじ》（原八房の中の一庵）に住んでいた。通広は、京都にいた頃、證空のもとで聖達や華台《けだい》とともに学んだことがあり、その関係から、一遍を聖達に預けたのであろう。

聖達は、まず「学問のためならば、浄土の章疏《しょうしょ》文字よみをしてきたるべきよし」（『一遍聖絵』第一）とあるように、浄土教学の典籍の註釈書を学ばせるために、肥前《ひぜん》国清水寺（肥前ではなく筑紫《つくし》で、福岡県宮若市の清水寺との説もある）の華台に一遍を預けた。華台のもとで一遍は智真《ちしん》と改名し、一年間学んだ。その後、聖達は一遍を自分のもとに迎え、それから十二年間、浄土教学を修めさせた。『一遍聖絵』第一には、

＊現在の宝厳寺には、「一遍上人御誕生旧蹟」の碑が建てられている。

太宰府への出立　『一遍聖絵』清浄光寺（遊行寺）蔵（以下同）

「浄土の教門を学し、真宗の奥義《おうぎ》をうけ」たとある。ここでいう「真宗」とは、浄土教学のことである。

鎌倉新仏教の開祖である法然、親鸞《しんらん》、栄西《えいさい》、道元《どうげん》、日蓮《にちれん》らは、当時の仏教の中心であった比叡山《ひえいざん》で学んだ。これに対して、一遍は太宰府で学んでいる。この違いが、後に一遍が実践行としての遊行《ゆぎょう》に明け暮れる要因の一つとなったのであろう。

還俗《げんぞく》と再出家

弘長三年（一二六三）、父通広が亡くなり、その知らせが一遍のもとへ届いた。ときに一遍は二十五歳であった。これを機に一遍は、師の聖達のもとを辞し、故郷の伊予へ戻っている。家を継いで家族を扶養しなければならなかったためと思われる。

この頃の一遍の生活を、『一遍聖絵』第一は、「或《ある》は真門《しんもん》をひらきて勤行《ごんぎょう》をいたし、或は俗塵《ぞくじん》にまじはりて恩愛をかへりみ」と記している。父がそうであったように、一遍もいわゆる半僧半俗、つまり姿は出家でありながら、日常は家族とともに生活していたのであろう（これを「真俗二諦《しんぞくにたい》」という）。しかし、父の命とはいえ若くして仏門に入り、世俗を断った環境で成人した一遍にとって、在俗の生活は決して好ましいものではなかったであろう。

文永八年（一二七一）、三十三歳の春、一遍はふたたび出家を決意する。一遍の再出家について、『一遍聖絵』同様に一遍の生涯を描いた『一遍上人縁起絵《いっぺんしょうにんえんぎえ》』（『一遍《いっぺん》上人絵詞伝《しょうにんえしでん》』『遊行上人縁起絵《ゆぎょうしょうにんえんぎえ》』とも呼ばれる。以下『縁起絵』）巻一には、剃髪《ていはつ》で法衣

刀を抜く侍に追われる一遍
『一遍上人縁起絵』真光寺蔵

姿の一遍が、刀を抜いた人に追いかけられている絵が描かれている。

親類の中に遺恨《いこん》をさしはさむ事ありて殺害せむとしけるに、疵《きず》をかうぶりながら、かたきの太刀をうばひとりて命はたすかりにけり。発心《ほっしん》の始《はじめ》、此《こ》の事なりけるとや。

その詞書にはそう記されている。親類間の遺恨がもとで一遍が殺されそうになる事件が起き、一遍はふたたび出家し、「恩愛を捨てゝ無為に入らむ」（『一遍聖絵』第一）こと、家族を捨てて仏道一筋に歩む決心をしたのである。

親類間の遺恨とは何であったのか。二つの絵伝はそのことについて何も語っていないが、文永八年（一二七一）といえば、元《げん》の使いが数年前から来朝しており、幕府は西国の御家人に沿岸防備の強化を命じている。元寇は、むしろ没落した河野家を再興する絶好の機会であった。しかし、そのような一族の考え方に、一遍は同意できなかったのではなかろうか。

出家後、一遍は師の聖達を太宰府に訪ねている。再出家の決意を報告したのであろう。このとき、『一遍聖絵』の編者であり、一遍の弟ともいわれる聖戒《しょうかい》も出家し、一遍に同行している。

善光寺《ぜんこうじ》への参籠《さんろう》

再出家した一遍が最初に旅したのは、信濃《しなの》国の善光寺（長野市長野元善町）であった。文永八年（一二七一）の春、一遍は善光寺に参籠《さんろう》し、最初の安心《あんじん》（さとり）を得たと

善光寺
『一遍聖絵』

されている。

『一遍聖絵』第一には「参籠日数をかさねて下向《げこう》したまへり。この時、己証《こしょう》の法門を顕《あらわ》し、二河の本尊を図したまへりき」と記されている。つまり、一遍は参籠の日数を重ね、自ら確信を得て、「二河白道図《にがびゃくどうず》」を写して持ち帰り、生涯の本尊としたのである。「二河白道図」とは、中国浄土教の大成者とされる唐の善導《ぜんどう》が念仏を勧める喩《たとえ》として説いた「水火二河《すいかにが》の喩」を絵で示したものとされている。

西へ向かう旅人がいる。行く道をさえぎるように、南に燃え盛る火の河、北に波立つ水の河がある。川幅は百歩。その二つの川の間に四、五寸の白道がある。その道の東岸（穢土《えど》）から西岸（浄土）へ渡ろうとする。このとき、東岸の釈尊《しゃくそん》、西岸の阿弥陀仏から、ひるむ旅人に対して白道を渡るよう励ます声が聞こえる。旅人は意を決して白道を渡り、浄土へたどり着く。

この喩は、西方極楽浄土を志す者が、諸々の誘惑を振り切り、釈尊と阿弥陀二尊に守られながら、貪りや怒りの煩悩を克服し、信心を奮い起こして、極楽浄土へ往生することを表したものである。

一遍はこの「二河白道図」を見て感得し、それを自ら写して求道《ぐどう》のための本尊とした。一遍は、この「二河白道の喩」の白道を渡る旅人が自分自身にほかならないことを確認したのである。

念仏修行

故郷の伊予へ帰った一遍は、文永八年（一二七一）の秋、窪寺《くぼでら》（愛媛県松山市窪野町北谷）というところに庵を構え、念仏に明け暮れた。『一遍聖絵』第一は、次のように述べている。

　同年秋のころ、予州窪寺といふところに青苔緑蘿《せいたいりよくら》の幽地をうちはらひ、松門柴戸の閑室をかまへ、東壁にこの二河の本尊をかけ、交衆をとゞめてひとり経行し、万事をなげすてゝ、もはら称名《しょうみょう》す。四儀（行住坐臥《ぎょうじゅうざが》）の勤行さはりなく、三とせの春秋をおくりむかへ給ふ。彼の時、己心領解《こしんりょうげ》（独自のさとり）の法門とて、七言の頌《じゅ》（漢詩）をつくりて、本尊のかたはらのかきにかけたまへり。

質素な「閑室」の東壁に、本尊として「二河白道図」をかけ、三年間すべてを捨て、人々と交わることなく、一人でもっぱら念仏を称《とな》える修行を行った。一遍はその間に、「十一不二頌《じゅういちふにじゅ》」を作り、これを本尊である「二河白道図」の横にかけた。「十一不二頌」は、一遍独自の安心の境地を表すと同時に、「二河白道図」を頌に示したものといわれており、次のようなものである。

「十劫正覚衆生界《じっこうしょうがくしゅじょうかい》」

十劫という遥か昔に、法蔵《ほうぞう》菩薩が正しいさとりを得て阿弥陀仏になったのは、すべての人々を救い、極楽浄土に往生させるという本願を成就したからである。

「一念往生弥陀国《いちねんおうじょうみだこく》」

人々は一度「南無阿弥陀仏」と称えれば、阿弥陀仏の極楽浄土に往生することが

窪寺
『一遍聖絵』

できる。

「十一不二証無生《じゅういちふにしょうむしょう》」

十劫の昔に、法蔵菩薩がさとりを得て阿弥陀仏となったことと、今、人々が一度「南無阿弥陀仏」と称えて極楽浄土に往生することとは、時間を超越して同時であり、このことは生死を超えたさとりの世界を表している。

「国界平等坐大会《こっかいびょうどうざだいえ》」

一度の念仏によって、阿弥陀仏の極楽浄土とこの世は同じ（平等）になり、この世にあっても、人々は阿弥陀仏が教えを説く大会に坐《すわ》ることができる。

「十一不二」の安心を確立した一遍は、文永十年（一二七三）七月、観音が現れ、仙人が修行したと伝えられている菅生《すごう》の岩屋《いわや》（愛媛県上浮穴《かみうけな》郡久万《くま》高原町七鳥《ななとり》）に参籠した。

そして半年の修行の後、一遍は、家屋敷・田畑を捨て、一族と離れ、遊行の旅に出た。

遊行《ゆぎょう》の始まり

旅立ち

文永十一年（一二七四）二月八日、一遍は同行《どうぎょう》三人、すなわち超一《ちょういち》、超二《ちょうに》、念仏《ねんぶつ》房《ぼう》とともに、伊予《いよ》を後にした。＊

菅生の岩屋
『一遍聖絵』

＊超一、超二、念仏房というのは、『一遍聖絵』に後の時代に書き込まれたもので、制作当初のものではなく、正確な情報ではないともいわれている。

聖戒《しょうかい》も見送りのため、五、六日、一遍たちに同行した後、桜井の浜で、「臨終の時はかならずめぐりあふべし」（『一遍聖絵《いっぺんひじりえ》』第二）と約束し、別れている。このとき一遍は、聖戒に南無阿弥陀仏の名号《みょうごう》を書き、十念《じゅうねん》（南無阿弥陀仏を十回称《とな》えること）を授けている。桜井は現在の愛媛県今治市桜井の海岸で、一遍たちはここから舟に乗り、東へ向かったと考えられる。生涯をかけた遊行の旅の第一歩であった。

念仏勧進《かんじん》の旅だというのに、一遍は、超一、超二という女性二人と、念仏房という男の従者らしき者を連れている。二人の女性が何者なのかについては、一遍の妻と娘とするほか、諸説があり明らかではない。いずれにしても、これには深い事情があったに違いない。『一遍聖絵』第二には「奇特《きとく》あるといえども繁《はん》を恐れて、これを略す」とある。聖戒も、このことはあまり語りたくなかったのであろう。

賦算《ふさん》を始める

聖戒と別れた一遍は、まずは摂津《せっつ》国の四天王寺《してんのうじ》（大阪市天王寺区）を訪れている。四天王寺は聖徳太子《しょうとくたいし》によって建てられ、当時は、釈尊《しゃくそん》が説法した古跡であって、極楽の東門の中心であるといわれていた。

『一遍聖絵』第二の絵を見ると、四天王寺の西大門の前で、人だかりがしている。一遍が南無阿弥陀仏の念仏札をくばり始めたのである。

「算《ふだ》を賦《くば》る」。これを「賦算」という。一遍の一生涯の行儀《ぎょうぎ》となった念仏賦算が、ここで開始されたのである。

遊行に出る
『一遍聖絵』

一遍は、次に高野山《こうやさん》（和歌山県伊都郡高野町高野山）へ参詣した。ここには、弘法《こうぼう》大師空海《だいしくうかい》が南無阿弥陀仏の六字の印板（文字を彫り込んだ板）を五濁《ごじょく》（末世の濁った時代）の凡夫《ぼんぷ》のための本尊としたという言い伝えがある。かつて一遍が伊予の菅生岩《すごういわ》屋《や》に参籠したのも、そこが大師練行の跡とされていたからである。高野山ももちろん弘法大師の聖地であり、一遍は特にこの地に参詣して「九品《くほん》浄土（極楽浄土）同生の縁」を結ぶべく、遥かに分け入ったのであった。

熊野権現《くまのごんげん》の神勅《しんちょく》

高野山を後にした一遍は、熊野を目指した。当時の熊野は、「蟻《あり》の熊野詣《もうで》」といわれるように、皇族や武士、庶民の信仰を集め、多くの人々が参詣に訪れる地であった。

一遍は、熊野の玄関口、口熊野《くちくまの》といわれる田辺から中辺路《なかへじ》に入り、本宮《ほんぐう》（和歌山県田辺市本宮町）へ向かった。本宮から熊野川を舟で下り、新宮《しんぐう》（和歌山県新宮市新宮）、那智《なち》（和歌山県東牟婁郡紀伊勝浦町那智山）と熊野三山をめぐって、那智の後ろの妙法《みょうほう》山《さん》に登り、大雲取《おおくもとり》、小雲取《こくもとり》越えの険しい山路をたどり、ふたたび本宮に出て、中辺路を戻って京に帰る行程である。

一遍の熊野参籠《さんろう》に関して、『一遍聖絵』第三は、次のように記している。

文永十一年（一二七四）のなつ、高野山を過ぎて熊野へ参詣し給ふ。就中《なかんずく》、発《はっ》遣《けん》の釈迦は降魔《ごうま》明王とともに東にいで、来迎《らいこう》の弥陀は、引接《いんじょう》の薩埵《さった》をともなひ

四天王寺
『一遍聖絵』

念仏札
清浄光寺（遊行寺）

て、にしにあらはれ給へり

いうまでもなく、この文は「二河白道《にがびゃくどう》」の本尊を表している。

一遍は、熊野の山中で一人の僧に出会った。

「ここに一人の僧あり。聖《ひじり》（一遍のこと）すゝめての給《たま》はく。一念の信をおこして、南無阿弥陀仏ととなへて、このふだをうけ給ふべし」（『一遍聖絵』第三）。一遍は僧に札を勧めるが、受け取りを拒否される。「信心が起こらないのに札を受ければ、妄語《もうご》の罪を犯すことになる」と。一遍と僧が押し問答をしている間に、熊野道者《どうしゃ》をはじめ、多くの人々が集まってきた。一遍は、この僧が念仏札を受けなければ、ほかの人々もみな受けてくれないであろうと、不本意ながら、「信心おこらずともうけ給へ」と言って、僧に札を渡した。これを見て、ほかの人々も、みな念仏札を受けた。しかし、気がつくと僧は姿を消していた。

一遍は、信心を起こして南無阿弥陀仏と称えることを勧め、念仏を称えた者にのみ念仏札を渡していた。しかし、ここでは信心も起こらず念仏も称えない僧に念仏札を与えてしまった。一遍はただちに、熊野本宮証誠殿《しょうじょうでん》に参籠した。目を閉じていると、熊野権現が現れて、一遍に次のように告げた。

融通《ゆうずう》＊念仏すゝむる聖《ひじり》、いかに念仏をばあしくすゝめらるゝぞ。御房のすゝめによりて一切衆生《いっさいしゅじょう》はじめて往生すべきにあらず。阿弥陀仏の十劫正覚《じっこうしょうがく》に、一切衆生の往生は南無阿弥陀仏と決定《けつじょう》するところ也。信不信をえらばず、浄不浄をきらはず、その札くばるべし（『一遍聖絵』第三）。

熊野で僧と出会う
『一遍聖絵』

＊中世には「ゆづう」と読んだ。

熊野権現は、「融通念仏を勧める聖一遍よ。どうして念仏を間違えて勧めているのか。あなたの勧めによって、すべての人々が極楽浄土に往生するのではない。すでに十劫という遠い昔、阿弥陀仏がさとりを開いたとき、南無阿弥陀仏と称えることによって、すべての人々は往生することができると決定している。したがって信心があろうとなかろうと、区別なく、念仏札をくばりなさい」と教示したのである。先ほどの僧は、熊野権現が姿を変えて一遍の前に現れたのであった。

時宗では、これを「熊野権現の神勅《しんちょく》」と呼び、このときをもって一遍の成道《じょうどう》（さとり）とし、時宗開宗のときと定めている。

一遍は、熊野本宮に参籠して熊野権現の神勅を得たときの思いを、「大権現の神《しん》託《たく》をさずかりし後、いよいよ他力本願の深意を領解《りょうげ》（さとること）せり」（『一遍聖絵』第三）と述べている。「いよいよ」と強調しているところから、一遍は熊野参籠以前に、ある程度の安心《あんじん》（さとり）は得ていたと推察することができる。それは善光寺へ参籠して「二河白道図《にがびゃくどうず》」を写したときと、「十一不二頌《じゅういちふにじゅ》」を作ったときであろう。

この後、一遍は本宮を後にし、舟で熊野川を下り、新宮に詣でた。そして、ここで、それまで同行してきた超一や超二、念仏房に、別れを告げている。

すなわち、『一遍聖絵』第三の詞書《ことばがき》に、「同年（文永十一年〈一二七四〉）六月十三日、新宮よりたよりにつけて消息を給ふ事ありしに、今はおもふやうありて同行等をもはなちすてつ」とあるとおりで、三人の同行者との別れは「はなちすてつ」というように、厳しいものであった。

熊野権現
『一遍聖絵』

「六十万人頌《ろくじゅうまんにんじゅ》」と「六字無生《ろくじむしょう》の頌《じゅ》」

三人の同行者と別れたとき、同時に一遍は、聖戒への手紙に念仏の形木《かたぎ》（文字を彫り込んだ板）を添え、手紙の最後に「六十万人頌」と「六字無生の頌」の二つをしたためている。

『一遍聖絵』第三の詞書には、次のように記されている。

又念仏の形木くだしつかはす。結縁あるべきよしなどこまかにかき給へり。

聖の頌に云く。

六字名号一遍法《ろくじみょうごういっぺんぼう》
十界依正一遍体《じっかいえしょういっぺんたい》
万行離念一遍証《まんぎょうりねんいっぺんしょう》
人中上々妙好華《にんちゅうじょうじょうみょうこうげ》

又云く、

六字《ろくじ》之《の》中《なか》　本無生死《ほんむしょうじ》
一声《いっしょう》之《の》間《あいだ》　即証無生《そくしょうむしょう》

六字名号の南無阿弥陀仏は、あらゆるすべての仏の教えを収めた絶対の教えである。現世に生きるものすべてが、名号に照らされたとき、その身は仏に包まれて、差別なく平等である。すべての行は、念仏の中に包まれているのであるから、名号を称えさえすれば、衆生の極楽往生と阿弥陀仏の正しいさとりが不二*であることが証明される。名号を称え、さとりを得た人こそ、人の中のもっとも優れた人であり、

*同一であること。

泥中から咲き出た白い蓮華にもたとえられる。

六字名号の中には、もとより生まれかわり死にかわるという迷いはなく、さとりの境地がある。ただ一声、名号を称えることによって、一瞬の間に生死を超えたさとりを開くことができる。

一遍は、この二つの頌において、「南無阿弥陀仏」と一声称えることによって、衆生は阿弥陀仏の救いにあずかり、極楽に生まれることができる。そこで阿弥陀仏と衆生とはともに極楽浄土に存在していることとなり、阿弥陀仏と衆生の区別はないという教えを示したのである。

二祖の入門と踊り念仏の始まり

四国から九州へ

熊野《くまの》を後にした一遍は、京をめぐり、西海道《さいかいどう》を経て、建治元年（一二七五）、故郷の伊予《いよ》へ帰っている。このとき一遍は、聖戒《しょうかい》に対して、「まず有縁《うえん》の衆生《しゅじょう》を度《ど》せんためにいそぎ此《こ》の国にきた」（『一遍聖絵《いっぺんひじりえ》』第三）と語ったという。翌年の建治二年、一遍は伊予から九州へ渡り、師の聖達《しょうだつ》を訪ねている。

その後の九州遊行《ゆぎょう》は、孤独な旅であった。供養をしてくれる者もめったになく、したがう者もなかったのである。筑前《ちくぜん》・筑後《ちくご》・肥後《ひご》の各国を経て薩摩《さつま》国に入り、その後、大隅正八幡宮《おおすみしょうはちまんぐう》（鹿児島県霧島市隼人町の鹿児島神宮《かごしまじんぐう》）に参詣した。

大隅正八幡宮
『一遍聖絵』

二祖他阿真教《たあしんきょう》の入門

大隅正八幡宮を後にした一遍は、九州の遊行を終えて、ふたたび四国へ渡ろうとしていたところ、思いがけなく豊後《ぶんご》国の大友兵庫頭頼泰《おおともひょうごのかみよりやす》（一二二二〜一三〇〇）の帰依《きえ》を受けた。衣などの喜捨を受け、その館にしばらく逗留している。

ここでは、運命的な出来事があった。後に遊行二祖となる、他阿真教《たあしんきょう》（一二三七〜一三一九）との出会いである。『一遍聖絵』第四に、「其所にしばらく逗留して法門などあひ談じ給《たもう》あひだ、他阿弥陀仏《たあみだぶつ》はじめて同行相親《どうぎょうそうしん》の契《ちぎり》をむすびたてまつりぬ」と記されている。また、『縁起絵』第一にも、「九国を修行し給ける時、他阿弥陀仏はじめて随逐《ずいちく》し給」と述べられている。

他阿弥陀仏とあるのが、真教のことである。真教は、時宗の事実上の開祖といわれている。『一遍聖絵』『縁起絵』の両絵伝とも、一遍が初めて入門を許した弟子であったことを強調している。「同行相親の契」を結んだとは、同行として供《とも》する約束をしたということである。

『縁起絵』第五によると、真教は、「眼に重瞳浮《ちょうどううかび》て、繊芥《せんかい》の隔《へだて》なく、面《おもて》に柔和を備て、慈悲の色深し」とあるので、二重瞼で柔和の相をそなえ、慈悲の深い温厚な人であったのであろう。しかし、今日残されている多くの木像や絵像は、晩年の中風の病のためか、顔面が歪んだものとなっている。

豊後では、一遍には七、八人の同行が生じた。一遍はこれらの人々を伴って、弘安元年（一二七八）の夏、伊予国に渡った。一遍の一行は、秋には安芸《あき》国の厳島《いつくしま》神社（広島県廿日市市宮島）に参詣し、冬には備前《びぜん》国藤井（岡山市東区西大寺）に姿を現した。

　そして福岡（岡山県瀬戸内市長船《おさふね》町）の市では、「吉備津宮《きびつのみや》」（岡山市東区西大寺の安《あ》仁《に》神社か）の神主の息子とその妻が出家したのをきっかけに、二百八十余人が出家したと、『一遍聖絵』第四に記されている。

　一遍にしたがって遊行に同行した僧や尼僧を、時衆《じしゅう》と呼ぶ。福岡を出るとき、一遍に何人の時衆がしたがったかはわからないが、その後の遊行には、多くの時衆を伴っていたと考えられる。

踊り念仏の始まり

　一遍と時衆は、弘安二年（一二七九）春、京に上った。主として舟を使って東行し、淀川を上って京に入ったと考えられる。一遍らは松原烏丸通りの因幡堂《いなばどう》（京都市下京区）に着いたが、当初は堂内に泊ることを拒否され、縁側に宿泊しなければならなかった。その夜、寺僧の夢に「大事な客をもてなすように」との告げがあったため、夜半に堂内に招き入れられたという。

　この年の八月に因幡堂を出発した一遍の一行は、四十八日かかって信濃の善光寺《ぜんこうじ》に参詣した。「道の間の日数自然に四十八日なり」と、『一遍聖絵』第四に記されている。四十八日という日数は、もとより弥陀の四十八願にちなんでいる。この日数が当時、京からの善光寺詣りの日程として一般的なものかどうかははっきりしないが、浄土宗西山《せいざん》派《は》の證空《しょうくう》が善光寺詣りの道筋に、十一の伽藍を建てて不断念仏をさせたということとも関係があるのであろう。

善光寺を後にし、千曲川《ちくまがわ》に沿って南下した一遍と時衆が、念仏勧進《かんじん》を続けながら目指したのは、佐久《さく》（長野県佐久市）であった。承久三年（一二二一）の承久《じょうきゅう》の乱《らん》に敗れて佐久に流されて没した、叔父河野通末《こうのみちすえ》の霊を慰めるためと思われる。

『一遍聖絵』第四の詞書には、注目すべきことが記されている。

同国小田切《おだぎり》の里、或《ある》武士の屋形にて聖《ひじり》をどりはじめ給けるに、道俗《どうぞく》おほくあつまりて結縁《けちえん》あまねかりければ、次第相続して一期《いちご》の行儀と成れり。

踊り念仏の始まりを伝えているのである。

『一遍聖絵』の絵には、右方に谷川が流れ、崖がめぐるところに、土塁と塀に囲まれた館がある。館の座敷には領主夫妻、縁には従者が坐《すわ》っている。縁先には一遍が出て鉢を叩いており、片足はすでに縁から一歩踏み出している。庭に下りて、一緒に踊ろうとしているのであろう。

詞書には続けて、次のようにある。

其年、信濃国佐久郡伴野《ともの》の市場の在家にして歳末別時《さいまつべつじ》のとき、紫雲はじめてたち侍《はべ》りけり。抑々《そもそも》をどり念仏は、空也上人或《あるい》は市屋《いちや》或は四条の辻にて始行し給ひけり。

伴野の市場での歳末別時のときから、一遍の行に紫雲が立つような奇瑞《きずい》が見られるようになったことや、そもそも踊り念仏は、空也《くうや》（九〇三～九七二）が京都の市屋

小田切の里
『一遍聖絵』

道場または四条の辻で始めたことが記されているのである。

　一遍の踊り念仏は、信州佐久で、なかば自然発生的に始まった。やがて踊り屋、つまり舞台が設けられるようになった。これは明らかに仮設のもので、遊行の旅先で木材を調達したものと考えられる。踊り屋の足で板を踏むドンドンという音が鉦《かね》と和して、音響効果を高めたことであろう。

　ところで『一遍聖絵』には、踊り屋だけでなく、四天王寺《してんのうじ》（大阪市天王寺区）の蓮池に挟まれた舞台、吉備津宮《きびつのみや》（広島県福山市）の舞殿、厳島《いつくしま》神社（広島県廿日市市）の海上の舞台、伊予大三島の大山祇《おおやまずみ》神社（愛媛県今治市）の石舞台というように、様々な舞台が登場する。『一遍聖絵』の絵師円伊のひとかたならぬ舞台への関心の深さが推察され、それだけ踊り念仏の舞台の描写も正確であったと考えられる。

東国へ

通信《みちのぶ》の墓を訪れる

　弘安三年（一二八〇）、一遍と時衆《じしゅう》は、奥州へ向かった。夏に下野《しもつけ》国佐野、小野寺、小山《おやま》を過ぎ、さらに北上した（このうち栃木県下都賀郡岩舟町小野寺には、現在、時宗住《じゅう》林寺《りんじ》がある）。そして秋には、白河《しらかわ》の関《せき》（福島県白河市旗宿）に到達し、一遍は関の明神の柱に歌と名号を書きとめた。

　白河の関を越えて奥州へ入った一遍は、江刺《えさし》（岩手県北上市）に祖父通信の墓を訪

通信の墓
『一遍聖絵』

ね、その菩提を弔《とむら》っている。『一遍聖絵《いっぺんひじりえ》』第五に描かれている通信の墓は円形で、広々とした田に囲まれている。一遍のほかに二十人ほどの僧尼がひざまずいてこの墓に礼拝し、念仏を称えている。塚の上ではススキが風になびいている。

現在、岩手県北上市稲瀬町水越にある「ひじり塚」が通信の墓であると考えられている。「ひじり塚」は、直径十一・五メートル、高さ三メートルほどの丸い塚で、まわりに空堀をめぐらし、土盛された表面と堀の外に石が敷きつめられている。

江刺を後にして、一遍と時衆は、平泉や松島のあたりを遊行《ゆぎょう》した後、南下して常陸《ひたち》国へ入り、弘安四年（一二八一）、武蔵《むさし》国石浜《いしはま》（東京都台東区）に到着した。

現在、石浜の地には浄土宗保元寺《ほうげんじ》（東京都台東区橋場）があり、本堂の正面に「石浜道場」の篇額《へんがく》が掲げられている。

石浜では、今までの旅の疲れが出たのであろうか、時衆の四、五人が病に倒れている。

鎌倉入り

弘安五年（一二八二）、一遍の一行は鎌倉に向かうが、その手前の「ながさご」（横浜市南区永谷、または神奈川県藤沢市長後）に三日間滞在している。『一遍聖絵』第五に、「弘安五年の春、鎌倉にいりたまふとて、ながさごといふところに三日とゞまりたまふ」とある。

弘安五年といえば、二回目の元寇の翌年のことである。このとき、一遍は、「鎌

鎌倉入り　『一遍聖絵』

倉いりの作法にて化益《けやく》の有無をさだむべし、利益《りやく》たゆべきならば、是を最後」（『一遍聖絵』第五）とするという。つまり、「鎌倉で今後の念仏勧進《かんじん》がうまくいくかどうかを見極める。うまくいかなければ、これを念仏勧進の最後とする」と時衆に申し渡し、三月一日、巨福呂坂《こぶくろざか》（小袋坂。神奈川県鎌倉市山ノ内）から鎌倉へ入ろうとしたのである。

果たして、一遍の一行は警護の武士によって制止された。奥州の長い遊行を終えてきた一行は、異様な集団と見なされたのであろうか。ちょうど執権北条時宗《ほうじょうときむね》の一行と遭遇し、警戒厳重な鎌倉には入れなかった。

鎌倉入りを果せなかった一遍と時衆は、巨福呂坂の近くで野宿をして、翌二日には片瀬（神奈川県藤沢市片瀬）に移った。そして、その後、片瀬の浜の地蔵堂に七月十六日まで滞在して念仏を勧めた。このように、一か所に四か月半もの長期間滞在したのは珍しいことであり、念仏勧進の成功を示すものである。

片瀬の浜の地蔵堂では、一遍は踊り屋を建て、踊り念仏を修している。『一遍聖絵』第六の絵によると、床を高く上げた踊り屋は四方に壁がなく、踊りがよく見えるようになっている。その踊り屋の上で、一遍や多くの僧尼が鉦鼓《しょうこ》を叩き、南無阿弥陀仏と称え、右回りに回りながら踊っている。それを、大勢の人々が踊り屋を取り囲んで眺めている。一遍は、これらの人々にも念仏札をくばったことであろう。

佐久で初めて踊り念仏が行われたときには僧俗入り乱れて踊っていたが、ここではもはや僧尼だけの踊りに変わり、踊る者と見る者とに分かれていることが注目さ

片瀬の浜の踊り屋
『一遍聖絵』

れる。

踊り念仏への批判

中山道の終点、近江国守山《おうみもりやま》（滋賀県守山市焔魔堂町）に琰魔堂《えんまどう》がある。一遍の遊行の順では、本来は『一遍聖絵』第七に記されるところであるが、踊り念仏に対する批判を記す関係で、第四に載せられている。

この琰魔堂に一遍が滞在しているとき、比叡山延暦寺東塔《ひえいざんえんりゃくじとうとう》の桜本の兵部竪者重豪《ひょうぶじゅしゃじゅうごう》が一遍と時衆たちの様子を見るためにやってきた。『縁起絵』巻三では、琰魔堂でのできごとを大津の関寺でのこととし、重豪を阿闍梨宴聰《あじゃりえんそう》としている。

ここで重豪が問題にしているのは、「おどりて念仏申さるゝ事けしからず」ということであった。

聖

はねばはねよ　をどらばをどれ　はるこまの
　のりのみちをば　しる人ぞしる

重豪

心こま　のりしずめたる　ものならば
　さのみはかくや　おどりはぬべき

聖又返事

ともはねよ　かくてもをどれ　こゝろこま

　みだのみのりと　きくぞうれしき（『一遍聖絵』第四）。

一遍は、「はねるならはねるがよい。踊るなら踊るがよい。春駒（若駒）のように。喜びにあふれて踊り念仏をする、仏法を知っている人は知っているものである」と詠む。それに対して重豪は、「踊躍歓喜《ゆやくかんぎ》とは踊り出すようなうれしさであり、一遍のように実際に踊り出すことではない」と批判し、「踊りまわる心の駒（煩悩）を鎮めたものならば、なにも踊りはねなくてもよいでしょうに」と詠んだ。それに一遍は返歌して、「ともかくはねたければはね、踊りたければ踊るがよい。このような凡夫を助けてくださる阿弥陀様の教えと聞くだけで、踊りたくなるうれしさなのである」と答えている。

果たして、その後、重豪は一遍に帰依《きえ》して、念仏の行者となった。

重豪のように、当時、踊り念仏を批判する者は少なくなかった。一遍入滅後六年目の永仁三年（一二五九）に書かれた『野守鏡《のもりのかがみ》』（作者不詳）は、「一遍房といひし僧、念仏儀をあやまりて踊躍歓喜といふは、をどるべき心なりとて、頭をふり、足をあげて踊るをもて、念仏の行儀としつ」と、一遍の「踊躍歓喜」の解釈について誤りがあると指摘している。また、『野守鏡』は、「はだかになれども、見苦しき所をもかくさず、偏《ひとえ》に狂人のごとくして」と風俗の面からも批判している。

永仁年間（一二九三〜九九）に成立した『天狗草紙絵巻《てんぐぞうしえまき》』は、次のように記す。

　天狗の長老一辺（遍）房、いまは花ふり紫雲もたつらむぞ、（中略）念仏のふだ、こちらへもたびさふらへ。あれみよ、しとこうものゝおほさよ。これは上人の御しとにて候。よろづのやまひのくすりにて候。

一遍は花が降り、紫雲が立つほどの評判であり、念仏の札をくばって旅しているが、一遍のしと（小水）を飲むと病気に効くという評判があることを記し、非難しているのである。

このように、僧侶や知識層から批判や非難を浴びせられたことは、当時、踊り念仏が民衆の間に大流行していたことを表している。

甚目寺《じもくじ》での供養

弘安五年（一二八二）七月十六日に、片瀬の浜の地蔵堂を発った一遍と時衆は、箱根越えと夏の暑さに苦しみながら、伊豆《いず》の国府《こくふ》のある三島に到着した。一遍が目指したのは三嶋大社《みしまたいしゃ》であった。

三嶋大社に参詣した後、秋には三島を後にする。富士山を眺めながら駿河《するが》、遠江《とおとうみ》、三河《みかわ》の各国を遊行し、翌年の弘安六年（一二八三）には尾張《おわり》国に入り、萱津《かやづ》の宿に到着している。

ここで一遍は、甚目寺（愛知県あま市甚目寺）に参詣した。現在も甚目寺境内に残る仁王門（南大門）は鎌倉初期の建久七年（一一九六）に再建されたと伝えられているので、一遍もこの山門を通ったことであろう。

『一遍聖絵』第六はこの寺について簡単に述べている。

すなわち、一遍と時衆は甚目寺の僧からの招請もあり、この寺で七日間の念仏の

甚目寺
『一遍聖絵』

法要を始めた。しかし、人数が多かったため、寺が用意した食物が尽きてしまって、寺僧たちは困ってしまった。その夜、萱津の宿にいた徳人二人が同時に夢のお告げを受けた。本尊かたわらの毘沙門天《びしゃもんてん》が萱津の宿に来て、「一遍は大切な客なので、必ず供養せよ」と示したのである。二人が早速、一遍に会い、夢の話をして供養したところ、毘沙門天が台座から降りて立っていたので、人々は不思議に思って、すぐその寺の縁起に載せたという。

聖者の遊行《ゆぎょう》

京に入る

一遍は、近江《おうみ》国に入り、いったん草津にとどまった。草津からは、琵琶湖畔を通って大津に向かったのであろうか。瀬田川を越えると大津である。『一遍聖絵《いっぺんひじりえ》』第七の絵には、琵琶湖と大津の町の様子が描かれている。

一遍の一行は、大津の関寺《せきでら》（滋賀県大津市逢坂）で、二十一日間の行を行っている。逢坂山《おうさかやま》の東麓に広大な境内を誇っていた関寺は、古くは世喜寺といわれ、天台宗の園城寺《おんじょうじ》三別所の一つであったが、現在は時宗の長安寺《ちょうあんじ》となっている。

弘安七年（一二八四）、一遍は関寺を出立して、四条大橋を渡り、加茂川を越えて、閏《うるう》四月十六日、四条京極の釈迦堂《しゃかどう》に入った。現在、京都市中京区の釈迦堂の跡には、京極の時宗染殿院《そめどのいん》がある。

釈迦堂
『一遍聖絵』

一遍はこの釈迦堂に七日間滞在した。『一遍聖絵』第七の絵には、狭い境内に人々があふれんばかりに描かれている。踊り念仏が終わり、一遍が念仏札をくばり始めると、一遍のもとに大勢の人々が集まって身動きがとれず、とうとう一人の僧に肩車をしてもらって、札くばりをすることになった。詞書《ことばがき》に「貴賤上下群れをなして、人はかへり見る事あたわず、車はめぐらすことをえざりき」とあるように、大変な盛況ぶりであった。

この後、一遍は釈迦堂から烏丸松原の因幡堂《いなばどう》（京都市下京区）へ移った。前回、五年前に京に入り、因幡堂を訪れたときは堂内に泊ることを拒否され、縁側に宿泊しなければならなかった。そのときと今回とは大変な違いであった。

『一遍聖絵』第七の詞書によれば、因幡堂を出発した一遍は三条悲田院《ひでんいん》に一日一夜、蓮光院（中京区）に一時滞在し、その後、雲居寺《うんごじ》（東山区にかつてあった）に移り、六《ろく》波羅蜜寺《はらみつじ》（東山区）に参詣している。

六波羅蜜寺は、もと西光寺《さいこうじ》といい、空也《くうや》を開基として天暦四年（九五〇）に創建され、ここで空也は入滅《にゅうめつ》している。一遍が先達と仰ぐ空也ゆかりの寺であるにもかかわらず、『一遍聖絵』の記述は少ない。

市屋《いちや》道場での踊り念仏

一遍の京での遊行教化は四十八日間に及び、中でも空也の遺跡市屋《いちや》では、踊り屋を建て、踊り念仏を修し、札くばりもしている。

市屋
『一遍聖絵』

『一遍聖絵』第七の絵を見ると、左方に堀川が描かれ、川に沿った市屋道場には貧しい人々の小屋が並び、道場の左と手前に並ぶ何軒もの小屋には酒樽も描かれている。人々は酒を飲みながら踊り念仏を見物したのであろう。

この踊り屋は、『一遍聖絵』第七に描かれている中では一番大きなものであり、床下の柱に筋交《すじかい》を入れて堅固にしているのがわかる。鎌倉時代の建物では珍しい。踊り屋の周囲には牛車が九台も乗りつけ、その中から踊り念仏を見物している。右方には物見台のようなものがあり、人が上がって見物している。右上に太い丸太が建てられ、その上でかがり火を焚けるようになっているので、夜も踊り念仏が行われたと考えられる。

一遍は、弘安七年（一二八四）五月二十二日に市屋道場を発って、山陰道《さんいんどう》の入り口である桂（京都市西京区）へ移った。桂では、京での遊行の疲れであろうか、一遍は体調を崩し、しばらくここに滞在して休養した。一遍が遊行の旅の途中で病に冒されたのは初めてのことで、その後の遊行は、病を押しての旅となった。

この年の秋、桂を発った一遍は、山陰道へ向かった。篠村《しの》（京都府亀岡市）から「穴生《あのう》」（同）に到着した際、腹を壊していたこともあり、二週間ほどここに滞在している。

丹後の久美浜《くみはま》（京都府京丹後市）に一遍が着いたのは、弘安八年（一二八五）五月上旬の頃であった。丹波から丹後にかけての遊行では、病み上がりの一遍に合わせて、一行の歩みはゆっくりであった。次いで但馬《たじま》国「くみ」（兵庫県豊岡市竹野町）

では、海から一町ばかり離れた場所に道場を作った。但馬の「くみ」の現在地は特定できないが、旧美含《みくみ》郡竹野の海岸ではないかと推定される。ここに現在、時宗竹野道場の興長寺《こうちょうじ》がある。

一遍は、ここから、さらに因幡国に入り、続いて伯耆《ほうき》国逢坂《おうさか》（鳥取県西伯郡伯耆町）、美作《みまさか》国一宮（岡山県津山市一宮）などをめぐった。

當麻寺《たいまでら》に参籠《さんろう》する

山陰から戻った一遍は、弘安九年（一二八六）には思い出深い四天王寺に参詣した。続いて住吉《すみよし》神社（大阪市住吉区）に詣で、次に磯長《しなが》の聖徳太子《しょうとくたいし》廟《びょう》（大阪府南河内郡太子町）に参詣している。その後、二上山《にじょうさん》を越えて大和《やまと》国に入り、當麻寺（奈良県葛城市當麻）に詣でた。

當麻寺の曼荼羅堂《まんだらどう》は、千手《せんじゅ》観音を本尊としているが、中将姫《ちゅうじょうひめ》が蓮糸で織ったと伝えられている極楽曼荼羅を安置していることから、曼荼羅堂と呼ばれていた。

『一遍聖絵』第八は、「聖参籠《ひじりさんろう》のあひだ、寺僧てらの重宝称讃浄土経《しょうさんじょうどきょう》一巻をたてまつりけり、この経は本願中将の姫の自筆の千巻のうちなり」と記している。

一遍が参籠したとき、中将姫が写経した『称讃浄土経』（『阿弥陀経』の異訳）の中の一巻を贈られたのである。その後、一遍はこの経を遊行中、いつも持ち歩いていたが、兵庫観音堂（現在の兵庫県神戸市兵庫区の真光寺）で往生するとき、書写山圓教《しょしゃざんえんぎょう》寺《じ》から駆けつけてきていた僧に託している。

當麻寺
『一遍聖絵』

當麻寺滞在中に、一遍は「誓願偈文《せいがんげもん》」を書いて時衆に示している。一遍の「誓願偈文」は、唐の浄土教の大成者である善導の「発願文《ほつがんもん》」にならって書かれたといわれている。このとき、一遍は四十八歳であった。「誓願偈文」は、時宗の不惜身命《ふしゃくしんみょう》、称名《しょうみょう》念仏のあり方を述べ、多くの神仏に極楽往生の守護を願ったもので、一遍の気力みなぎる名文といわれている。

弘安九年（一二八六）冬に、一遍は山城《やましろ》国男山《おとこやま》（京都府八幡市八幡）の石清水《いわしみず》八幡宮へ参詣した。當麻寺から、どのような行程で石清水八幡宮に到着したのかはっきりしないが、當麻寺から東北方へ進んで、斑鳩《いかるが》の里・法隆寺《ほうりゅうじ》を通り、郡山を通過して西大寺に至り、まっすぐ北へ向かって木津川の流れに沿って男山に至るのが最短コースであろう。

『一遍聖絵』第九は、法隆寺について何も触れていない。中世になって、石清水八幡の本地《ほんじ》＊は阿弥陀であると信じられるようになり、磯長の聖徳太子廟、當麻寺、石清水八幡宮は、いずれも融通《ゆうずう》念仏に関係が深いところであった。融通念仏を勧める一遍にとっては、当麻寺に参詣した後、石清水八幡宮に詣でたのは当然のことであったと考えられる。

石清水八幡宮へ参詣をすませた一遍の一行は、淀の「うへの」（上野。京都市伏見区）へ向かった。淀は石清水から東北へ二キロメートルほど距離にある。『一遍聖絵』第九の絵を見ると、踊り屋を建てて踊り念仏を行っている。

続いて、一遍はこの年の歳末別時念仏会《さいまつべつじねんぶつえ》を四天王寺で修している。ここまでは淀

石清水八幡宮
『一遍聖絵』

＊人々を救うために、仏・菩薩が神の姿になって現れるとされた。本地とは、神の本来の姿である仏・菩薩のこと。

の「うへの」から淀川を川舟で下り、難波に到着したのであろう。四天王寺を訪れたのは一遍にとって三度目である。

教信寺《きょうしんじ》、書写山《しょしゃざん》へ参詣

四天王寺を発った一遍と時衆の一行は、播磨《はりま》国に向かった。兵庫を通って印南野《いなみの》の教信寺（兵庫県加古川市野口町）に参詣し、教信の古跡を追慕しながら、この寺に一泊している。

教信（七八六～八六六）は幼くして出家し、奈良の興福寺《こうふくじ》において修学した学僧で、諸国を遊行した後、播磨国加古駅《かこのうまや》の北辺に草庵を結び、隠遁《いんとん》した。田畑を耕し、荷物運びなどをして生計を立てるかたわら、近隣の人や道行く人々に教えを説き、念仏を勧めた。庵の西壁に窓を設け、ただひたすら西方極楽浄土の阿弥陀仏に思いを寄せ、昼夜をいとわず口称《くしょう》念仏をして極楽往生を求めたため、人々からは阿弥陀丸と呼ばれた。貞観八年（八六六）八月十五日、八十一歳で亡くなった。

教信を敬慕していた親鸞《しんらん》は、常に「われはこれ賀古《かこ》の教信沙弥《しゃみ》の定なり」と述べている。「教信沙弥の定」とは、親鸞の生活が教信の生活を手本としたということであろう。

一遍も、「本願上人（教信）の練行の古跡なつかしく思い」、教信寺に詣でて、ここで「教信上人のとゞめ給うた」ことによって一泊したと、『一遍聖絵』第九にある。後に一遍は、病重くして明石の浦に着いたときにも、「いなみのゝ島にて臨終すべ

教信寺
『一遍聖絵』

きよし思いつれども」と、「いなみの〻島」すなわち教信寺で臨終したいと思っていたと語っている。また、教信が自分の遺骸を犬に食べさせたことにならって、後に一遍が「野にすて〻けだものにほどこすべし」（『一遍聖絵』第十二）と遺誡《ゆいかい》していることを考えると、いかに一遍が教信に心を寄せていたかがわかる。

教信寺を発った一遍の一行は、弘安十年（一二八七）の春になって、書写山圓教寺《しょしゃざんえんぎょうじ》（兵庫県姫路市書写）に参詣した。

一遍が参詣した如意輪堂は、後白河法皇が参籠した折に摩尼殿《まにでん》の名を賜っていた。一遍は本尊を拝みたいと希望したが、一度は寺僧に断られる。後に許されて、明かりを灯して内陣に入り、本尊を拝むことができたと、一遍は涙を流した。

書写山圓教寺の開基である性空《しょうくう》は延喜十年（九一〇）に生まれ、三十六歳で出家した後、康保三年（九六六）に五十七歳で書写山に入った。五年後に如意輪堂を建て、桜の生木に如意輪観音像を刻ませてその本尊としたのである。寛弘四年（一〇〇七）三月十日、九十八歳で入寂《にゅうじゃく》している。

『一遍聖絵』第九に、「上人の仏法修行の霊徳ことばもをよびがたし、諸国遊行の思いで、ただ当山巡礼にあり」と記されている。つまり、性空の仏法修行の霊徳は言葉では言い表せない。一遍は、諸国遊行の思い出は、ただこの書写山の巡礼である、とまで述べているのである。

性空も、教信と同じように沙弥としての生活を送っていた。一遍が性空に強くひかれたのは、沙弥としての純粋な信仰心に対してであったと考えられる。

書写山
『一遍聖絵』

その後、一遍は播磨国を後にして、山陽道《さんようどう》を西に向かった。備中《びっちゅう》国軽部《かるべ》の宿（岡山県都窪郡早島町）では「十二道具《じゅうにどうぐ》の持文《じもん》」を書き残している。ただし、これは遊行の初め、一遍が門弟を伴って旅をするようになったときに定めたとされているもので、簡素を旨とする遊行に際して、僧尼たちに十二の道具以外の持ち物を禁じたものである。

山陽道をさらに西へ行き、備後《びんご》国一宮吉備津《きびつ》神社（広島県福山市新市町）に到着した。ここで、いつもは奏したことのない秦皇破陣楽《じんのうはじんらく》という舞を、一遍を供養するために奏してくれたのである。ここに着くまでの道筋に、備前《びぜん》一宮吉備津彦神社（岡山市北区一宮）、備中一宮吉備津神社（岡山市北区吉備津）がある。一遍はこの両社にも参詣したことであろう。

旅の終りと往生

最後の遊行《ゆぎょう》

一遍は、正応二年（一二八九）、讃岐《さぬき》国の善通寺《ぜんつうじ》（香川県善通寺市善通寺町）、曼荼羅《まんだら》寺《じ》（同市吉原町）をめぐり、六月一日、阿波《あわ》国大鳥里河辺で病を重くしたが、その後も遊行を続け、七月初めに淡路島《あわじしま》に渡った。淡路の福良《ふくら》の泊に移り、二宮、「しつき」の天神社などに参詣し、島のあちこちに念仏を勧めて歩いた。このとき、一遍は、道端や塚のかたわらで身体を休めながら、歌を詠んでいる。そのうちの一つに、次の一首がある。

　旅衣　木のね　かやのね　いづくにか
　　身のすてられぬ　ところ　あるべき（『一遍聖絵《いっぺんひじりえ》』第十一）

旅から旅への一所不住の生涯である。木の根方、茅の根方、どこにこの身を捨てられぬところがあろうか、どこで死んでも悔いはないというのである。

『一遍聖絵』第十一に、一遍は、「此の国は、さかいせばくして往反の輩もいくばくならず」と記してあるように、一遍は、淡路国は土地も狭く、往来する人も結縁《けちえん》する人も少ないとして、七月十八日に明石の浦に渡った。

明石の浦に着いたところ、兵庫の島（兵庫県神戸市兵庫区）から三艘の舟が迎えにきていた。一遍は敬慕する教信《きょうしん》の旧跡印南野《いなみの》の教信寺《きょうしんじ》のあたりで臨終を迎えようと思っていたが、念仏札をくばって人々を利益《りやく》するためであれば、どこであろうとかまわないと、進退を縁に任せ、迎えの舟に乗り、兵庫の島に渡ったのである。

兵庫の観音堂

一遍が到着した兵庫の島は、かつて平清盛《たいらのきよもり》が築いた港として有名なところである。一遍とその一行が入った観音堂は、その当時、光明福寺《こうみょうふくじ》の境内にあり、現在の時宗真光寺《しんこうじ》のある場所と考えられている。

一遍が明石に着いたのは七月十八日であり、おそらく、その日のうちに観音堂に入ったと考えられる。ただし、『一遍聖絵』の一遍の観音堂の滞在記録は、八月二日からである（『一遍聖絵』第十一）。

八月二日、一遍は縄床に坐《すわ》り、南に向かって法談をした。東南に因幡《いなば》の蓮智《れんち》、南に光明福寺の住持《じゅうじ》が坐っていた。そのほか数え切れない人々が話を聞いていた。右脇に聖戒《しょうかい》が控えていると、一遍は聖戒に「法門」を記録にとらせた。遊行に同行していなかった聖戒は、一遍が病気であることを聞いて、京都から駆けつけていたのである。聖戒が清書して読み上げると、一遍は重ねて言った。「私の臨終の後で、海に身を投げる者がいるであろう。信心が定まっている者ならば往生間違いないが、迷いの心が残ったまま海に身を投げるなどしてはいけない。人として生まれること、仏法に出合うことはまことに難しいことである」。こう言って涙を流し、「この『遺《ゆい》誡《かい》』を書き残すのもこのためである」と、十二光箱《じゅうにこうばこ》に清書した「遺誡」を納めたのであった。

書籍を焼き捨てる

正応二年（一二八九）、八月十日の朝、一遍は、持っていた経本の一部を書写山圓《しょしゃざんえん》教寺《ぎょうじ》の僧に譲った。また、一遍が常に語っていたように、「我化導《わがけどう》は一期《いちご》ばかりぞ」、つまり念仏勧進《かんじん》は自分の一生涯だけのことであるとして、阿弥陀経を読みながら、所持していた書籍などを自ら焼いてしまったのである。そのため、弟子たちに教法を伝えるべき人物がなく、その教えが師一遍とともに滅びてしまうのかと、聖戒はまことに悲しく思ったという。

説法をする一遍
『一遍聖絵』

一遍はまた、「一代聖教《しょうきょう》みなつきて、南無阿弥陀仏になりはてぬ」と語った。つまり、釈尊《しゃくそん》一代の八万四千の教えはみな尽き果てて、南無阿弥陀仏一つに納まってしまったというのである。

これは『観無量寿経《かんむりょうじゅきょう》』に「釈尊の説法が終ろうとするとき、ねんごろに後の世のために、南無阿弥陀仏の名号を残された」という精神に基づくものであり、「末法の濁れる時代には仏の教えを疑い、あるいは謗《そし》るものが多い。出家者も在家の者も嫌って仏法を聞こうとしない」と経文にもあるので、その点をていねいに示したものであった。

このときの様子を、沙羅双樹《さらそうじゅ》の下での釈尊の入滅もこのようであったのかとしのび、深い感動に打たれて名残りも尽きない有様であったと、聖戒は書きとめている。

八月十二日から十五日まで、時衆全員が交替で一遍のそばで看病していたが、一遍は弟子たちの志を満足させるよう、みなを近くに仕えさせるよう指示した。

また、他阿真教は、一遍の存命中は常に調声役《ちょうしょうやく》（読経時の首導役）を務めていたが、このときはちょうど病気であった。そのため、一遍は真教の身体を気遣ったが、真教は調声の座を去らずに、そのまま坐っていた。真教をはじめとして時衆は観音堂の内陣に坐って、一遍を見守っていたのである。

一遍の臨終

八月二十日から二十二日にかけて、三日に一度であった水垢離《みずごり》を、一遍が三日続けたため、聖戒は一遍の臨終が近いことを確信し、それまで一遍の枕元に坐ってい たが、その夜は足元に坐って一遍の正面に向かい、一遍から少しも目を離さずにいた。

二十三日の辰の始（午前七時頃）、ちょうど晨朝礼讃《じんじょうらいさん》の懺悔《さんげ》の帰三宝《きさんぼう》（仏法僧の三宝に帰依する文）が称えられている間に呼吸が止まったように見え、一遍は禅定《ぜんじょう》（精神を集中し、静寂の心境に達すること）に入るように静かに往生した。

一遍の目は爽やかで、赤い筋はなく澄んでいた。「目の赤い筋が消えたときを最期と思いなさい」と、以前、一遍が言っていたとおりだったので、聖戒はこれを一遍の最期と知ることができたという。五十一歳であった。

生前、一遍に臨終について尋ねた者がいたが、一遍は、「よき武士と道者とは死するさまをあだにしらせぬ事ぞ。我をはらむをば、人しるまじきぞ」（『一遍聖絵』第十二）と答えた。よき武士と僧侶とは、死ぬ様子をむやみに知らせないものである。私の死ぬときを人は知らないであろうという、一遍のその言葉を疑った者もいたが、果たして、最期はその言葉どおり、だれにもそれとわからなかったのであった。

一遍の墓

一遍は、次のように遺言した。

没後の事は我《わが》門弟におきては葬礼の儀式をとゝのふべからず。野に捨てゝけだものにほどこすべし。但、在家のもの結縁《けちえん》のこゝろざしをいたさんをば、いろ

一遍の臨終
『一遍聖絵』

ふにおよばず（『一遍聖絵』第十二）。

すなわち、自分の死後は、門弟たちは葬礼の儀式を行ってはならない。死骸は野に捨てて獣に施しなさい。ただし在家の人々が仏縁を結ぼう（葬式を行う）という志をさまたげてはならないというのである。

門弟が「葬礼の儀式をとゝのふべからず」というのは、釈尊の涅槃《ねはん》のときの言葉と同じであり、「野にすてゝけだものにほどこすべし」というのは、一遍が慕《した》っていた教信の遺言でもあったのである。

土地の人々によって、一遍は観音堂の松の木の下で荼毘《だび》（火葬）に付され、墓所が造られた。『一遍聖絵』最後の絵（第十二）には、御影堂と五輪塔の墓と松が描かれている。*

一遍の廟所
『一遍聖絵』

＊一遍の廟所は、現在、兵庫県神戸市兵庫区の真光寺にある。

一遍をしのんで

一遍上人の五十一年のご化導《けどう》はもはや終わって、あとは一千余人の弟子たちが茫然と残されました。

あの情け深いお顔がふたたび帰ることはありません。生前と異なるのは人々が慕う涙ばかりです。あの一遍上人の教えは、二度と聞くことができません。いつもと同じなのは六時《ろくじ》念仏の声ばかりでございます。

門弟たちはおたがいに再会を期しておりますが、それは花の咲く春でもなく、月の美しい秋でもありません。おたがいに西方浄土に生まれようと約束して別れた心の中は、すべて言葉にも述べがたく、筆に記しがたいものでありましたが、まさしく、今、一遍上人が残されたご恩を、昔を振り返って忘れることができないのです。

聖戒は、このように『一遍聖絵』を結んでいる。

（長島尚道）

一遍の教え

一遍のさとり

一遍は、四国の伊予《いよ》国の河野《こうの》氏の出身で、幼くして出家し、法然《ほうねん》門下の浄土宗西《せい》山派《ざんは》證空《しょうくう》の弟子聖達《しょうだつ》に師事した。修行すること十二年、「真宗」（浄土教）の奥義を授けられたという。

一遍はその生涯を、ひたむきな念仏行者として終始し、念仏を一切衆生《いっさいしゅじょう》に勧めることを使命とした。日本国中を踏破して、十六年の間に勧進《かんじん》の人数は「二十五億（億は万を示す）一千七百二十四」に上ると、『一遍聖絵《いっぺんひじりえ》』は伝えている。

一遍の跡を継いだ代々の者たちがこの念仏勧進を継承し、諸国を遊行《ゆぎょう》し続けたので、遊行上人《ゆぎょうしょうにん》と呼ばれ、神奈川県藤沢市にある総本山藤沢山《とうたくさん》無量光院《むりょうこういん》清浄光寺《しょうじょうこうじ》は、遊行寺《ゆぎょうじ》の別名で親しまれている。

一遍は、七年の在俗生活を経た三十二歳のとき、ふたたび恩愛を捨てて無為の生活に入ろうと、師聖達を訪れて志を告げ、文永八年（一二七一）春に信濃《しなの》国善光寺《ぜんこうじ》に詣でている。ここで阿弥陀仏に「あひたてまつる事」（『一遍聖絵』第一）を得て、参籠《さんろう》に日を重ねるうち、自らさとり、「二河白道図《にがびゃくどうず》」を模写して伊予に帰郷したのである。

その年の秋から足かけ三年間、窪寺《くぼでら》（愛媛県松山市窪野町北谷）に庵を設けて、東の壁に「二河白道図」を掲げて勤行《ごんぎょう》するうち、善光寺でのさとりの内容が明らかになり、これを「己心領解《こしんりょうげ》の法門」（独自のさとり）として七言の頌《じゅ》（漢詩）にまとめた。

これは、「十劫正覚衆生界《じっこうしょうがくしゅじょうかい》」「一念往生弥陀国《いちねんおうじょうみだこく》」「十一不二証無生《じゅういちふにしょうむしょう》」「国界平等《こっかいびょうどう》坐大会《ざだいえ》」というもので、「十一不二頌《じゅういちふにじゅ》」と呼ばれ、一遍教学の骨子をなすものである。また、「十一不二頌」と表裏一体をなすものに、「六十万人頌《ろくじゅうまんにんじゅ》」がある「六字名《ろくじみょう》号一遍法《ごういっぺんぽう》」「十界依正一遍体《じっかいえしょういっぺんたい》」「万行離念一遍証《まんぎょうりねんいっぺんしょう》」「人中上々妙好華《にんちゅうじょうじょうみょうこうげ》」というもので、「一遍」の語が三度使われている。一遍がその名を称するようになったのは、これに基づくといわれている。

これによって、一遍は「ながく境界を厭離《えんり》し、すみやかに万事を放下《ほうげ》して、身命を法界につくし、衆生《しゅじょう》を利益《りやく》」（『一遍聖絵』第一）しようと思い立ったという。すべてを捨て、人々を救うために仏道に専念するのである。

そしてこの決意をさらに深くしたのは、菅生《すごう》の岩屋《いわや》（愛媛県上浮穴《かみうけな》郡久万《くま》高原町七《なな》鳥《とり》）参籠の結果であった。ここで「遁世《とんせい》の素意（『一遍聖絵』第二）を祈るうち、弘《こう》法大師《ぼうだいし》空海《くうかい》自刻と伝えられる本尊不動明王に霊感を受け、それより「ながく舎宅田園をなげすて、恩愛眷属《けんぞく》をはなれて堂舎をば法界の三宝に施与し」「わずかに詮要の経教をえらび」（『一遍聖絵』第二）たずさえ、同行三人をしたがえて熊野《くまの》に発ったのである。つまり一遍のさとりは、善光寺から伊予窪寺を経て、岩屋で完成したととらえることができる。

そして、紀伊《きい》国熊野の本宮証誠殿《ほんぐうしょうじょうでん》（和歌山県田辺市本宮町）において、最後の信心決定《けつじょう》を得るのである。熊野の神は本地《ほんじ》阿弥陀仏の垂迹《すいじゃく》（仏が姿を変えて現れたもの）で、念仏の真実を証明し、念仏行者を擁護する神と信じられていた。

一遍は、伊予の窪寺や岩屋で確かなものとしていたさとりを、熊野でさらに確かなものとしたのである。時宗では、一遍がこの熊野で成道《じょうどう》したと、特に伝えている。

一遍の念仏義

一遍が成道《じょうどう》したといわれる文永十一年（一二七四）は、法然《ほうねん》が浄土宗を開創した安元元年（一一七五）から百年、また、法然入滅《にゅうめつ》の建暦二年（一二一二）から、すでに六十余年が過ぎていた。この間、法然の門葉は全国各地に広がって、各流各派がそれぞれ自説を立て、いったいどれが本当の法然の教えかと迷うほどであった。ある人が、一遍に向かって、「念仏については諸説様々で選択に迷う。どれを信じたらよいのか」と尋ねた。それに答えた言葉が『播州法語集《ばんしゅうほうごしゅう》』にある。

> 異義のまちまちなる事は、我執《がしゅう》の前の事なり。南無阿弥陀仏の名号《みょうごう》には義なし。若《もし》義によりて往生する事ならば、尤此尋《もっとものこのたずね》は有べし。往生はまたく（まったく）

熊野本宮

義によらず、名号によるなり。法師が勧《すすむ》る名号を信じたるは往生せじと心にはおもふとも、念仏だに申さば往生すべし。いかなるゑせ義を口にいふとも、心におもふとも、名号は義によらず、心によらざる法なれば、称すればかならず往生するぞと信じたるなり。たとへば火を物につけんに、心にはなやきそとおもひ、口になやきそといふとも、此詞《このことば》にもよらず、念力にもよらず、たゞ火のおのれなりの徳として物をやくなり。水の物をぬらすもおなじ事なり。さのごとく名号も、おのれなりと往生の功徳をもちたれば、義にもよらず、心にもよらず、詞にもよらず、となふれば往生するを、他力不思議の行と信ずるなり（『播州法語集』八十、『一遍上人語録《いっぺんしょうにんごろく》』八十三）。

これを要約すると、次のとおりである。

念仏に関する説がまちまちであるのは、それを説く人の我執（自己中心の心）による。南無阿弥陀仏の名号には義（特別な理論や解釈）はない。もし理論や解釈によって浄土往生の可否が決まるのであれば、こういう質問が出るのはもっともであるが、往生は理論のいかんによるのではなく、名号にそなわった仏の他力によるのである。たとえ私が勧める名号に対して、「こんなものを信じても往生できるものか」と心に思っていようとも、念仏さえ申せば往生するのである。どんないい加減な理論を口に言い、心に思いながらでも、名号は解釈のいかんによるのではないから、称《とな》えさえすれば必ず往生できるものと信じているのである。火がその性質によってものを焼き、水が自然にものを濡らすように、名号も自然に人を往生させる力を持っている。決して解釈や心や言葉によるのではない。称えさえすれば往生できるのを、他力の不思議と私は信じているのである。

ここに述べられているのが一遍の念仏義である。一遍が全国行脚《あんぎゃ》して念仏勧進に努めたのは、教義や理論に惑わされず、本願の名号、他力の念仏を信じて、ひたすら口称念仏する実践行を勧めるためであったことがわかる。

「二河白道《にがびゃくどう》の喩《たとえ》」

「ひとえに善導《ぜんどう》一師に依る」という言葉のとおり、法然は唐の善導に傾倒していたという。一遍は、この善導の著述である五部九巻中の十一の言葉が、ことごとく他力の名号《みょうごう》の不可思議の働きを表していると述べている。そしてそれをよりどころとし、自分はその実践者であることを願ったのであった。

一遍は、法然《ほうねん》や親鸞《しんらん》、證空《しょうくう》のように、著述を残すことをしなかった。仏教各宗を開いた祖師たちの中で、一冊の著述さえ残さなかったのは一遍ただ一人である。

現在、一遍の言行を知り得るのは、その門弟聖戒《しょうかい》が編んだ『一遍聖絵《いっぺんひじりえ》』や、門弟たちの聞き書きを集めた『播州法語集《ばんしゅうほうごしゅう》』、これらの書物を江戸時代に編纂した『一遍上人語録《いっぺんしょうにんごろく》』などである。それらに表れた一遍の言葉からも、やはり「名号に義なし」に徹していることがうかがえ、ここに時宗の教義の基本があるということができる。

『一遍上人語録』

善導の『観無量寿経疏《かんむりょうじゅきょうしょ》』「散善義《さんぜんぎ》」の廻向発願心《えこうほつがんしん》の項の中に「二河白道の喩」がある。念仏の信心について述べたもので、一遍が他力の真実に目覚めた一大契機が、実にこの教えの再確認によるものであった。「二河白道の喩」はあまりにも有名であるが、以下に略記する。

果てしなき無人の曠野《こうや》を、西に向かって歩き続ける旅人がいた。一人であることを知って群賊悪獣が襲いかかる。旅人は死の恐怖を感じて逃げ走る。突然眼前に二つの大河が現れる。南に火の河、北に水の河。二河は相接し、深さは底なく、南北に果てしない。二河の接する中間に一つの白い道がある。その幅四、五寸。水火が交互に洗って、渡ることは不可能であった。後ろには群賊悪獣、前に水火の難。絶体絶命の境に立たされた旅人は決心した。進むも死、止まるも死、退くも死、同じ死ぬならむしろ前進しよう。ここに道がある。必ず渡れるはずである。このとき、東岸に人声がある。「汝《なんじ》この道を行け。必ず死ぬことはない。止まれば死ぞ」と。また西岸から呼びかける人がある。「心一筋にただちに来い。我よく汝を護らん。水火の難をおそれるな」と。旅人は二つの呼び声を聞いて、疑うことなく、ためらうことなく、ただちに進んで白道を渡り始める。東岸の群賊悪獣は、「帰ってこい。その道は死の道ぞ。我らには決して悪心はない」と呼び戻そうとする。旅人は心を決して白道を渡り、たちまち西の岸に至り、諸難を逃れて善友と会い、喜んだ。

善導は「これはこれ喩なり」として、次のように説明する。「東岸」は迷いの現世、「西岸」は西方浄土、「群賊悪獣」は誘惑に弱い我らの身や心、「無人の曠野」は常

「二河白道図」部分
島根　萬福寺蔵

に悪友に誘われてよき友に会えない現実。「水の河」は貪愛《とんあい》（むさぼり）、「火の河」は瞋憎《しんぞう》（怒りと憎しみ）。二河の間の「白道」とは、我らの貪瞋煩悩《とんじんぼんのう》の心の中に稀にわずかに生ずる清浄願往生心《しょうじょうがんおうじょうしん》。「東岸の人声」とは釈尊《しゃくそん》の遺教《ゆいきょう》。「西岸の人声」は阿弥陀仏の本願の心。群賊の叫ぶ声は、浄土教以外の別解・別行・悪見の人々を指す。総じてこの喩は、西方浄土を志す者が、諸々の誘惑をふり切り、釈迦と阿弥陀の二尊に守られて、貪瞋煩悩を克服して、信心を奮い起こして安楽浄土へ往生することをたとえたものである。

捨ててこそ

一遍は、文永八年（一二七一）、善光寺《ぜんこうじ》に参籠《さんろう》し、「二河白道《にがびゃくどう》の喩《たとえ》」を図に表した「二河白道の図」を見て、強い衝撃を受けた。自分こそこの曠野《こうや》の孤独の旅人であり、水火の二河を前にした絶体絶命の身であることにおそれおののいた。死を決して身を捨て、白道を渡るほかに道はないと思い定めた。そこで自ら「二河白道の図」を描き、これを「二河の本尊」と呼んだ。

「二河白道の喩」によって、一遍は開眼させられたのである。善導《ぜんどう》は、白道を、衆生《しゅじょう》の心中に起きる清浄《しょうじょう》の願心、善心にたとえたが、一遍はこれを阿弥陀の名号《みょうごう》ととらえ、「中路の白道は南無阿弥陀仏なり、水火の二河は我等が心なり。二河にをかされぬは名号なり」と説いている（『播州法語集《ばんしゅうほうごしゅう》』三十九、『一遍上人語録《いっぺんしょうにんごろく》』二十二）。

一遍は門下の僧尼や信者の教導のために、この「二河白道の喩」を用いた。「十《じゅう》二光箱《にこうばこ》」と呼ばれた箱がそれである。旅の道具類を入れる笈《おい》を十二作り、そのそれぞれに阿弥陀仏の別名十二光仏《じゅうにこうぶつ》の名を配する。その蓋を赤（火の河）と青（水の河）の二色に塗り分け、その中間に白い線を引き、二河白道を表した。道場においては、これを僧尼の間に置き、貪瞋煩悩《とんじんぼんのう》の戒めとするとともに、釈迦・阿弥陀二尊の大悲の本願と、他力名号の教えを示したのである。時宗歴代の祖師の教えも、みなこの「二河白道の喩」の実践であり、念仏一筋にほかならない。

総本山清浄光寺《しょうじょうこうじ》の法要の中で、もっとも重々しく古式に基づいて厳修されるのは、歳末別時念仏会《さいまつべつじねんぶつえ》である。この法要は、念仏者の浄土往生、殊に『観無量寿経《かんむりょうじゅきょう》』九《く》品《ほん》往生のうち、下品下生《げほんげしょう》の往生の様を実践するのが主眼である。このときの道場の施設や儀式の進行を見れば、これが「二河白道の喩」の実践であることは明らかである。道場を浄土と穢土《えど》の二土に分け、それぞれに釈迦・阿弥陀二尊の光明を表す灯火を点じ、念仏合唱の声の中を、僧衆が交代で穢土から浄土へ、白道を踏んで往生する様を実践するのである。これを報土入《ほうどい》りと呼ぶ。すなわち往生浄土を表すのである。

一遍は、名号のほかは一切虚仮《こけ》であるといって、すべてを捨てよと述べている。

> 念仏の行者は智恵をも愚痴をも捨て、善悪の境界をも捨て、貴賤高下の道理をも捨て、地獄をおそるゝ心をも捨て、極楽を願ふ心をも捨て、又諸宗の悟をも捨て、一切のことを捨てゝ申す念仏こそ、弥陀超世の本願にもっともかなひ候《そうら》

歳末別時念仏会
清浄光寺（遊行寺）

へ（「興願《こうがん》僧都への御返事」『一遍上人語録』上巻）。

一遍を「捨聖《すてひじり》」と呼ぶゆえんである。

もっとも、これによって、一遍をあたかも自力行者のように考える向きがないでもない。一遍を、禅の影響を受けた念仏禅の行者と見る人もある。しかしそれは違う。一遍は純粋な他力念仏者である。一遍の「捨」の真実は次の言葉に明確に示されている。

「身命を捨つるといふは、南無阿弥陀仏が自性自然に身命を捨て、三界をはなるゝすがたなり」（『播州法話集』四十七）。すなわち、身命を捨てるということは、南無阿弥陀仏がその自らの性質によって、自然に身命を捨て、迷いの三界（欲界・色《しき》界《かい》・無色界《むしきかい》）を離れる姿であるというのである。

一遍における「捨」は自力の「捨」ではなく、「仏の捨てしめ給《たま》ふ捨」、名号にそなわった願力自然の「捨」であったのである。一遍の教えの真髄は、これに尽きるといってよいであろう。

神祇と一遍

一遍が神祇と結縁《けちえん》したことにより、「一遍は専修《せんじゅ》念仏の純粋性を捨てた」という見方もある。しかし一遍は、「名号《みょうごう》の外には総じてもて我が身に功能なし。皆誑惑《きょうわく》（まやかし）と信ずるなり。念仏の外の余言をば皆たはごとゝおもふべし。是れ常の仰せなり」（『播州法語集《ばんしゅうほうごしゅう》』七十五）と言っている。

では、一遍はなぜ、神祇と結縁したのであろうか。一遍の遊行は一切衆生《いっさいしゅじょう》への念仏勧進《かんじん》であった。伊予大三島《いよおおみしま》の大山祇《おおやまづみ》神社は、三島大明神《みしまだいみょうじん》といい、一遍の生家河《こう》野《の》氏の氏神で、河野水軍団結の中心であった。そのため、「仏法を修行せん人は神明の威光をあふぎたてまつるべき」と一遍は門弟に示した。正応元年（一二八八）、一遍が伊予を遊行《ゆぎょう》し三島大明神に参詣したとき、種々の奇瑞《きずい》があったという。一遍が生家河野氏の氏神信仰の影響を強く受けていたことは否定できないし、むしろ自然である。特に一遍と神祇との関わりを考えるときに、熊野権現《くまのごんげん》の存在は大きい。

これについて、「十一不二頌《じゅういちふにじゅ》」や「六十万人頌《ろくじゅうまんにんじゅ》」に表れている絶対他力の領解《りょうげ》（さとり）の証明を求めて、一遍は熊野へ向かったのだと考えられている。一遍の「己《こ》心《しん》領解（独自のさとり）の法門」は、「二河白道《にがびゃくどう》の本尊」と対決しながら到達した「無師独悟《むしどくご》」の法であった。それを「己心領解」と呼んだのである。ただ、「己心領解」そのままでは認められない。一遍は、その証明を、熊野権現に求めたのであった。

二祖真教《しんきょう》も、一遍から法灯を継承した後、熊野権現に報告し、認証を求めている。『奉納縁起記《ほうのうえんぎき》』を熊野に奉納したのもそのためであった。

熊野本宮の本地《ほんじ》は西方浄土の阿弥陀仏である。熊野権現はその垂迹《すいじゃく》（化身）としてこの地に出現し、念仏の真実を証明していると信じられていた。一遍の受けた霊告は、次のようなものであった。

熊野の神勅
『一遍上人縁起絵』真光寺蔵

融通《ゆうずう》念仏すゝむる聖《ひじり》、いかに念仏をばあしくすゝめらるゝぞ。御房《ごぼう》のすゝめによりて一切衆生はじめて往生すべきにあらず。阿弥陀仏の十劫正覚《じっこうしょうがく》に、一切衆生の往生は南無阿弥陀仏と決定《けつじょう》するところ也。信不信をえらばず、浄不浄をきらはず、その札くばるべし（『一遍聖絵』第三）。

これによって、「己心領解」すなわち「十一不二頌」が公認されたといわれている。一遍は、神社参詣のために遊行したのではない。旅の途中に神社があったから参詣したまでのことである。一遍はそれらの神社を避けて通るようなことはしない。だから、『一遍聖絵』に描かれた神社だけが一遍の参詣した神社ではないのである。しかし、熊野だけは特別であった。熊野は阿弥陀仏であり、熊野参詣は念仏の真実を証明してもらうためのものであった。

一遍は、「よろづ生きとしいけるもの、山河草木、ふく風たつ浪の音までも念仏ならずといふことなし。人ばかり超生の願に預《あずか》るにあらず」（『一遍上人語録』「消息法語」）という。人間だけが弥陀の本願の対象ではない。自然現象も念仏を申すという。神道を自然の理法と解釈するなら、その中にも念仏が存在し、念仏が申すことになる。一遍にとっては、神祇も「一切衆生」の中に包みこまれていたのである。

（高野　修）

一遍を取り巻く人々

一遍の家族

一遍の出自

一遍は、河野《こうの》氏の出身とされている。鎌倉時代の河野氏は、伊予《いよ》国の風早《かざはや》郡河野郷（愛媛県松山市）を本拠とする豪族であった。『一遍聖絵《いっぺんひじりえ》』巻頭の詞書《ことばがき》は、「一遍ひじりは俗姓は越智《おち》氏、河野四郎通信《みちのぶ》が孫、同七郎通広《みちひろ》出家して如仏《にょぶつ》と号すが子なり」と記す。

河野氏は、越智氏の流れを汲むとされる。系譜の上で明らかなのは、河野新太夫親経《ちかつね》からで、その後、親清《ちかきよ》、通清《みちきよ》、通信と続いている。親経には後継がなく、源《みなもとの》頼義《よりよし》の子親清を養子としたとする説もある。また、通清は、母が三島大明神《みしまだいみょうじん》に参《さん》籠《ろう》して懐胎した（『予章記《よしょうき》』ほか）とされるなど、多分に伝説的な人物である。しかし、養和元年（一一八一）には源頼朝《よりとも》に呼応して、子の通信とともに高縄山城《たかなわさんじょう》に挙兵し、平家方の備後《びんご》の額入道西寂《ぬかのにゅうどうさいじゃく》の攻撃により戦死した人物として、史上に登場する。

粟井坂《あわいざか》（松山市堀江町）は、養和元年（一一八一）に通清が最期をとげた地である。

一遍は、弘安元年（一二七八）、全国に及ぶ遊行《ゆぎょう》に出発するにあたり、出発地の堀江（松山市）の浜に近いこの粟井坂で供養の法要を行ったとされる。現在、粟井坂の旧関所近くに小堂があり、その中に「南無阿弥陀仏」の名号石（高さ百七十五センチメートル）がある。天和元年（一六八一）頃、一遍による供養を記念して建立したものと推定されている。

なお、河野氏は、伊予国大三島の三島大明神を氏神として尊崇した。このことが、各地の神社と結縁《けちえん》する一遍の行動の源と見ることができる。

祖父河野通信《こうのみちのぶ》

一遍の祖父河野通信（一一五六～一二二三）は、源頼朝の有力御家人であった。治承四年（一一八〇）の源頼朝の挙兵に応じて、その翌年、高縄山城に父通清とともに籠城した。父が平家方の備後の額入道西寂に敗れて討死にすると、城を脱出し、後にその仇討ちをとげたという。

元暦二年（一一八五）には、兵船を率いて屋島・壇ノ浦《だんのうら》の戦いに源義経を助け、この戦功により幕府の御家人となった。文治五年、頼朝の奥州征伐に従軍し、幕府から伊予国内三十二人の御家人を指揮する権限を与えられた。これによって、通信は大洲《おおず》以東の伊予の大半を事実上支配したものとみられる。

しかし、通信が栄光に輝いたのはここまでで、頼朝の妻政子《まさこ》の妹谷殿を妻としたものの、執権北条氏と疎遠となり、承久三年（一二二一）の承久《じょうきゅう》の乱《らん》では後鳥羽《ごとば》上皇方に味方した。

通信には、通俊《みちとし》・通政《みちまさ》・通末《みちすえ》・通広《みちひろ》・通久《みちひさ》・通継《みちつぐ》・通宗《みちむね》という七人の子がいた。このうち、四人とその子（通俊とその子通秀《みちひで》、通政とその子政氏《まさうじ》・通行、通末、通宗）は通信と行動をともにしたが、北条時政の孫にあたる通久は幕府側についた。このとき一遍の父通広は、出家して證空《しょうくう》のもとで修行生活を送っていたのではないかといわれている。

通信が籠った高縄山城は陥落し、通信は捕らえられて奥州《おうしゅう》江刺《えさし》の極楽寺の塔頭《たっちゅう》安楽寺（岩手県北上市稲瀬町）に預けられた。出家して観光《かんこう》と称したが、貞応二年（一二二三）五月十九日、この地で病死した。六十八歳であった。「東禅寺殿観光西念」として葬られた。通信の死から五十六年後の弘安二年（一二七九）、一遍はこの地を訪れ、祖父の霊を慰めている。

なお、通信の子通俊は戦死し、通政は信濃《しなの》国葉広《はびろ》（長野県伊那市）に、通末は同国伴野《ともの》庄に流罪となった。鎌倉に住んでいた通久は、幕府側として合戦に加わり、宇治川の戦いなどで功を立てた。通信が死罪を免れたのは、この通久の戦功によるといわれている。通久には阿波国富田庄（現在の徳島市の中心部にあたる）が与えられたが、替え地として伊予国久米郡石井郷を望んで認められている。また、通俊の子孫は伊予国桑村郡得能《とくのう》を領することが認められ、河野氏の名を残した。

両親

一遍の父河野通広（生年不詳〜一二六三）は、河野通信の四男で、俗称を別府《べっぷ》七郎左衛門といった。別府は、所領拝志《はいし》郷別府（愛媛県東温市下林）という庄名に由来する。

西面の武士であったが、病弱のためか承久の乱以前に帰国していて難を免れ、宝《ほう》厳寺《ごんじ》前の塔頭《たっちゅう》十二坊中の一つに隠棲《いんせい》し、如仏《にょぶつ》と号していたという。

通広は、かつて京都にいたとき、浄土宗西山派《せいざんは》の證空《しょうくう》のもとにあって、聖達《しょうだつ》・華《け》台《だい》などとともに浄土教を学んだ。後に十三歳の一遍（当時の名は随縁《ずいえん》）を太宰府《だざいふ》の聖達のもとで学ばせたのも、こうした縁による。

『一遍聖絵』第十は、正応元年（一二八八）、一遍が河野氏ゆかりの繁多寺《はんたじ》（愛媛県松山市畑寺）に、通広の持経であった「浄土三部経《じょうどさんぶきょう》」を納めたことを記している。

一遍の母親については、大江《おおえ》氏の出自というだけで、その名前も不詳である。宝治二年（一二四八）に亡くなったとき、次男の一遍はまだ十歳に過ぎない。一遍は幼くして、人にはいつの日にか別離が訪れるという「無常の理《ことわり》」をさとらされることになったのである。

一遍の兄弟

『越智系図』によれば、一遍には兄一人と弟二人がいた。兄の名は通朝《みちとも》（一説に通真《みちざね》）という。家督を継いだが、建治元年（一二七五）に逝去している。

二人の弟には、出家した仙阿《せんな》、通定《みちさだ》がいた。仙阿は後の宝厳寺《ほうごんじ》住職で、時宗奥谷《おくたに》派《は》を開いたとされる。
通定は後の聖戒《しょうかい》で、『一遍聖絵《いっぺんひじりえ》』を撰述した人物である。ただし、一遍は宝治二年（一二四八）に母と十歳で死別しており、一遍と聖戒とは二十三もの歳の差がある。そのため、聖戒の母は通広の後妻で、一遍と聖戒とは異母兄弟とする説が有力である。一説には、聖戒を一遍の従弟とするものもある。

聖戒は一遍にしたがい、聖達の門で出家している。この年代についての記録はないが、『一遍聖絵』の、聖戒が聖達のもとで出家をとげた記載と、一遍の、文永八年（一二七一）の信濃善光寺《しなのぜんこうじ》参詣の記載から、聖戒の出家は文永六、七年の頃、聖戒が九歳か十歳の頃であると考えられる。

聖戒は、弥阿《みあ》という名であったと伝えられているが、時衆《じしゅう》ではなかった。文永八年、一遍は善光寺に参籠《さんろう》し、秋に伊予の窪寺《くぼでら》に幽居している。さらに文永十年（一二七三）、菅生《すごう》の岩屋《いわや》に参籠し、このとき聖戒も「随逐《ずいちく》給仕す」（『一遍聖絵』第二）とあり、一遍にしたがっていたことがわかる。

文永十一年（一二七四）一遍は伊予国を後にして遊行に出る。このとき同国桜井にて、一遍と聖戒は、「再会を終焉の夕にかぎりたてまつりて」「臨終の時はかならずめぐりあふべし」（『一遍聖絵』第二）と言って、別れている。

この文による限り、以後十六年にわたる一遍の遊行の歴程に、聖戒はいない。しかし、『一遍聖絵』第七の草津の条には、聖戒がいたように書かれている。聖戒は、一遍と別れた直後から、伊予喜多郡の願成寺《がんじょうじ》（愛媛県喜多郡内子町内子）にいたともいう（「願成寺書上」）。しかし、正応二年（一二八九）八月、一遍の臨終の場には、聖戒がいる（『一遍聖絵』第十一）。その前年、一遍は伊予に渡り、菅生の岩屋、繁多寺を巡行している。すでに肉体的衰えの色濃い師の姿を見て、このときから聖戒はしたがったのではあるまいか。また、一遍が、その入滅《にゅうめつ》する数日前に聖戒を呼び寄せ、あれこれと指示していることが、『一遍聖絵』に記載されている。

一遍の入滅後の聖戒について、江戸時代の『弥阿上人行状《みあしょうにんぎょうじょう》』によれば、一遍の石清水《いわしみず》八幡宮での神託の縁により、正応四年（一二九一）、男山《おとこやま》八幡山下に創建された善導寺《ぜんどうじ》に住したという。関白九条忠教《くじょうただのり》の帰依《きえ》を受け、正安元年（一二九九）に六条道場歓喜光寺《かんきこうじ》を創建し、開山第一世となっている。

一遍の家族観

一遍は、弘長三年（一二六三）に父如仏（通広）が没すると、師の聖達のもとを離れて、伊予に帰った。兄の通朝が一遍の修行中に亡くなっていたことにより、一遍が還俗《げんぞく》し、妻帯して河野家を相続したという。しかし妻については何も記録がない。また子供もいたというが、これについても不明である。

一遍と関わりのある女性として、超一《ちょういち》と超二《ちょうに》がいる。超一と超二の生没年や本名は不明であるが、一遍の遊行の旅に同行している。『一遍聖絵』第二の、遊行に旅立つ一遍が桜井で聖戒と別れる図や、熊野《くまの》の山中で僧に一遍が念仏札を勧める図に後代の書き入れがあって、尼僧が「超一」、若年の尼僧が「超二」と記されているのである。それとともに、侍者と推定される「念仏房《ねんぶつぼう》」という者も記されている。

超一は一遍の妻であり、父の死により太宰府から帰国した一遍が、二十五歳から三十五歳で再出家するまでの間、超一との間に一女をもうけていたとの見方もある。これによると、一遍が三十五歳で熊野へ出発するとき、娘はほぼ十歳で、『一遍聖絵』に見える若年の尼僧姿の超二と一致するというのである。

いずれにしても、意を決して仏門に入った超一、超二の尼僧は、特に希望して随行を許され、法弟として一遍にしたがったものであろう。

一遍の遊行に同行した念仏房についても、その生没年や本名は不明である。『一遍聖絵』に「念仏房」という書き入れのある図は四つある。尼とする説もあるが、いずれも背が高く、たくましい中高年の僧の姿である。

一遍は念仏者の生活を三等級に分ける。妻子を持ち、普通の在家生活をしながら、一切の執着の心を持たずして往生する者を第一等とする。次に、妻子を捨てるが、そのほかは捨てず、しかもそれに執着もしないで往生をとげる者を中等とする。そして、一遍のように一切を捨てて往生をする者を一番下等とする。一遍自身は、執着の心が強いから、すべてを捨てないと往生しそこなうというのである。

一遍は、往生の最大の障害を執着であるという。我執《がしゅう》の迷情である。執着の少ない者ほど、上等の人と考えるのである。その意味で世間一般の評価とは逆になる。

世間一般の常識では、家を捨て妻子を捨て、そのほか一切を捨てた聖を、もっとも優れた宗教家と評するであろう。それに反して、妻子を帯して在家生活をする者

一遍と超一、超二、念仏房
『一遍聖絵』清浄光寺（遊行寺）蔵

は、破戒堕落の非難を受ける。

一遍の考えは、仏教では、事柄を内心と外形とに分けた場合、外に現れた形よりは、内なる心の持ち方を尊重するという。いかに外形は捨家棄欲《しゃけきよく》して清僧らしくても、内心に嘘偽りがあっては尊ぶわけにいかない。外形がいかに破戒僧に見えても、内心に忠実な者は尊重しなければならないというのである。

この点で、親鸞《しんらん》の態度と一遍の態度は、対照的である。一遍も、妻子を帯し、家にありながら執着することなく往生する者を、もっとも理想的な願生者とする。一遍もそうしたいのであるが、執着心が強いから、臨終にあたって、おそらく執着して往生しそこなうであろう。だからむしろ捨家棄欲の立場をとるのである。形はいかにも真面目のようだが、内心は執着の心が満ちあふれた下根《げこん》の人間なのであると、深い反省を持っている。

親鸞は、自らを愚禿《ぐとく》と称し、妻子を帯し在家的な生涯を終えている。なぜかといえば、捨家棄欲の生活は理想であるが、自分がそうすれば、なるほど外形は賢善精進でいかにも殊勝に見えるけれども、自分などはきっと内心において虚仮《こけ》(嘘偽り)を抱くことになる。だから、むしろ内面に忠実であるために、在家にして妻子を帯する生活をするというのである。

二人の外面に表れた生活態度はまったく相反する形をとっているが、「心品を沙汰する」という点では、まったく同じ立場である。親鸞は自己の内面に忠実に在家の生活をとり、一遍はまた内心をもとにして出家の生活をとったのである。二人の外形は違っても、その内奥は同一であることが知られる。
一遍が一切を捨て、一人で遊行に出たのを、三人が勝手についてきたとも解釈できる。一遍はついてきても止めはしなかった代わりに、途中で死んでも捨てていったである。その三人との間にどのような因縁があったのか不明である。しかし、一切を捨て去った一遍にとって、それらの人々がどのような人であったとしても、一遍は「下根の者」であるから、一切を捨てて往生を願ったのであろう。

師匠と出家者、同行

師匠

一遍は十歳で母を失い、天台宗の継教寺《けいきょうじ》の縁教律師《えんきょうりっし》に入門して学問を始めたといい、この寺には出家した叔父の通宗《みちむね》もいたと伝えられている。ここで一遍は、幼名松寿丸《しょうじゅまる》を改め、随縁《ずいえん》という法名を授けられた。縁教律師については、奈良で律学を学んだものと考えられるが、不明である。

一遍は、建長三年（一二五一）春に、父如仏《にょぶつ》（通広《みちひろ》）の勧めによって、太宰府《だざいふ》の聖達《しょうだつ》のもとへ向かった。聖達は法然《ほうねん》の高弟證空《しょうくう》の弟子で、一遍の父とは證空門下として、京都でともに学んだ間柄であった。聖達は原山智恩寺の開山で、『安心決定抄《あんじんけつじょうしょう》』の著者といわれる顕意《けんに》の継父というから、聖達は妻帯していたのであろう。一遍は、この顕意と机を並べて聖達のもとで学んだという。なお、聖達は一遍に浄土教の基礎を学ばせるために、肥前国清水の華台《けだい》のもとに送り、約一年、経典の文字読みを学ばせたという。華台も聖達と同じく證空の門下で、京都で如仏に浄土教を授けている。

『一遍聖絵《いっぺんひじりえ》』第十によると、如仏が「西山上人華台上人の座下にして訓点まのあたりにうけ読誦《どくじゅ》」した「浄土三部経《じょうどさんぶきょう》」を一遍が相伝しており、それを正応元年（一二八八）、一遍最後の故郷訪問のとき、繁多寺《はんたじ》に収めたという。

華台の思想の詳細は不明であるが、一遍の法名を「随縁」と聞いて、善導《ぜんどう》の「随縁の雑善は恐らくは浄土に生まれ難し」（『法事讃《ほうじさん》』）という文章に基づき、随縁から智真《ちしん》に改めさせている。

以上の三名が、一遍を直接指導した師匠である。

時衆《じしゅう》・結縁衆《けちえんしゅう》

一遍は、特に僧侶のあり方に関して述べていない。

一遍自身は、念仏勧進《かんじん》の旅の出発点において、摂津《せっつ》国の四天王寺《してんのうじ》の本尊前で自誓受戒し、「十種の制文」を納めた（『一遍聖絵』第二）。そして、この出家の十戒を生涯守り、少しも破ることがなかった。

一遍は、自分にしたがった人々を、時衆と結縁衆とに分けている。時衆とは出家の同行で、僧と尼とがいた。『一遍聖絵』や、『時衆番帳《じしゅうばんちょう》』によると、僧尼を四十八人に定め、これを一寮から六寮までの六つに分け、交替で毎日の六時勤行《ろくじごんぎょう》の不断《ふだん》念仏（別時《べつじ》念仏）に奉仕させた。結縁衆は、俗人の信者である。一遍の徳を慕って旅に同行する者もいたのである。

時衆に対しては厳しい規律があり、十八条の「時衆制誡《じしゅうせいかい》」の頌《じゅ》（漢詩）が、出家の心がけを教えている。また、日常、各個人が使用する道具を十二に制限し、簡素な生活をさせた。道具の一つひとつに阿弥陀仏の別名十二光仏《じゅうにこうぶつ》を配し、道具を使用するにあたっては、名号を称えて恩徳を忘れぬように教えている（「十二道具《じゅうにどうぐ》の持文《じもん》」）。

一遍は、旅の道具類を、十二光箱《じゅうにこうばこ》と名づけた笈《おい》に入れて運んだ。この箱はまた、宿に着くと僧と尼との間に置いて、愛欲の戒めとした。箱の蓋の表面には、左と右に青と赤の色を塗り、中央に白線を引いて、唐の善導《ぜんどう》の「二河白道《にがびゃくどう》の喩《たとえ》」を表現している。この箱を日常見ることによって、貪瞋煩悩《とんじんぼんのう》にさまたげられない名号の徳を思い、いよいよ念仏一筋に励むことを教えたのである。

僧には「〇阿弥陀仏」というように阿弥陀仏号の法名を、尼には「大一房《だいいちぼう》」「本一房」のように「一房」をつけ、それを本名字《ほんみょうじ》と呼んでいる。男性の「阿弥陀仏」も、女性の「一房」も、ともに仏と一体であるという自覚を持たせようとしたものである。

他阿弥陀仏《たあみだぶつ》

一遍の同行者の中では、他阿弥陀仏真教《しんきょう》（他阿《たあ》真教）が中心的な存在であった。

一遍は、九州を遊行《ゆぎょう》していた建治二年（一二七六）、豊後《ぶんご》の大友兵庫頭頼泰《おおともひょうごのかみよりやす》の帰《き》

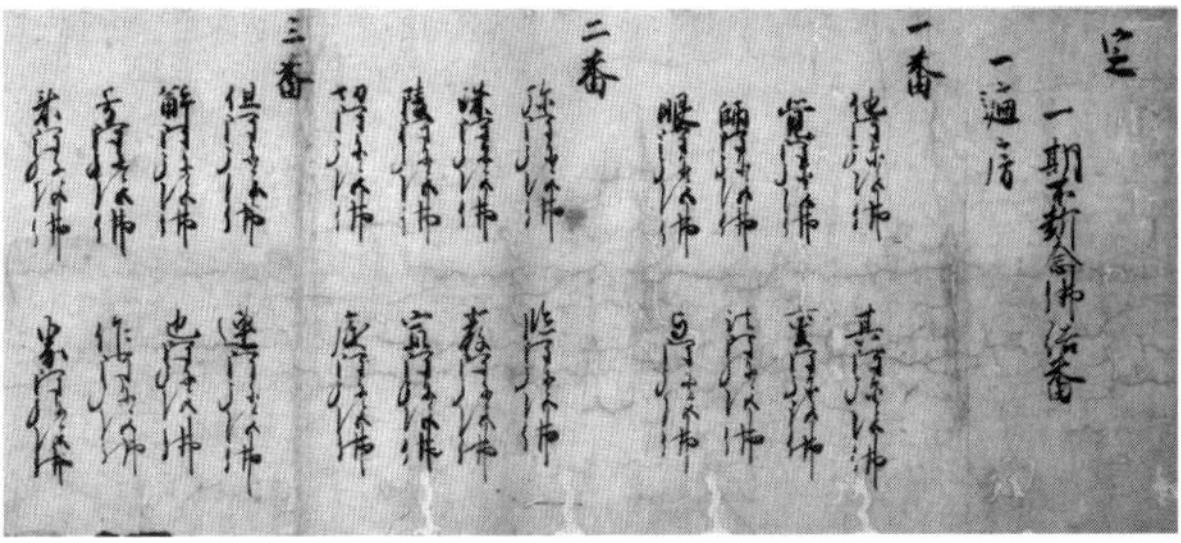

『一期念仏結番』
清浄光寺（遊行寺）蔵

依《え》を受けたが、ここで真教（後の二祖）と出会った。

「他阿弥陀仏」は、一つには真教のことを示す。真教が一遍と同行することになった折に命名された阿弥陀仏号である。「自分（一遍）も阿弥陀仏、他（真教）も阿弥陀仏」との意味からの命名といわれる。

もう一つには、二祖真教に始まる代々の遊行上人《ゆぎょうしょうにん》のことである。真教が量《りょう》阿《あ》智《ち》得《とく》に遊行上人の地位を譲る際、「量阿弥陀仏《りょうあみだぶつ》を捨て、他阿弥陀仏と号せらるべし、この名は一代のみならず、代々みな遊行かたにうけつぐべきなり」（『他《た》阿《あ》上人《しょうにん》法《ほう》語《ご》』第二）と示したことによる。

一遍と教団

一遍は一念仏者として生涯を送り、教団を作って一宗を創立するという意志をまったく持っていなかった。遊行の旅には、多くの同行者や信奉者が随行した。聖戒は「身命を山野に捨て、居住を風雲にまかせ、機縁に随《したが》ひて徒衆を領し給《たま》ふといへども、心に諸縁を遠離して」（『一遍聖絵』第七）と伝えている。同行を伴ったのも機縁にしたがったので、自己の意志によらず、それに心を労することなく、自然にまかせたのである。「生ぜしも独りなり。されば人と共に住するも独りなり。そひはつべき人なき故なり」（『一遍上人語録』六十八）という言葉からもそれがうかがえる。

おのづから　相あふ時も　わかれても
独りはいつも　独りなりけり

これは京都の市屋《いちや》道場（空也《くうや》の遺跡）に滞在中の作といわれる。一遍は空也を「我が先達」と尊崇し、その空也の「名を求め衆を領すれば身心疲れ、功を積み善を修すれば希望多し。孤独にして境界なきには如かず」という詞《ことば》を常に口ずさんでいたと伝える。「おのづから」の歌は、この心境を表したものであろうと思われる。

機縁にしたがって人々を引き連れる。それが「おのづから相あふ」ことであろう。仏縁によって出会った同行も、やがては相別れるべき人々であり、我が弟子・我が教団として執着すべきではない。「執着・我執《がしゅう》の迷情は往生の最大の障害」であるとする一遍にとっては当然のことであった。我執を捨てる。人は孤独に徹しなければならないのである。

一遍遊行の旅には、おのずから一つの規律が必要であった。これは団体生活の上から、やむを得ない手立てであった。しかし一遍自身には教団の主であるという考えはなく、自らを祖とする教団の形成を決して考えていなかった。さりとて、それは新しい教団・宗派に発展することを否定するものでもなかった。すべては「おのづから」なるようになっていく「仏のおはからい」のままであったのではないだろうか。

一遍の没後、遺弟たちを率いて、念仏勧進《かんじん》の継承者になった二祖他阿真教のときに至って、教団組織が形成され、将来への指針が定められた。そのため、時宗では真教を大上人《おおしょうにん》と呼び、事実上の教団創始者と仰いでいるのである。

（髙野　修）

一遍に関する文献資料

一遍は、死を迎えるに際して、所持していた経典以外の書籍を自ら焼却しており、その著作は現存していない。そのため、一遍の生涯やその思想は、一遍の生涯を描いた絵巻『一遍聖絵《いっぺんひじりえ》』や、『一遍上人縁起絵《いっぺんしょうにんえんぎえ》』（『一遍上人絵詞伝《いっぺんしょうにんえしでん》』『遊行上人縁起絵《ゆぎょうしょうにんえんぎえ》』）、一遍の法話を弟子が書きとめた『播州法語集《ばんしゅうほうごしゅう》』など、門弟の手になるものによるほかない。

以下、一遍に関する文献資料を、伝記類と法語類に分けて概観する。

伝記類

『一遍聖絵《いっぺんひじりえ》』

正安元年（一二九九）八月二十三日、一遍の生涯を、聖戒《しょうかい》が編んだ絵巻物である。国内に現存する絹本《けんぽん》著色絵巻物の最高峰といっても過言ではない。一遍の伝記は何種類かあるが、その中でも没後十年ともっとも早く成立した信憑性の高い史料とされている。

編者の聖戒は、一遍の弟で、弟子であるともされるが、一遍との関係は必ずしもはっきりしていない。聖戒は作品中に登場するとともに、詞書《ことばがき》を執筆している。旧来、『一遍聖絵』は、歓喜光寺《かんきこうじ》に伝来していたが、現在は時宗総本山清浄光寺《しょうじょうこうじ》（遊行寺《ゆぎょうじ》。神奈川県藤沢市西富）の所蔵となり、国宝に指定されている。歓喜光寺は聖戒の開山で、もと京都の六条にあり（現在は京都市山科区に移転）、六条道場と呼ばれていたことから、『一遍聖絵』は『六条縁起《ろくじょうえんぎ》』とも呼ばれていた。

本書の絵師は、円伊《えんに》である。円伊という人物についてはよくわかっておらず、ほかの作品も残っていない。当時の記録に散見する園城寺《おんじょうじ》の高僧円伊とする説や、専門の絵師とする説などがある。『一遍聖絵』の画風が四種類以上に分類できることから、実際には複数の絵師が関わっており、円伊はこれらの絵師の指導者的立場の人物であったと考えられている。一方、詞書の部分は、その筆跡から、四人の能筆家によるものと見なされている。

『一遍聖絵』は、全十二巻・四十八段から構成されている。十二巻は十二光仏《じゅうにこうぶつ》、四十八段は阿弥陀仏の四十八願にちなむものであるという。

『一遍聖絵』制作にあたり、聖戒にそれを勧めた人物がいる。第十二に「一人のすすめによりて此画図をうつし」とある。この「一人」をどう読むかで、意味が変わってくる。①「いちじん」と読めば天皇であるが、②「いちにん」「いちのひと」と読めば摂政・関白となり、③「ひとり」と読めば不定代名詞となり、一遍に帰依《きえ》した人となる。このうちの②ととらえて、歓喜光寺蔵『開山弥阿上人行状《かいさんみあしょうにんぎょうじょう》』の記

聖戒供養塔
京都市東山区五条橋東

述から、関白であった九条忠教《くじょうただのり》とする説が有力である。また、土御門《つちみかど》家の人々が『一遍聖絵』に多く登場することや、園城寺との関係性から「いちのひと」を、内大臣土御門定実《ただざね》とする説もある。

模本としては、次のものが知られている。

1　御影堂《みえいどう》本　京都御影堂新善光寺《しんぜんこうじ》旧蔵の紙本墨画で、南北朝時代に成立。現在、前田育徳会と個人に分蔵。

2　旧金光寺《こんこうじ》本　十二巻。江戸時代に成立。現在は藤田美術館蔵。

3　大願寺《だいがんじ》（新潟県佐渡市）本　紙本著色、十二巻で、江戸末期から明治初期に成立。

なお、『一遍聖絵』には、詞書のみの版本があり、『六条縁起』三巻として安永五年（一七七六）に刊行されている。遊行五十三代尊如《そんにょ》（一七一一～一七七九）の命により、六条道場弥阿輪山《みありんざん》が中心になり、校訂上梓した。

『一遍上人縁起絵《いっぺんしょうにんえんぎえ》』

『一遍上人絵詞伝《いっぺんしょうにんえしでん》』『遊行上人縁起絵《ゆぎょうしょうにんえんぎえ》』とも呼ばれる。

原本に相当するものが現存せず、その成立は不明である。ただ、この絵巻が二祖真教《しんきょう》（一二三七～一三一九）が当麻山無量光寺《たいまさんむりょうこうじ》（神奈川県相模原市南区当麻）で歳末別《さいまつべつ》時念仏会《じねんぶつえ》を修した嘉元元年（一三〇三）の場面で終わっていることと、徳治二年（一三〇七）に模本（金蓮寺《こんれんじ》本）が成立していることから、この数年の間に成立したと推定されている。

編者は、真教の弟子宗俊《そうしゅん》であるが、この人物については不明な点が多い。

全十巻、四十三段から構成され、全十巻中の前半四巻十七段は一遍の伝記であり、後半六巻二十六段は真教の伝記である。ここには、遊行派を中心とした、一遍の後継者が真教であることを強調し、普及する意図が見られる。

時宗では、一遍と真教の伝記が描かれたこの絵伝を正統な伝記として流布してきた。そのため、多数の模本が現存している。

以下、各模本を列挙し、それぞれの巻構成、成立年代、文化財指定などの情報を記した。巻数の後の（　）は、残欠本の巻名を示したものである。

甲本系

真光寺《しんこうじ》（兵庫県神戸市）本　十巻　元亨三年（一三二三）　重要文化財
東京国立博物館本　二巻　鎌倉時代
大和文華館（奈良市）ほか諸家分蔵残欠本（第二巻一段）　鎌倉時代
金光寺本　四巻（第三・五・六・九巻）　鎌倉時代、重要文化財
永福寺（大分県別府市）本　一巻　南北朝時代　重要文化財
金蓮寺（京都市）別本　一巻（第八巻）　南北朝～室町時代
金蓮寺本　二十巻　徳治二年（一三〇七）
専称寺（新潟県柏崎市）本　十巻　室町時代
清浄光寺本　十巻　室町時代

『一遍上人縁起絵』
真光寺蔵

乙本系

清浄光寺旧本（『藤沢道場古縁起』）　十巻　成立年代不詳（明治四十四年（一九一一）に焼失）

光明寺（山形市）本　十巻　文禄三年（一五九四）　重要文化財

東京国立博物館本（藤沢道場本模写）　十巻　江戸時代

来迎寺（新潟県長岡市）本　八巻　江戸時代

谷文晁《たにぶんちょう》模本　五巻　文化十三年（一八一六）

大阪逸翁《いつおう》美術館（大阪府池田市）本　五巻　江戸時代

大阪逸翁美術館本　折本二帖　江戸時代

個人蔵住吉模本　八巻　江戸時代

丙本系

金台寺《こんたいじ》（長野県佐久市）本　一巻（第二巻）　鎌倉時代　重要文化財

常称寺（広島県尾道市）本　四巻（第二・五・六・八巻　南北朝時代　重要文化財

遠山記念館（埼玉県比企郡川島町）本　四巻断簡（第一・六・七・八巻）　南北朝時代

模本の各巻の構成や詞書等については共通している。図様の人物の動作、諸物の配置・建築などに異同があるだけで、まったく別々に生じた異本ではない。

また、一遍の伝記に相当する一～四巻の詞書については、註釈書として神戸真光寺初代院代其阿《ごあ》賞山《しょうざん》が正徳四年（一七一四）に著した『一遍上人絵詞伝直談鈔《いっぺんしょうにんえしでんじきだんしょう》』（『定本時宗宗典』下巻に収録）がある。

『一遍上人行状《いっぺんしょうにんぎょうじょう》』

本書の成立や編者などは不詳とされているが、『続群書類従《ぞくぐんしょるいじゅう》』によれば、正安二年（一三〇〇）頃の成立と推定されている。

一遍の修学について、建長元年（一二四九）に太宰府《だざいふ》の聖達《しょうだつ》に入門し、弘長三年（一二六三）に父如仏《にょぶつ》の死により一時伊予《いよ》に帰るが、ふたたび聖達のもとに戻る。その後、天台宗で修学したことを記している。一遍の偈頌《げじゅ》（漢詩）「十一不二頌《じゅういちふにじゅ》」の記述があり、また、熊野《くまの》参詣を記述しながらも「六十万人頌《ろくじゅうまんにんじゅ》」の記述はない。

さらに、一遍の熊野参詣を、建治元年（一二七五）と二年の二度とし、元年には熊野証誠殿《しょうじょうでん》に詣でて神託を受け、念仏の印板（形木。文字を彫り込んだ板）を受けたとする。このとき、「唱フレバ仏モ吾モナカリケリ南無阿弥陀仏ノ声バカリシテ」の和歌を心地覚心《しんちかくしん》と交わしたとする参禅譚がある。その二年後にふたたび熊野証誠殿に祈り、神示を受け、領解《りょうげ》他力の深義を受けたと記している。『一遍上人行状』の成立は、その内容から、『一遍上人語録』成立と関連すると考えられる。

本書は、『続群書類従』（巻二百二十三・伝部三十四）や『定本時宗宗典』下巻に収録されている。

『一遍上人年譜略《いっぺんしょうにんねんぶりゃく》』

慶長五年（一六〇〇）頃の成立と推定されているが、編者は不詳である。

本書には、『一遍聖絵』や『一遍上人縁起絵』に見られない記述が多数ある。全体として『一遍聖絵』を中心に、ほかの書物を適宜引用して作成したものであろう。一遍の生涯を史実として述べる上では慎重に扱うべき史料であるが、比叡山修学の記述など、近世の時宗教団の展開を探る上では貴重なものといえよう。

本書は、『続群書類従』（巻第二百二十三・伝部三十四）、『定本時宗宗典』下巻に収録されている。

『麻山集《まざんしゅう》』

本書の成立は元禄四年（一六九一）三月で、上下二巻で構成される。

編者は、当麻山無量光寺《たいまさんむりょうこうじ》（神奈川県相模原市南区当麻）の三十八世他阿是名《ぜみょう》である。寺宝が火災などの災害で失われたことを憂い、無量光寺三十五世他阿慈眼《じげん》が、残された四十八の切紙をもとに附法伝《ふほうでん》一冊をまとめた。それをもとに、是名が、一遍や真教の年譜を作成した。当麻山無量光寺を中心とした当麻派が、一遍に直結した時宗教団の正統的な立場であることを明らかにしようとしたものであろう。

本書は、『定本時宗宗典』下巻に収録されている。

『奉納縁起記《ほうのうえんぎき》』

本書の成立は、嘉元四年（一三〇六）六月一日であり、編者は二祖他阿真教である。真教が宗祖一遍への師恩報謝のために十巻の絵巻物『一遍上人縁起絵《いっぺんしょうにんえんぎえ》』（宗俊編の同名書とは別のもの）を編集し、熊野へ奉納した際の詞書である。『一遍上人縁起絵』そのものは、真教が掃部助入道心性《かもんのすけにゅうどうしんしょう》とその子藤原有重《ふじわらのありしげ》に描かせたものであるが、現存していない。

法語類

法語の系統

一遍は、自らの法語を残さなかった。最晩年の一遍の播磨《はりま》国遊行《ゆぎょう》の頃の法語を伝えるものが、持阿《じあ》の『播州法語集《ばんしゅうほうごしゅう》』である。安永七年（一七七八）に出版された版本に、門人の持阿が播磨国弘嶺八幡宮（兵庫県姫路市広峯八幡ではないかといわれる）で一遍から聞き書きしたものである旨が記されている。播磨国遊行ということからすると、弘安九年（一二八六）年頃の聞き書きと考えられる。ただ、そのような古い時代の『播州法語集』の明確な原本・写本は現存していない。

一遍の古い法語がまとまった形で見られるのは、鎌倉時代末か南北朝時代の筆写と見られる金沢文庫《かなざわぶんこ》蔵のもので、七十二条の法語が和文で書かれている。巻首・巻尾がなく、題名も欠けているが、『播州法語集』の祖本に当たるものの一つと解されている。これと同系統のものとして、室町時代後期成立と見られる清浄光寺《しょうじょうこうじ》蔵のものがある。これも巻首・巻尾を欠いている。和文体で、法語の数は二十一条と非常に少ない。

一方、高野山金剛三昧院《こうやさんこんごうさんまいいん》の『一遍念仏法語』一巻は、寛正六年（一四六五）、漢文体で百二条の法語を収めている。

これと類似する漢文体のものに『一遍上人法門抜書《いっぺんしょうにんほうもんぬきがき》』があるが、内容・配列にかなり相違が見られる。滋賀県長浜市木之本の浄信寺《じょうしんじ》とその旧塔頭《たっちゅう》春渓寺《しゅんけいじ》にあるのがそれである。本書の系統のものは明応八年（一四九九）頃までに成立していたらしい。

このように、中世の一遍の法語集と称されるものは、おおかた『播州法語集』の系統の写本であることがわかる。

江戸時代に入って最初に板行されたのは、貞享五年（一六八八）八月の『播州問《ばんしゅうもん》答集《どうしゅう》』であった。本書は『播州法語集』を改訂し、漢文体にしたものである。また、宝暦十四年（一七六四）に板行されたのが、『一遍上人語録《いっぺんしょうにんごろく》』という仮名法語である。この下巻は『播州法語集』に基づいて作られているが、その法語の順を著しく改変している。『播州法語集』そのものが開板板行されたのは、これより後の安永七年（一七七八）である。

以上が一遍の法語集の系統である。以下、こうした様々な法語集を個々に紹介する。

金沢文庫《かなざわぶんこ》蔵『播州法語集《ばんしゅうほうごしゅう》』

神奈川県立金沢文庫蔵『播州法語集』は、昭和九年（一九三四）に宮崎円遵が、金沢文庫の仏教典籍調査中にその存在を確認したものである。残存する一遍の法語としては最古のもので、鎌倉時代末期から南北朝時代頃の筆写本と推定される、文体は和文体である。巻首・巻尾が欠損している残欠本であるため、成立や書写の年代などを明確に知ることはできない。

本書には、全七十二条の法語が収められている。途中、多少の錯簡があり、また前欠・後欠の法語や、二条あわせて一つの法語と見なされるものもある。版本『播州法語集』の二条が、本書では一条となっているという違いもある。

金沢文庫では『一遍上人法語集』の名称で所蔵されている。

清浄光寺《しょうじょうこうじ》蔵『播州法語集《ばんしゅうほうごしゅう》』

清浄光寺蔵『播州法語集』（仮題）は、文体が和文体である。書風などから室町時代後期の写本と判断される。ただし、金沢文庫本『播州法語集』と同様に巻首・巻尾のない残欠本である。

高野山金剛三昧院《こうやさんこんごうさんまいいん》蔵『一遍念仏法語《いっぺんねんぶつほうご》』

高野山金剛三昧院蔵『一遍念仏法語』（これは外題で、内題は『一遍上人法語』とある）は、漢文体である。おそらく、和文体の法語集を漢文体に改めることが主流となる室町時代の成立と考えられ、奥書からは、寛正六年（一四六五）六月の成立と判明している。筆写の時期を明確にできる一遍の法語としては、最古の写本である。

表紙には、「校合済」とあることから、別本も存在したと推定されている。金剛三昧院本は、ほぼ『播州法語集』の法語順に編集されているが、三十四、六十四、六十五、七十八、八十二、八十五の各条が欠落しているほか、後の『一遍上人語録』所収の法語が十余条収められている。

本書が金剛三昧院で書写されたのは、高野聖《こうやひじり》がこの頃に時衆化していたことと関係していると推定されている。また、金剛三昧院自体は、時衆にはならなかったが、本書が書写されたことは、時衆と何らかの関係があったことを示すものであろう。ただし、この金剛三昧院本には、一遍が心地覚心に参禅したという法灯参禅譚の法語はない。

『一遍上人法門抜書《いっぺんしょうにんほうもんぬきがき》』

『一遍上人法門抜書』には、『播州法語集』の漢文体に相当する部分とそのほかの一遍の法語が収められている。また、遊行七代託何《たくが》の『踊念仏記』や一遍から十九代までの系譜が収められている。この『一遍上人法門抜書』には、二本の写本が現存しており、原本に相当するものは明応八年（一四九八）頃までに成立していたと考えられる。

写本の一本は、浄信寺（滋賀県長浜市木之本町）の所蔵である。その写本の奥書には、享保十二年（一七二七）九月三日に「長照（寺）四代但阿弥陀仏」が書写したとある。もう一本の写本は、春渓寺（滋賀県長浜市木之本町、浄信寺旧塔頭春渓庵）の所蔵である。その奥書から、寛保三年（一七四三）五月十九日、「永寿庵善瑞」の書写と判明している。この永寿庵も浄信寺の旧塔頭である。

『一遍《いっぺん》上人《しょうにん》語録《ごろく》』

『一遍上人語録』上下二巻は、遊行五十二代他阿一海《いっかい》（一六八八〜一七六六）が、宝暦元年（一六五一）頃、一遍の消息法語類やそのほかを集録し、宝暦十二年（一七五二）に出版した。出版の際には、江戸小林宗兵衛（円意居士《えんいこじ》）が資金を提供し、開板した。後扉には、「相州藤沢山蔵版」とのみある。上下二巻からなり、宝暦版《ほうれきばん》と呼ばれている。

『一遍上人語録』は、宝暦十三年（一七六三）に出版されたが、その翌年の明和元年（一七六四）に、火事で版木もろともに灰燼に帰した。

他阿一海は、浄土宗西山派《せいざんは》の学僧俊鳳妙瑞《しゅんぽうみょうずい》（一七一四〜一七八七）に『一遍上人語録』の再版を委託した。明和元年の火災で版木が焼失してしまったこともあって、全面的に改訂を加えるものであった。そして、明和七年（一七七〇）に出版されたのが明和版《めいわばん》である。このとき、宝暦版を出版した小林宗兵衛の子勘平が、亡き父の菩提を弔うべく、上梓《じょうし》のための資金を提供している。

明和四年（一七六七）、俊鳳妙瑞は、『一遍上人語録』の唯一の註釈書である『一

『一遍上人語録』（文化版）

遍上人語録諺釈《げんしゃく》』を著している。

しかし、明和版も、文化三年（一八〇六）三月に焼失してしまった。そのため、文化八年（一八一一）十月に三版となる文化版《ぶんかばん》の開板がなされた。これも小林勘平の努力によるものである。文化版は、明和版と内容が全く同一であるが、末尾に「江戸浅草日輪寺学寮蔵版」とある。

本書上巻には『一遍聖絵』『一遍上人縁起絵』などから「別願和讃《べつがんわさん》」「誓願偈文《げもん》」、あるいは「六十万人頌《ろくじゅうまんにんじゅ》」「十一不二頌《じゅういちふにじゅ》」といった偈頌《げじゅ》、消息法語や和歌などを収めている。下巻には、『播州法語集』から法語を収めているが、その配列・順序などは、大幅に改訂されている。

宝暦版の「別願和讃」が七十句なのに対して、明和版では八十六句になっている。和歌について、宝暦版は『一遍上人縁起絵』、明和版は『一遍聖絵』を中心にしている。法語類についても、宝暦版と明和版とで相違する点が多い。それは、明和版が『一遍聖絵』を重視しているためである。中世から近世の時宗教団は、一遍の伝記として『一遍上人縁起絵』を重視していたが、俊鳳妙瑞は一遍の伝記として『一遍聖絵』の史料的価値を見出し、明和版開板に際して、『一遍聖絵』を採用することとしたのであろう。

円意居士（小林宗兵衛）墓
清浄光寺（遊行寺）

版本《はんぽん》『播州問答集《ばんしゅうもんどうしゅう》』

版本『播州問答集』上下二巻は、貞享五年（一六八八）の出版である。一遍の四百年遠忌に山形光明寺其阿量光《ごありょうこう》（後の遊行四十四代尊通《そんつう》）が数種の写本を校訂した上で上梓したものであり、文体は漢文体の問答体である。

表題には、「播州問答集　二巻　一遍上人説持阿記」とあり、一遍が播磨遊行中に説いた教説を、持阿が記述したものととらえられる。

『播州問答集』は、和文体の『播州法語集』を、漢文の問答体として編集し直したものと判断されるが、これは、漢文体偏重の風潮によるものであろう。本書には三十二条の問答が収められている。『播州法語集』中の二〜四条を取り上げて一条にまとめたり、あるいは省略したりするなどの調整が加えられている。

この『播州問答集』には、其阿量光・廓龍《かくりゅう》『播州問答領解鈔《りょうげしょう》』十二巻と其阿賞山《しょうざん》『播州問答集私考鈔』の注釈書がある。

版本《はんぽん》『播州法語集《ばんしゅうほうごしゅう》』

版本の『播州法語集』は、安永五年（一七七六）の出版であり、文体は和文体である。

八十六条の法語を収める。序文によれば、遊行五十三代尊如《そんにょ》が、遊行中に祖廟を参拝し、神戸真光寺院代八世其阿洞天《ごあどうてん》に命じて、安永四年に上梓した経緯がわかる。命により、其阿洞天が数本あった写本を校訂し、神戸長楽寺義円とともに開板に至ったのである。

（長澤昌幸）

一遍の思想と時宗教学

一遍の思想的背景

一遍の思想を知る手がかり

一遍の思想についての理解を深めるために、一遍の思想的背景や、時宗教学について考えていきたい。

正応二年（一二八九）八月、死期をさとった一遍は、兵庫観音堂（現在の兵庫県神戸市兵庫区の真光寺《しんこうじ》）で、次のようなことを行っている。

同十日の朝、もち給へる経少々、書写山《しょしゃざん》の寺僧の侍《はべり》しにわたしたまふ。つねに「我化導《わがけどう》は一期《いちご》ばかりぞ」とのたまひしが、所持の書籍等、阿弥陀経をよみて手づからやき給《たまひ》しかば、伝法に人なくして師とともに滅しぬるかと、まことにかなしくおぼえしに「一代聖教《しょうきょう》みなつきて、南無阿弥陀仏になりはてぬ」との給し（『一遍聖絵《いっぺんひじりえ》』第十一）。

一遍は、所持していた経典の一部を書写山の僧に譲り、それ以外の書籍を、『阿弥陀経』を読誦しつつ、自ら焼却した。一遍は、釈尊《しゃくそん》一代の教えを突き詰めれば南無阿弥陀仏になるという考えから、自己の思想を残そうとはしなかったのであろう。焼却された書籍の中には、一遍自身の思想を記したものも含まれていたかもしれない。しかし現在、一遍の著作は伝存せず、その思想は、一遍門下の筆録による法語類や、後世の伝記類に依拠するほかない。そうした法語類の中に、『播州法語集《ばんしゅうほうごしゅう》』がある。そこに収録された法語の引用を手がかりにして、一遍の思想的背景を考えてみることができる。

『播州法語集』に引用されている典籍は、次のとおりである。

経典としては、『無量寿経《むりょうじゅきょう》』『観無量寿経《かんむりょうじゅきょう》』『阿弥陀経』『称讃浄土仏摂受経《しょうさんじょうどぶっしょうじゅきょう》』『法華経』などが多く引用されている。一方、論書としては、善導《ぜんどう》の『観無量寿経《かんむりょうじゅきょう》疏《しょ》』「玄義分《げんぎぶん》」「序分義《じょぶんぎ》」「定善義《じょうぜんぎ》」「散善義《さんぜんぎ》」、『法事讃《ほうじさん》』『往生礼讃《おうじょうらいさん》』、法然《ほうねん》の『選《せん》択本願念仏集《ちゃくほんがんねんぶつしゅう》』などが引用されている。

引用の量や割合を見てみると、経典の場合は大半が「浄土三部経《じょうどさんぶきょう》」(『無量寿経』『観無量寿経』『阿弥陀経』)である。論書の場合は大半が善導の『観無量寿経疏』であるが、特に「散善義」が多いことを指摘できる。ここに、一遍の思想的背景をうかがうことができるのである。

一遍の思想と時宗教学の体系化

一遍の思想は、時宗教学の中では、どのように位置づけられていたのだろうか。

そもそも中世の時宗教団は、一遍を宗祖として、教学なきを教学とする宗風であったと考えられる。すなわち、「遊行《ゆぎょう》」「賦算《ふさん》」「踊り念仏」といった儀礼を基軸として、一遍入滅後も、歴代の遊行上人がそれらの儀礼を伝承しつつ教線を拡大し、衆生《しゅじょう》済度《さいど》を励行していた。中世の時宗教団は、いわば枠や形にとらわれない生き生きとした念仏弘通《ぐずう》を行っていたといえるのである。

しかし近世に入り、江戸幕府統制下においては、時宗教団も他宗派と同様に僧侶育成機関や本末制度などの機能整備が必要となり、時宗教学の体系化も急務となった。しかし、時宗教学の体系化は、根本聖典が存在しないため、他宗派よりも遅れた。時宗宗典の成立時期やその内容などから判断して、おおよそ元禄年間から正徳年間（一六八八～一七一六）頃に、時宗教学の体系化がなされていったと考えられる。

近世中期の時宗の宗典の一つに、其阿如海《ごあにょかい》（一六七二～一七四九）の『時宗要義《じしゅうようぎ》集《しゅう》』（正徳三年〈一七一三〉成立）がある。この『時宗要義集』の跋《ばつ》には、時宗教学が、熊野権現《くまのごんげん》、大隅正八幡宮《おおすみしょうはちまんぐう》の二神の相伝によるものであることが述べられている。すなわち、宗祖である一遍や二祖真教《しんきょう》は、他宗派の教学を学んだ後に、熊野権現、大隅正八幡宮の二神から相伝されたというのである。そのため、一遍、真教の後継者である三祖智得《ちとく》、七代託何《たくが》、二十一代知蓮《ちれん》、一華堂乗阿《いっけどうじょうあ》らの著作の時宗教学の解釈も、二神からの相伝と異なるものではない。しかし、そのほかの宗門人の著作には、時宗教学を浄土宗鎮西義《ちんぜいぎ》の教学のみを用いて解釈しているものがある。こうした解釈が間違っているということを、山形光明寺（山形市七日町）覚阿玄秀《かくあげんしゅう》（一六六一～一七〇三）がつねづね如海に話していたことを、如海は述懐している。

そして如海は、もし時宗教学を学ぼうとするならば、善導《ぜんどう》・源信《げんしん》・法然《ほうねん》らの著作を学んだ上で、熊野権現、大隅正八幡宮の二神の相伝を解釈した宗門の「三部書」を学ぶことが必要であると述べている。その三部書とは、一遍の『播州問答集』、真教の『他阿上人法語《たあしょうにんほうご》』、七代託何『器朴論《きぼくろん》』のことである。そして、この三部書を「浄土三部経」に対応するものとし、『無量寿経』に『他阿上人法語』、『観無量寿経』に『器朴論』、『阿弥陀経』に『播州問答集』をあてている。

近代、多くの優秀な弟子を輩出した人物に、真光寺の河野往阿《こうのおうあ》（生善《しょうぜん》）がいる。その著作である『時宗綱要《じしゅうこうよう》』は、「浄土三部経」を所依《しょえ》の経典として挙げた上で、その中でも『阿弥陀経』が「正所依《しょうしょえ》の経典」であることを改めて明確に説いている。

以上が、一遍の思想の背景と、時宗教学の概要である。このことをふまえて、一遍の思想や時宗教学を深く学ぶために必要な所依の経典や祖師の著作について、述べてみよう。

「浄土三部経《じょうどさんぶきょう》」

浄土宗の祖法然《ほうねん》は、多くの経典の中から、浄土教関連の根本経典である『無量《むりょう》寿経《じゅきょう》』『観無量寿経《かんむりょうじゅきょう》』『阿弥陀経』の三つを「浄土三部経」として挙げ、往生浄土の所依の経典とした。このことは、法然の主著『選択本願念仏集《せんちゃくほんがんねんぶつしゅう》』第一章段に記されている。*

＊「浄土三部経」の呼称と選定には、法然の前にも例があるとされており、それは宋代の源清であろうと推察されている。

法然が「浄土三部経」を往生浄土の行を示す所依の経典として選定したことにより、法然の門下門流に継承された。それは現在の浄土宗、浄土真宗はもちろん、時宗においても同様である。

『無量寿経《むりょうじゅきょう》』

『無量寿経』は、上下巻からなることから「双巻経《そうかんぎょう》」ともいう。また『阿弥陀経』を「小経《しょうきょう》」と呼ぶのに対して「大経《だいきょう》」と呼ぶ。また、四十八願を説くことから、「四十八願経《しじゅうはちがんきょう》」ともいわれている。

『無量寿経』の訳者については、長らく曹魏《そうぎ》・康僧鎧《こうそうがい》とされ、嘉平四年（二五二）に訳出されたとされてきた。しかし、近年の文献学研究によって、東晋《とうしん》の時代に北インドから来た仏陀跋陀羅《ぶつだばつだら》と中国人の宝雲《ほううん》によって、劉栄二年（四二一）に共訳されたと推定された。しかし、以前より曹魏・康僧鎧訳として伝えられ、信仰されてきているため、現在も、宗門では康僧鎧訳としてとらえられている。

『無量寿経』は、霊鷲山《りょうじゅせん》において、釈尊《しゃくそん》が阿難《あなん》をはじめとする多くの弟子たちに説いたものである。遠い過去世において五十三仏が順次出現し、五十四番目の世自《せじ》在王仏《ざいおうぶつ》のとき、一人の国王が出家し法蔵《ほうぞう》と名乗った。その法蔵が五劫《ごこう》という長い間に修行と思惟を重ねて、極楽世界を建立するために四十八の誓願を立てた。法蔵は、六波羅蜜《ろくはらみつ》行や菩薩行に励んで誓願を成就し、自ら阿弥陀仏となり、西方極楽世界が完成した。すなわち、この経典では、阿弥陀仏の四十八願成就のさとりによって、西方極楽世界の建設という自利行《じりぎょう》と、衆生《しゅじょう》救済としての利他行《りたぎょう》の両側面が説かれている。

『観無量寿経《かんむりょうじゅきょう》』

劉宋《りゅうそう》・畺良耶舎《きょうりょうやしゃ》訳『観無量寿経』は、『無量寿経』『阿弥陀経』と趣を異にする経典である。観想《かんそう》（対象に心を集中し、姿を思い描くこと）を対象としており、阿弥陀仏や極楽世界、そこに往生しようとする人々に心を集中する修行方法を通して浄土へ導こうとしている。

『観無量寿経』は、説法（会座《えざ》）の場所として摩竭陀《まがだ》国王舎《おうしゃ》城の東北方面にある耆《ぎ》闍崛山《じゃっくっせん》（霊鷲山《りょうじゅせん》）において釈尊が千二百五十人の仏弟子、三万二千の菩薩を前に王舎城で起こった悲劇について説いている。

浄土宗をはじめ浄土教諸宗派では、この『観無量寿経』を理解する上で、註釈書の一つである善導《ぜんどう》の『観無量寿経疏《かんむりょうじゅきょうしょ》』を用いて理解することが伝統である。阿闍《あじゃ》世《せ》によって幽閉された韋提希《いだいけ》は、釈尊に、阿弥陀仏の極楽世界に往生したいと願い、そのための考え方（思惟）と正しい受け止め方（正受）を教えてほしいと願う。そこで、釈尊は、心を集中して極楽世界の仏・菩薩などを観想する定善観《じょうぜんかん》十三観を示す。また釈尊は、末代の凡夫《ぼんぶ》のために、心を集中できない散漫な心で観想する方法として散善観《さんぜんかん》三観をも示した。

『阿弥陀経』

後秦《こうしん》の鳩摩羅什《くまらじゅう》訳『阿弥陀経』は、釈尊が、舎衛《しゃえい》国にある祇園精舎《ぎおんしょうじゃ》において、多くの弟子の前で、舎利弗《しゃりほつ》に向かって説法するものである。対告衆《たいごうじゅう》＊に対し釈尊が一方的に法を説くという形式（これを『無問自説経《むもんじせつきょう》』という）をとっている。

この経典は、衆生が、阿弥陀仏の西方極楽世界に往生した後の様子を示している。阿弥陀仏と西方極楽世界の荘厳《しょうごん》を説き、阿弥陀仏の名号をもっぱら称《とな》えることで往生することを六方の諸仏が証明していることを説く。

『阿弥陀経』は、「浄土三部経」の結経《けっきょう》（結びとして要旨を述べる経典）とされている。時宗では、この鳩摩羅什訳『阿弥陀経』を正所依の経典として位置づけている。

前に述べたように、一遍は「一代聖教《しょうきょう》みなつきて、南無阿弥陀仏になりはてぬ」と語っている。釈尊一代の教えは、それ自身を突き詰めていくと南無阿弥陀仏の六字名号になるというのである。

『一遍上人語録《いっぺんしょうにんごろく》』に収録されている「山門横川《よかわ》の真縁《しんえん》上人へつかはさるゝ御返事」には、次のように記されている。

> 此世《この》の対面は多生の芳契《ほうけい》、相互に一仏に帰する事、これよろこびなり。生死《しょうじ》は我執《がしゅう》の迷情、菩提は離念の一心なり。生死本無なれば、学すともかなふべからず。菩提本無なれば、行ずとも得べからず。しかりといへども、まなびざる者はいよいよまよひ、行ぜざる者はいよいよめぐる。此故に身をすてゝ行じ、心をつくして修すべし。このことわりは、聖道《しょうどう》浄土ことば異なりといへども、詮《せん》

＊釈尊が説法する相手。

ずるところこれ一なり。故に法華経には、「我不愛身命、但惜無上道*」とすゝめ、観経（『観無量寿経』）には、「捨身他世、必生彼国*」ととけり。しかれば、聖道は自力の行、自己の身命を捨て道をあきらむる事自然なり。浄土は他力の行なれば、身命を仏に帰して命つきてのち仏性を証す。然れば吾等ごときの凡夫は、一向称名《いっこうしょうみょう》のほかに、出離の道をもとむべからず。阿弥陀経の中には、「念仏申ものは、六方恒沙《ろっぽうごうじゃ》の諸仏の護念に預《あずかり》て、順次に決定《けつじょう》往生する事疑なし」ととかれたり。唯《ただ》南無阿弥陀仏の六字の外に、わが身心なく、一切衆生にあまねくして、名号これ一遍なり。

ここで一遍は、さとりとは形あるものではなく、学問や修行で得られるものではない。しかし、学ばない者、修行しない者は、いよいよ生死苦の世界を輪廻《りんね》する。そのため、身を捨てて称名し、心を尽くして念仏修行すべきである。また、自力聖道門と他力浄土門の二門では説明や考えの違いはあるものの、結局同一のものである。浄土門は、身命を阿弥陀仏に帰して命終わる後に仏性を得るのであり、凡夫である私たちは、一向に称名するほか、生死から逃れる道はない。南無阿弥陀仏の六字のほかに身心はあり得ず、一切衆生にあまねくその功徳が及ぶということを論じている。

つまり、一遍は、「浄土三部経」の説示を根拠として南無阿弥陀仏の六字の名号が絶対的唯一のものであることを論じているのである。

また、他の法語には、次のように述べられている。

＊我身命を愛せず、ただ無上道を惜しむ。

＊身を他の世に捨てて、必ず彼の国に生ず。

又云《いはく》、一代聖教の所詮はたゞ名号なり。（中略）三経ならびに一代の所詮、たゞ念仏にあり。聖教といふは、此念仏を教たるなり。かくのごとくしりなば、万事をすてゝ念仏申べき所に、或は学問にいとまをいれて念仏せず、或は聖教をば執して称名せざるは、いたづらに他の財をかぞふるがごとし。金千両まゐらするといふ券契をば持ながら、金をば取ざるがごとしと。常の仰なりき。

釈尊一代の教えはただ六字の名号にある。そして「浄土三部経」と釈尊一代の教えは称名念仏にある。釈尊一代の教えとは、ただただ、そのことを教えているのである。だから、このことを理解したならば、すべてを捨てて念仏すべきであるのに、学問や経典に執着して念仏を怠ることは、他人の財産を数えるような意味のないものである。これは、多くの財宝の証文を手にしていながら、金は手に入れないようなものであると、常に一遍は語っていたという。

一遍の念仏思想は、仏教の教えすべてが「南無阿弥陀仏」の六字名号に帰結するということになる。そしてその根拠として、「浄土三部経」特に『阿弥陀経』を重視していたことがうかがえる。

『阿弥陀経』を正所依の経典とすることは、一遍以後も時宗に伝承されている。中でも遊行二十一代知蓮《ちれん》（一四五九～一五一三）は、『真宗要法記《しんしゅうようほうき》』の中で、自らの宗派を、『阿弥陀経』をよりどころとすることから、「阿弥陀経宗《あみだきょうしゅう》」であると主張している。

近世においては、時宗教団の宗名は、『阿弥陀経』の一節である「臨命終時」が起源であるとも主張されている。この主張は、元禄十年（一六九七）に浅草日輪寺《にちりんじ》其阿吞了《ごあどんりょう》（後の遊行四十八代賦国《ふこく》）の『時宗要略譜《じしゅうようりゃくふ》』が起源であろう。その後もこの主張について数々の時宗の宗典で論じられており、覚阿玄秀《かくあげんしゅう》や其阿如海《ごあにょかい》もそれぞれの著作で述べている。その主張の根拠は、『阿弥陀経』が「念仏一行」（念仏の行のみをすること）を説いていることである。また、覚阿玄秀と其阿如海は、『阿弥陀経』の一節である「臨命終時」に着目し、臨終のときの一念こそが阿弥陀仏の本願の行であって、釈尊出世の本懐であると説き、そこに一遍独自の思想を結びつけている。

時宗教団においても、教学の構築は重要であった。特に近世では、一遍の著作が存在しないため、門下の筆録による法語類に依拠して教学を構築しようとしていたことがうかがえる。覚阿玄秀や其阿如海らは、『無量寿経』には「六十万人頌」、『観無量寿経』には「十一不二頌」、『阿弥陀経』には「六字無生頌」というように、一遍の思想を表現した三つの偈頌《げじゅ》（漢詩）を「浄土三部経」に割りあて、時宗教学と結びつけたのである。

近世の時宗教団が『阿弥陀経』を正所依の経典として挙げているのは、時宗教学を構築していく上で、『阿弥陀経』が「浄土三部経」の流通分《るずうぶん》*であったことから、『阿弥陀経』の中の「念仏一行」を説くことと一遍の思想とを結びつけたと考えられる。

「時衆」とは本来、平安時代、昼夜六時（六回）、念仏や礼讃を称えるための集団であった六時念仏衆の名称から生まれたものであるが、後に「時宗」と改められた。

＊経典を三つに分けて解釈するときの結びの部分で、教えの流布や伝持について記されている。

そして、近世、時宗が教団としての基盤を固めていく上で、『阿弥陀経』の一節である「臨命終時」の「時」と、一遍の思想とを結びつけ、時宗の教学の構築をはかったことがうかがえるのである。

一遍に影響を与えた祖師たち

浄土教の大成者善導《ぜんどう》

中国の唐代に活躍した善導（六一三～六八一）は、浄土五祖（曇鸞《どんらん》、道綽《どうしゃく》、善導、懐《え》感《かん》、少康《しょうこう》）の一人で、日中の浄土教の歴史の中でもっとも重要な人物である。善導は『安楽集《あんらくしゅう》』の著者である道綽（五六二～六四五）の門下であり、優れた念仏実践者であったという。浄土宗を開いた法然《ほうねん》が、「ひとえに善導一師に依る」と傾倒していた人物であり、法然以後の浄土教の展開に大きな影響を与えている。

一遍も善導からは大きな影響を受けているが、特に遊行七代託何《たくが》は、善導を「宗《しゅう》家《け》」と呼称し、念仏の元祖として信仰している。善導を「宗家」と呼称するのは託何だけではなく、法然門下門流で使用されている用語でもある。

善導は、人間を「凡夫《ぼんぷ》」であり、過去から輪廻を繰り返してきた存在であるととらえている。そして、凡夫である衆生が救われる教えは、阿弥陀仏の本願にかなった称名念仏しかないということに到達したのである。

善導の思想でもっとも注目しなければならないことは、称名念仏を重要な修行方

曇鸞『仏像図彙』

道綽『仏像図彙』

法と位置づけたことにある。善導は、『観無量寿経』の註釈書である『観無量寿経《かんむりょうじゅきょう》疏《しょ》』（以下『観経疏』）を著している。『観経疏』は、凡夫が称名念仏によって阿弥陀仏の西方極楽世界へ往生することができるという視点から、仏道修行の体系化をはかっている。善導の註釈は極めて画期的なものであり、善導以前の諸師による『観無量寿経』に関する様々な解釈の誤りを一掃したことから、「古今楷定《ここんかいじょう》」と呼ばれている。

『観経疏』は、「玄義分《げんぎぶん》」「序分義《じょぶんぎ》」「定善義《じょうぜんぎ》」「散善義《さんぜんぎ》」の四巻から構成されている。「散善義」では、仏道修行を「正行《しょうぎょう》」と「雑行《ぞうぎょう》」に分類し、阿弥陀仏の極楽世界に往生するため、称名念仏とともに、読誦《どくじゅ》・観察《かんざつ》・礼拝《らいはい》・讃歎《さんだん》供養の五種の正行を説いている。

その五種正行とは、次のようなものである。

一、読誦正行　もっぱら阿弥陀仏とその浄土について説く経典（『浄土三部経』）を読誦すること。

二、観察正行　もっぱら阿弥陀仏や諸菩薩、極楽世界などの様子を観察すること。

三、礼拝正行　もっぱら阿弥陀仏を礼拝すること。

四、称名正行　もっぱら阿弥陀仏の名号を称えること。

五、讃歎供養正行　もっぱら阿弥陀仏を讃え、供養すること。

これらの正行は、すべて阿弥陀仏に関係した行である。この五種正行は、「正定《しょうじょう》

善導
『仏像図彙』

業《ごう》」と「助業《じょごう》」とに分けられる。第四の称名正行を「正定業」、そのほかは「助業」という。それは、五種正行のうち、第四の称名正行こそ阿弥陀仏の本願にかなった、選択された行であるからである。正定業以外の正行は、念仏へと衆生の心を向かわせるための助業である。つまり、浄土教における実践行として称名念仏の行は、称名正行を中心とした五種正行によって体系化されているのである。

　また、『観経疏』「散善義」には、阿弥陀仏の本願による救済は、すべての人々のためであるということを知らしめるために、「二河白道《にがびゃくどう》の喩《たとえ》」が説かれている。

　善導には、『観経疏』を含め五部九巻の著作がある。

『転経行道願往生《てんぎょうぎょうどうがんおうじょう》浄土《じょうど》法事讃《ほうじさん》』（『法事讃《ほうじさん》』）二巻は、召請・請三宝・懺悔の行法を説き、『阿弥陀経』の全文を十七段に分け、一段ごとに讃文を述べ、これを読誦しながら行道する作法を述べたものである。

『観念阿弥陀仏相海三昧功徳法門《かんねんあみだぶつそうかいさんまいくどくほうもん》』（『観念法門《かんねんほうもん》』）一巻は、念仏三昧を実践する際の具体的な方法と、念仏実践の効果を説いたものである。

『願往生礼讃偈《がんおうじょうらいさんげ》』（『六時礼讃偈《ろくじらいさんげ》』ともいう）一巻は、一日を日没《にちもつ》・初夜《しょや》・中夜《ちゅうや》・後《ご》夜《や》・晨朝《じんじょう》・日中《にっちゅう》の六時に分け、それぞれ讃歎し、かつ礼拝することを説いた。この『願往生礼讃偈』では、繰り返し「願共諸衆生、往生安楽国」（願わくは諸々の衆生とともに、安楽国に往生せん）と述べられているが、これは、僧俗がともに阿弥陀仏の極楽世界に往生できるようにという、善導の切なる願いが込められている。

『依観経等明般舟三昧行道往生讃《えかんきょうとうみょうはんしゅうさんまいぎょうどうおうじょうさん》』（略して『般舟讃《はんじゅさん》』という）一巻は、「浄土三部経」を典拠とした行道の実践を説いた。

　善導の著作は、いずれも一遍の思想に大きな影響を与えている。

浄土宗の祖法然《ほうねん》

　法然（一一三三～一二一二）は、父の死を機に仏門に入り、やがて比叡山《ひえいざん》で天台教学を学んだ後、凡夫を救う教えを探し求め、ついに善導の『観経疏』「散善義」の「一心専念弥陀名号、行住座臥不問、久近時節、念々不捨者、是名正定之業、順彼仏願故」（一心にもっぱら弥陀の名号を念じて、行住坐臥《ぎょうじゅうざが》に時節の久近《くごん》を問わずして、念々に捨てざるもの、是を正定之業と名《なづ》く、彼の仏の願に順ずるが故に）という一文に出合う。これによって、阿弥陀仏の本願である称名念仏によって救われるということを確信し、多くの人びとに念仏を広めた。

　建久九年（一一九八）に浄土宗の根本聖典となる『選択本願念仏集《せんちゃくほんがんねんぶつしゅう》』（以下『選択集』）を撰述した。

　これは、法然が元関白の九条兼実《くじょうかねざね》の要請に応じて、阿弥陀仏の本願に説かれる念仏の教えによって、だれもが往生できるということを体系的に説いたものである。法然は、阿弥陀仏がなぜ浄土往生の行として称名念仏の一行のみを選択したかということについて、念仏が諸行に勝れ、もっとも平易な行であるばかりでなく、称名念仏が阿弥陀や釈迦、諸仏が選択したものであることを説いて、善導が説いた本願念仏に、新たに選択という意味を見出している。

法然
『仏像図彙』

『選択集』は、十六章段から構成され、各章段ともに篇目・引文・私釈という体裁で統一され、また、説示のほとんどが「浄土三部経」や善導の著作を根拠としている。釈尊一代の教えを聖道門・浄土門の二門に分け、凡夫が実践できる易行である浄土門に帰入することを勧めた上で、法然は、善導に依拠して正行と雑行、そして、正定業と助業とに分け、凡夫の浄土往生を説いている。

『選択集』十六章段では、法然が夢中で半金色《はんこんじき》の善導に対面し、直接玄義を授けられたという説示がある。これによると法然は、善導を「阿弥陀仏の応現」と解釈し、その善導の著作である『観経疏』は、阿弥陀仏の直説であるという。つまり、善導『観経疏』は、単なる『観無量寿経』の註釈ではなく、阿弥陀仏の指授によるものであるというのである。

法然門下の證空《しょうくう》

法然の弟子には、有能な人材が多数輩出している。そのうちの一人に善慧房《ぜんねぼう》證空（一一七七～一二四七）がいる。證空は、建久元年（一一八九）十四歳で法然に入室し、以後、法然入滅まで随従する。法然の多くの門下が天台宗修学後に入門しているのに対し、證空のように初めから法然に入室した門下は少ない。そのため、證空の基礎的な教学は、法然の思想をそのまま継承しているといえよう。

建久九年（一一九八）、法然が『選択集』を撰述するにあたり、勘文役《かんもんやく》（出典を考証する役）と執筆を務めたともいわれている。その後、法然の勧めにより、河内磯《かわちしな》長《が》叡福寺《えいふくじ》（大阪府南河内郡太子町）の願蓮《がんれん》について天台教学を修学した。興福寺《こうふくじ》の訴えにより、法然とともに専修念仏処罰の対象となるものの、慈円《じえん》の働きによってそれを免れ、京都東山から西山善峰寺《よしみねでら》（京都市西京区）の一隅にある北尾往生院（現在の三鈷寺《さんこじ》）に移住し、以後ここを拠点として善導の研究と、布教に努めた。證空は、『観経疏自筆抄』を開講し、約十一年間をかけて善導全著作に対する講述を、京都を中心に畿内各地で行った。その後、二回目の講述は、約十年間をかけて行われた。その講述内容が『観経疏他筆抄』である。さらに、三回目の講述が約十年間行われており、その内容は『積学鈔《しゃくがくしょう》』にまとめられている。そのほかの著作には『観経疏大意』『述誠《じゅつじょう》』など二十余部百余巻に及んでいる。

證空の念仏思想の特徴は、一度、阿弥陀仏に帰依すれば、衆生が常に念じていなくても衆生を救ってくれる（『女院御書《にょいんごしょ》』上）ということである。また、證空は、阿弥陀仏の十劫正覚《じっこうしょうがく》と衆生の往生について、阿弥陀仏が十劫の昔にさとりを開いたとき、すでに衆生の往生も決定したと解釈している。すなわち、「念仏往生願」の「若不生者、不取正覚」という文について、十劫の昔において衆生が往生しなかったならば、さとりがないのであるから、衆生の往生は十劫のときに決定している。そして、衆生の往生が阿弥陀仏のさとりの要件である。したがって、阿弥陀仏のさとり、つまり正覚は、そのまま衆生の往生を決定していると解釈しているのである。このことを「往生正覚同時倶時《おうじょうしょうがくどうじくじ》」という。さらには、称名とは名を称えることではなく、「称」を「称揚」の意と解し、名を「ほめる」と訓じて、往生の決定しているうれ

證空
『仏像図彙』

しさから阿弥陀仏を称揚することが、称名念仏であると述べている。

一遍の著作は現存していないが、以上のように一遍に連なる浄土教思想の系譜をひもとくことで、一遍の思想の一端をうかがうことができる。

ただし、一遍は、「捨聖《すてひじり》」と呼ばれていたように、聖、特に念仏聖の系譜にも連なっている。『一遍聖絵』で、一遍が熊野権現から神託を授かる際に「融通《ゆうずう》念仏すゝむる聖」と呼ばれていることから、融通念仏との関連が考えられる。さらには、平安時代中期の念仏聖空也《くうや》（九〇三〜九七二）のことを一遍は「我が先達」と思慕している。このことから、一遍の思想は、単に浄土教思想の系譜でとらえるだけでなく、民間に浸透していた念仏聖をも含めて考察することによって、より明確にすることができるのである。

二祖真教《しんきょう》の生涯

一遍と真教

一遍は建治二年（一二七六）から翌年にかけて、九州を一周している。清浄光寺《しょうじょうこうじ》（遊行寺《ゆぎょうじ》）蔵『一遍聖絵《いっぺんひじりえ》』第四は、「九国修行の間は、ことに人の供養などもまれなり」と記し、九州遊行《ゆぎょう》の厳しい様子を述べている。

九州の遊行を終え、四国へ渡ろうとしていた一遍は、思いがけずに豊後《ぶんご》国の大友《おおとも》兵庫頭頼泰《ひょうごのかみよりやす》の帰依《きえ》を受け、その館にしばらく逗留《とうりゅう》する。ここで一遍は、真教（一二三七～一三一九）と出会った。

『一遍聖絵』第四には、「法門などあひ談じ給《たもう》あひだ、他阿弥陀仏《たあみだぶつ》はじめて同行《どうぎょう》相親《そうしん》の契《ちぎり》をむすびたてまつりぬ」と記されている。一方、『一遍上人縁起絵《いっぺんしょうにんえんぎえ》』（『一《いっ》遍上人絵詞伝《ぺんしょうにんえしでん》』『遊行上人縁起絵《ゆぎょうしょうにんえんぎえ》』。以下『縁起絵』）巻一は、「同（建治）三年、九国を修行し給けるとき、他阿弥陀仏はじめて随逐《ずいちく》したまふ」と述べ、真教が一遍に出会い、入門したのは建治三年（一二七七）であるとしている。

他阿弥陀仏（他阿）真教は、師弟の契りを結んだこのときから、一遍が入滅《にゅうめつ》するまでの十三年間、常に一遍にしたがい、その教えを受けるとともに、一遍の教化を助けている。一遍の門下の中でもっとも重んじられた人で、一遍の入滅に際し、一度は死を決意したが思いとどまり、一遍の後継者として教団を率い、十六年間の遊行を続けた。

嘉元二年（一三〇四）一月、智得《ちとく》に遊行上人の位を譲って、相模国《さがみ》当麻山無量光寺《たいまさんむりょうこうじ》に独住《どくじゅう》*して後、八十三歳で入滅するまで、門下の時衆たちの指導に力を尽くした。

一遍の教えを受け継ぎ、時宗教団を確立し、大成させたのは、真教である。

真教は、門下からは大上人《おおしょうにん》または大聖《おおひじり》と呼ばれていた。真教の生まれは、京とも豊後《ぶんご》ともいわれるが、はっきりとしない。在俗時代のことについては、詳しく語らなかったためであろう。

真教は、初め浄土宗鎮西派《ちんぜいは》に学び、一遍と出会う前は、豊後の大友氏の帰依《きえ》を受け、府中（大分市）に住していたという。年齢は一遍より二歳上であった。大友氏は相模《さがみ》国大友郷（神奈川県小田原市）から起こり、鎌倉幕府の御家人となり、初代能《よし》直《なお》以来、豊後の守護職として大分に住した。三代頼泰が一遍に帰依してからは、代々時宗の信者になっている。

真教は、初めて一遍に会い、入門したときの様子を、後の『奉納縁起記《ほうのんえんぎき》』に次のように記している。

> 建治三年秋の比《ころ》、九州化導《けどう》の時、予《よ》始めて温顔を拝し奉り、草庵に止宿して一夜閑談せしめ、五更《ごこう》（夜明け）に及ぶまで欣求《ごんぐ》浄土の法談あり。その時聖《ひじり》予に

＊遊行をやめて寺に住むこと。

示して云く、「厭離穢土《えんりえど》の行人は宣《もう》すに及ばず、世俗の類に於ても常にまさに無常の理《ことわり》を知るべし。無常の理を知るものは地獄を恐るべし。地獄を恐るゝ者はまさに念仏すべし。念仏すれば則ち罪滅す。罪滅すれば則ち浄土に生ず。凡そ無常の観念は一に非ず。常に心を摂して此理を按《あん》ずべし。（中略）此《か》くの如く知らば貪欲（むさぼり）の心起るなく、更に愛念（執着の心）を発《おこ》させず」。既に此の理を示し給ふ時、心肝《しんかん》に染《し》み感涙落つ。立ち処に有為無常の理を悟り、年来所居の栖《すみか》を捨てゝ一所不住の身となり、堅く師弟の契約を成し、多年随逐したてまつる。誠に謝し難きは恩徳なり。

『奉納縁起記』は、真教が一遍一代の絵伝十巻を熊野本宮《くまのほんぐう》に奉納したときの「願文《がんもん》」である。嘉元四年（一三〇六）六月一日、この年は一遍入滅の十七年目であり、真教が初めて一遍と会った建治三年（一二七七）からは二十九年が過ぎた、真教六十八歳のときであった。

「無常の理を知るべし。無常の理を知るものは地獄を恐るべし。地獄を恐るゝ者はまさに念仏すべし」。真教はその場で無常の理をさとり、すべてを捨てて一遍の弟子となり、十三年間したがったのである。そして、「誠に謝し難きは恩徳なり」と、その当時の感動を思い浮かべ、文にしたためたのであろう。

一遍は真教に、「他阿弥陀仏」の名を与えている。以後、他阿弥陀仏の名は、真教から代々の遊行上人に受け継がれ、今日に至っている。

一遍は時衆《じしゅう》に対して、僧および在家の男性の信者には「〇阿弥陀仏」と阿弥陀仏の上に一字を添え、尼および在家の女性には「〇一房」「〇仏房」と一房・仏房の上に一字を加えて、その名とした。どちらも阿弥陀仏と一体であることを表している。これは出家・在家とも同じであるばかりでなく、一遍が「同行相親」というように、身分の高低、貧富の区別もなかったのである。

『一遍聖絵』第十一には、次のように記されている。

他阿弥陀仏は一化《いちげ》の間（一遍上人一代の間）かはる事なき調声《ちょうしょう》にて侍《はべ》りしうへ、おりふしわづらひありしに、聖「いたはるべし」と仰せられしかば、本座を去らずしてゐ給《たまひ》き。

真教は一遍一代の化導《けどう》の間、常に調声役を務めた。一遍が病身の真教を気遣ったときも、調声の座を去らずにそこにいたというのである。

調声役とは勤行《ごんぎょう》のとき、念仏・和讃《わさん》などの最初の一句を称《とな》えて一同をリードする役で、いわゆる音頭取りである。時衆では念仏の間、六時礼讃《ろくじらいさん》をはじめ種々の和讃が称えられ、踊り念仏が修せられる。調声役は、そのときの指導的役割を果たすのである。つまり時衆では、昼夜六時（一日六回）の礼讃が行われ、踊り念仏が修せられた。そして、それによって集まった人々に念仏札をくばったのである。

これらのことを考えると、「一化の間かはることなき調声」であった真教は、時衆から尊敬されていたことであろう。一遍が往生したときは、「晨朝《じんじょう》礼讃の帰三宝の偈《げ》」（『一遍聖絵』第十二）が称えられているときであった。そのときも真教が調声を務めていたであろう。また正安四年（一三〇二）八月、真光寺の墓前で、一遍の十三回忌を修したときも、時衆の願いどおり、真教は自ら調声役を務めている。

遊行《ゆぎょう》と独住《どくじゅう》

真教《しんきょう》の嗣法《しほう》と遊行については、『縁起絵』十巻のうち、後半の六巻が伝えている。ただし、『縁起絵』は『一遍聖絵《いっぺんひじりえ》』に比べると年月日などが不正確で、記事の順序なども違っている場合がある。そのため、真教の遊行の行程を正確に知ることは困難である。

一遍の入滅《にゅうめつ》により、真教はじめ弟子たちは、「知識（指導者。一遍のこと）にをくれ奉りぬるうへは、すみやかに念仏して臨終すべしとて、丹生山《たんじょうさん》へ分入ぬ」（『縁起絵』巻五）と、死を決意し、神戸市の北にある丹生山へ分け入った。

ところが、そこへたまたま麓の粟河《あわかわ》（淡河《おうご》）の領主がやってきて念仏札を所望したので、彼らはこれを授けた。これを機に、弟子たちは臨終することをやめ、真教を知識として念仏勧進《かんじん》の遊行へ出かけたのである。

正応三年（一二九〇）夏、真教の一行は、越前《えちぜん》の国府（福井県越前市）へ入っている。惣社《そうじゃ》に七日参籠《さんろう》した後、佐々生《さそう》（福井県丹生郡）・瓜生《うりゅう》（越前市）などを化益《けやく》（念仏勧進）し、冬にはふたたび越前国の惣社に戻って歳末別時念仏会《さいまつべつじねんぶつえ》を厳修した。それは十七日間、「暁《あかつき》ごとに水を浴、一食定斎《いちじきじょうさい》にて、在家出家をいはず、常座合掌して一向称名《しょうみょう》の行間断なく、番帳を定めて、時香一、二寸をすぐさず、面々に臨終の儀式」

粟河殿の供養を受ける
『一遍上人縁起絵』真光寺蔵（以下同）

（『縁起絵』巻五）を考えて修行するものであった。

正応四年（一二九一）八月、加賀《かが》国今湊（石川県白山市）・藤塚（同）・宮越（石川県金沢市）・石立（白山市周辺）などを賦算《ふさん》した真教は、翌五年の秋頃、人々の召請によって、ふたたび越前国の惣社に参詣したときに国中の人たちから帰依《きえ》を受けた。これに対して、平泉寺《へいせんじ》の法師たちは越前国から真教を追い出そうと企てた。そのため、真教は迫害を逃れて加賀国に入り、同六年には越後《えちご》国に入った。永仁五年（一二九七）六月には、下野《しもつけ》国小山《おやま》の新善光寺《しんぜんこうじ》の如来堂（栃木県小山市）に逗留《とうりゅう》したという。

永仁二年（一二九四）から四年までの遊行は明らかではないが、越後国をまわっていたのであろう。北陸地方は一遍が善光寺参詣のために通ったことがあったかもしれないが、教化が十分ではなかった。そこで、真教はこの地方を重点的に遊行したと思われる。

永仁六年（一二九八）、武蔵《むさし》国村岡（埼玉県熊谷市）で『他阿弥陀仏同行用心大綱《たあみだぶつどうぎょうようじんたいこう》』を書いて時衆《じしゅう》の心得を示し、その後、越中《えっちゅう》国放生津《ほうじょうづ》（富山県射水市）、越後国池（新潟県上越市）を遊行した。さらに、真教は信濃《しなの》・甲斐《かい》・上野《こうづけ》・下野・武蔵・相模《さがみ》など甲信越、関東周辺の教化に努めている。すなわち、越後国府（上越市）より関山（新潟県妙高市）・熊坂（長野県上水内郡信濃町）を越え、信濃国に行き、善光寺に参詣した。それから甲斐国一条（山梨県甲府市）・中河（山梨県笛吹市）・小笠原（甲府市）を経て、御坂《みさか》（笛吹市）から河口（山梨県南都留郡富士河口湖町）をまわり、正安三年（一三〇一）、ふたたび越前国に向かっている。甲斐国では一条時信《いちじょうときのぶ》の帰依を受け、その弟小六

平泉寺の迫害を受ける　『一遍上人縁起絵』

郎宗信《むねのぶ》は法阿弥陀仏《ほうあみだぶつ》と名乗り、真教の遊行にしたがった。また板垣入道が入門したという。

越前国に入った真教は、角鹿笥飯《つのがのけい》（敦賀気比《つるがけひ》）大神宮（福井県敦賀市）に参詣し、時衆とともに、自らもっこを担いで砂を運んだといわれる。

これは「遊行の御砂持《おすなもち》」と呼ばれ、現在でも新しく遊行上人になると、この行事が行われる。

『縁起絵』巻八には、次のように記されている。

> 社司・神官等大に悦《よろこび》て、先縄を引て、道のとほりを定む。広さ二丈あまり、遠さ三丁余也。さても其あたりはおびたゝしき沼なりければ、すべてうむべき土のたよりもなかりけるを、聖、社頭より四五町許《ばかり》ゆきて、浜の沙を運はじめ給《たまう》程に、時衆の僧尼、われも〳〵とあらそひける。其外も諸国帰依の人、近隣結《けち》縁《えん》の輩《ともがら》、貴賤を論ぜず道俗をいはず、神官・社僧・遊君・遊女にいたるまで、七日夜の間は肩をきしり、踵《きびす》をつげり。海浜すこぶる人倫を成し、道路ます〳〵市のごとし。

次いで十月、伊勢《いせ》国に入り、十一月の初め、櫛田の赤御堂（三重県松阪市）に逗留し、次いで伊勢の太神宮に参詣した。

正安四年（一三〇二）八月、真光寺《しんこうじ》において、一遍の十三回忌を修したとき、真教は、「故上人（一遍）の御影堂《みえいどう》にまうでゝ瞻礼《せんらい》し給ふに、平生のすがたにたがはねば、在世のむかし思ひ出でられて懐旧の涙せきあへず」（『縁起絵』巻十）と、涙にむ

遊行上人のお砂持ち
『一遍上人縁起絵』

せんでいる。ここには御影堂が建立され、一遍の立像が祀られていた。

嘉元元年（一三〇三）十二月、相模の当麻山無量光寺《たいまさんむりょうこうじ》において歳末別時念仏会《さいまつべつじねんぶつえ》を修した。『縁起絵』巻十には、「いつもの事なれば、貴賤雨のごとく参詣し、道俗雲のごとく群集す」と記されている。そして翌年の嘉元二年（一三〇四）正月十日、真教は、量阿智得《りょうあちとく》に遊行を相続して、この寺に独住したとされている。これに対し、一月ではなくて九月末日かその少し前とする説もある。

真教が当麻山を止住地に定めた理由について、当麻山の歴史を書きつづった『麻《ま》山集《ざんしゅう》』には、次のようにある。

寺門の建立、頗《すこぶ》る本意に非ずと雖《いえど》も、衰老漸く逼《せま》り、行歩の自由を得ず、殊に近年病患に侵され、回国の修行やや意に任せず。茲《ここ》に因りて、草庵を卜《ぼく》して、静に念仏を修せんと欲す（原文は漢文）。

寺を建立するのは本意ではないが、老衰で歩行が困難であり、しかも病に冒され遊行が思うにまかせないから、草庵で静かに念仏したいというのである。嘉元二年には六十八歳であり、年齢的にはあり得ることである。

しかし、真教は独住後も決して当麻道場（無量光寺）で念仏三昧《ざんまい》の生活をしていたわけではない。信者から招かれて各地に出かけているのである。たとえば、嘉元三年（一三〇五）には、歳末別時念仏会のために白幡（千葉県山武市白幡）の道場へ、翌四年正月二十五日に『別時念仏結番《べつじねんぶつけちばん》』を定め、九月十五日には『道場誓文《どうじょうせいもん》』（『道場制文』）を作り、徳治元年（一三〇六）九月下旬には武蔵へ、翌二年には上総《かずさ》国に

御影堂を訪ねる
『一遍上人縁起絵』

おもむき、長南（千葉県長生郡長南町）の道場へ出かけている。これらのことから、『麻山集』にいうような老衰・歩行困難といった状況とはかけはなれた、真教の衰えを知らぬ行動力を感じるのである。

また、真教が熊野《くまの》へ参詣していることにも注目すべきである。前述の『奉納縁起記《ほうのうえんぎき》』には嘉元四年（一三〇六）六月の日付がある。これによれば、「当山に参詣し、参籠し玉《たま》ふこと三七日、訖《おわり》て後ち万歳の峰に於て石の卒塔婆《そとうば》を立て、之を吉祥塔と名づく」（原文は漢文）と述べ、このとき自ら熊野へ参詣して、『奉納縁起記』を奉納しているのである。

その際、真教は一遍の法灯を継承後、多くの奇跡奇瑞《きずい》が身辺に生じたと熊野の神に報告した。そして、熊野の神の認証を得たことを時衆教団として誇示する必要性を感じていた。こうした意図をもって作成されたのが『縁起絵』十巻である。

その後、『他阿上人歌集《たあしょうにんかしゅう》』の詞書《ことばがき》によって、延慶三年（一三一〇）九月と正和元年（一三一二）の二回、真教が熊野参詣したことを知ることができる。また『安食問答《あじきもんどう》』によれば、正和三年（一三一四）に、近江を経て京都へ入り、四条道場に逗留後、熊野へ参詣したという。合計四回の熊野詣をしていることになる。殊に正和三年には七十八歳の高齢であった。

真教の人柄について、『縁起絵』巻五には、次のように記されている。

此聖は眼に重瞳浮《ちょうどうかび》て繊芥《せんかい》の隔《へだて》なく、面《おもて》に柔和を備て慈悲の色深し。応供《おうぐ》の徳至りて、村里盛なる市をなし、利益《りやく》をのづから用を施して国土遍《あまね》く帰伏するあり

『一遍上人縁起絵』歳末別時念仏会

さま、誠に権化の人ならではかゝる不思議はありがたかるべき事也。

一遍が秋霜烈日の厳しさをもって勢至菩薩《せいしぼさつ》の化身になぞらえられたのに対し、真教は観音菩薩の化身とされている。現存する絵画や木像にも、いかにも温和な風貌がうかがわれる。

遊行を三代智得に譲って独住するには、理由があったに違いない。一遍の遊行が十六年であることから、師にならったと考えられる。別の理由としては、遊行のみではなく、全国各地に道場を設け、そこに僧尼を派遣し、民衆に密着して永続的に教化する。遊行と独住とが相まって念仏を勧める方がより効果的と考えたのであろう。そして当時の政治の中心、鎌倉に近い交通の要衝である当麻に本拠地を置くことによって、全国の道場の僧尼を統率しようとしたのであろう。一説には、鎌倉幕府の政策で思うように遊行廻国することができなくなったので、幕府の警戒を和らげるために、無量光寺に入ることにしたともいわれている。祖師一遍が一所不住の生涯を送った生き方とは違っている。

真教の常の言葉に、「善悪について衆生《しゅじょう》の用事を受取る」（『他阿上人法語』）、「去来を衆生にまかせて、往返たゞ人の請に応ずべし」（『同』）ということがある。自分たちの身は衆生済度《さいど》、弥陀の本願を広めるために捧げたものであるから、念仏勧進のためならば、信者の願いはすべてかなえるというのである。一遍、真教二代の間に、全国各地に多くの信者が生まれている。それらの信者から指導者として弟子を派遣してくれと依頼があれば、その頼みに応えた。真教自身も、鎌倉武士たちの願いで、当麻山に独住の地をかまえたとも考えられる。「わがはからいを捨てゝ衆生に応ずる」。これが念仏者の道と考えたからであろう。正和五年（一三一六）の頃には、各地の道場は百か所あまりになったという（『七条道場文書』）。その教化の勢いを知ることができる。

こうして、真教は嘉元二年（一三〇四）一月から入滅する元応元年（一三一九）一月まで、十五年間、当麻に独住した。この間、一遍が望みながらついに果たせなかった鎌倉において、多くの武士たちの帰依を受けた。多くの人々が当麻へやってきて念仏札を受けている。また、真教は、各地へ出かけるとともに、各道場にいる僧尼をはじめ信者たちに、当麻からたくさんの手紙を出して伝導に努めた。

以上のように、時衆教団は、二つの形態を持つこととなった。一つは遊行上人に率いられる一所不住の遊行衆であり、もう一つは真教はじめ百か所あまりの道場に止住する独住の僧尼で構成される教団である。

ここで問題になるのは、こうした教団の統制である。遊行衆は、遊行上人に直接率いられているので、統制は容易であったであろう。しかし、諸国に散って居住する僧尼の統制は極めて困難であった。

時衆《じしゅう》教団の確立

真教《しんきょう》は一遍の入滅《にゅうめつ》後、様々な努力の上に、その後継者としての地位を固め、教団の確立・発展をはかっていった。

たとえば、一遍は時衆に対し、意識の上では「同行相親」という同格の関係を持っていた。この関係を上下関係に変えたのが真教であった。

『縁起絵』巻十に、「仏曰《いわく》、観音をは済度利生《さいどりしょう》のために娑婆へつかはす、その名を他阿弥陀仏《たあみだぶつ》と号す」と記し、『奉納縁起記《ほうのうえんぎき》』に、「知識《ちしき》（指導者）を以つて仏之御使と為す」と述べて、知識すなわち真教自身を神格化している。

そして、定められたのが、十八条にわたる「時衆制誡《じしゅうせいかい》」（「知識帰命《ちしききみょう》」）である。教団に入るにあたって鉦《かね》を打ち、「今身より未来際を尽して、身命を知識に譲り、此《こ》の衆中にて永く命をほろぼすべし。若し此の下をも出で制誡をも破らば、（中略）後生には阿弥陀仏の四十八願にもれ三悪道に堕ちて永くうかぶべからず」と誓うのである。生涯教団から出ないこと、上人の教誡、特に男女の愛執を侵さないことであった。

もし、この誓いを破れば、自ら浄土往生を望まない者として教団を追放されたのである。時衆教団における統制のために僧尼の行儀法則を定め、六時の勤行衆を六番に分けること、十二光箱を僧尼の境に置くことなどを定め、さらに誓戒の詞《ことば》を定め、身命を「仏之御使」である知識に譲り、行住坐臥《ぎょうじゅうざが》念仏のほか、他事あるべからずと、『奉納縁起記』に定めている。真教はまた、『道場誓文《どうじょうせいもん》』という教訓を各道場に与え、住職から時衆に読み聞かせて誓約させたのである。

真教の思想・信仰を見るには、『他阿上人法語《たあしょうにんほうご》』八巻がある。その大部分は諸国の道場に住む僧尼や信者たちに与えた手紙である。すべて信仰についての質問への返事である。その数百二十数通で、他力念仏について説き聞かせる温情があふれている。この文書伝導の効果が大きかったことも見逃すことはできないであろう。

ところで、『他阿上人法語』の第八巻は法文歌集である。しかし、これとは別に『他阿上人歌集《たあしょうにんかしゅう》』があり、この中には千四百余首の歌が収められている。真教は当時の有名な歌人である京極為兼《きょうごくためかね》、冷泉為相《れいぜいためすけ》、その弟為守《ためもり》などと親交があり、為兼の選出した勅撰《ちょくせん》集『玉葉《ぎょくよう》和歌集』には、その一首が「よみ人知らず」として入っている。世捨て人の身を思いやったのであろうか。

また、為相と関係の深い遠江榛原《とおとうみはいばら》の領主藤原長清《ふじわらのながきよ》の編集した歌集『夫木《ふぼく》和歌《わか》抄《しょう》』には、一遍の歌とともに、真教の三十余首が入っている。真教が歌をよく詠んだことがその門下に大きく影響して、歴代の遊行上人はじめ、時衆の僧に和歌・連歌の作者が多く出ている。

真教は文保三年（一三一九）正月十日に病にかかり、その月の二十七日に入滅した。八十三歳の高齢であった。真教が病中の十二日に詠んだ歌数首のうち、二首を掲げる。

侍《はべり》しより　散る別《わかれ》こそ　悲しけれ
　春も限りの　花となごりに
月ははや　世を秋風に　影ふけぬ
　山の端《は》近き　我をももなへ

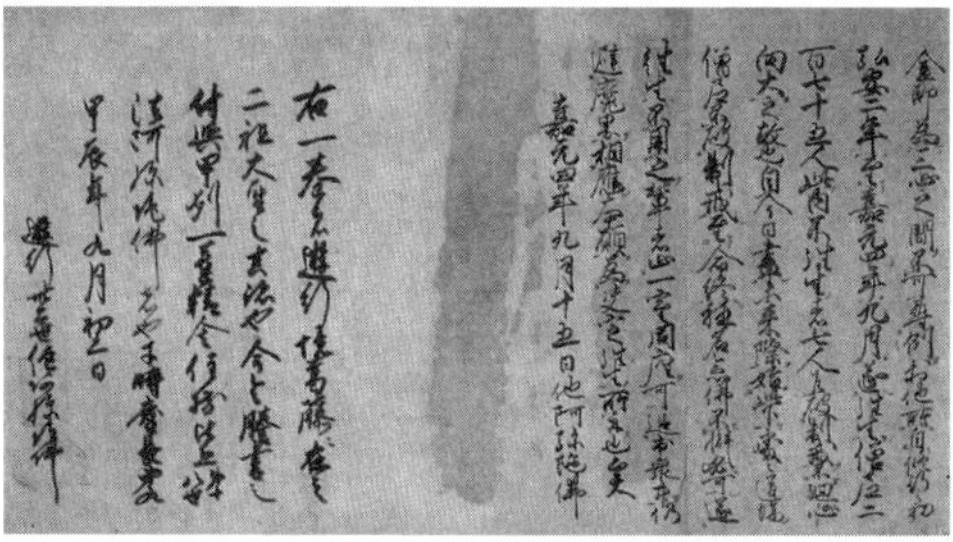

『道場誓文』
山梨　一蓮寺蔵

この歌集を編集した門弟たちは、「在世生涯の御歌是を限りにて侍れば、哀さ悲しさも、申す限りなくこそ覚え侍れ」と結んでいる。

真教の生涯は、一遍の後継者として、時衆教団の形成発展に尽したものであったといってよい。真教の時衆教団への帰命《きみょう》が得られなかったら、一遍による念仏信仰は、一遍一代のものとなったことであろう。

（長島尚道）

清浄光寺《しょうじょうこうじ》の歴史

時衆の活動拠点としての道場・寺院

時宗と遊行《ゆぎょう》派

正応二年（一二八九）八月二十三日、一遍は摂津《せっつ》国兵庫（兵庫県神戸市）で五十一年の生涯を閉じた。「我化導《わがけどう》は一期《いちご》ばかりぞ」（『一遍聖絵《いっぺんひじりえ》』第十一）と述べているとおり、一遍は、自身の入滅《にゅうめつ》後、教団が組織されることを期待してはいなかったし、一寺も建立していない。しかし、その後、二祖他阿真教《たあしんきょう》が一遍の後継者となり、時衆を連れて諸国を遊行《ゆぎょう》するとともに、道場と呼ばれる寺院を建立して活動の拠点とし、時衆教団を組織化し、発展させていったのである。

まず、真教は、正安三年（一三〇一）に、弟子の呑海《どんかい》に京都の七条道場金光寺《こんこうじ》を建立させ、京都における賦算《ふさん》を任せた。また、嘉元二年（一三〇四）には、真教は智得《ちとく》に遊行上人の位を譲って、当麻山無量光寺《たいまさんむりょうこうじ》（神奈川県相模原市南区当麻）に独住《どくじゅう》した。独住とは、遊行をやめて道場に住み、布教活動を行うことである。

文保三年（一三一九）に真教が、元応二年（一三二〇）に智得が入寂すると、遊行していた呑海と、智得の後継者を自任する無量光寺の内阿真光《ないあしんこう》との対立が生まれた。呑海は正中二年（一三二五）、藤沢に清浄光院《しょうじょうこういん》（後の清浄光寺）を建立して独住し、ここを新たな拠点として全国末寺を指導した。以後、遊行上人は、次代にその位を譲ると清浄光寺に独住し、藤沢上人として門末を指導した。一方、京都の七条道場金光寺は、宮中や公家との交渉にあたるとともに、僧侶が学問・教養を身につける場となった。その後、藤沢と七条の両寺を中心として、時宗教団は一大発展をとげた。

このように、一遍・真教・智得・呑海を遊行上人とし、清浄光寺と金光寺の二大本寺を拠点とした教派を遊行派という。これに対し、無量光寺を本寺とする当麻派、京都四条の四条道場金蓮寺《こんれんじ》（京都市北区鷹峯）を本寺とする四条派、京都六条の六条道場歓喜光寺《かんきこうじ》（現在は京都市山科区大宅に移転）を本寺とする六条派など、時宗と呼ばれる中にはいくつもの教派があった（時宗十二派ともいわれる）。遊行派は、時宗最大の教派として、時宗を代表し全体を総括する役割を果たしてきた。ここでは、遊行派の本寺であり、時宗全体の総本山である清浄光寺の歴史を紹介する。

呑海上人像
清浄光寺（遊行寺）蔵

清浄光寺の創建

清浄光寺は藤沢山《とうたくさん》無量光院《むりょうこういん》清浄光寺といい、神奈川県藤沢市西富にある。時宗の総本山で、藤沢道場と呼ばれ、俗称を遊行寺《ゆぎょうじ》という。本尊は阿弥陀如来である。

正中二年（一三二五）、遊行四代呑海《どんかい》が、実兄である相模《さがみ》国俣野《またの》の地頭俣野五郎景《ごろうかげ》平《ひら》の援助を受けて建立したという。呑海は嘉暦二年（一三二七）二月、六十三歳で入寂した。呑海の清浄光寺創建以来、遊行上人位を退くと、この寺に独住して藤沢上人と呼ばれるようになった。遊行・藤沢の両上人が並存して、遊行派を統括したのである。

正慶二年・元弘三年（一三三三）五月の鎌倉幕府滅亡時の住持《じゅうじ》は、遊行五代・藤沢山二世安国《あんこく》であった。同年と推定される五月二十八日の「他阿安国書状」（長野県佐久市「金台寺《こんたいじ》文書」）には、清浄光寺の僧たちが死者の弔いや処刑者の引導のために働く姿が記されている。このときの戦いで、北条高時《ほうじょうたかとき》とともに鎌倉の東勝寺（かつて神奈川県鎌倉市葛西ケ谷にあった）で切腹した南部茂時《なんぶしげとき》の遺骸が家臣によって当寺に運び込まれ、安国から引導を受けた。本堂の裏山には茂時と家臣の墓と伝わる墓碑がある。

遊行六代・藤沢山三世一鎮《いっちん》のとき、足利尊氏《あしかがたかうじ》より六万貫の寺領と本堂を寄進され、清浄光寺の基礎が確立したと伝えられる。

また、遊行八代・藤沢山四世渡船《とせん》のとき、「時也延文元年（一三五六）七月五日　沙弥重阿、住持他阿弥陀仏　遊行八代　冶工大和権守光連　願主沙弥給阿等　南無阿弥陀仏」との銘文が陽刻された梵鐘《ぼんしょう》が鋳造《ちゅうぞう》されている。渡船は遊行上人として初めて佐渡《さど》へ渡って島中をめぐり、念仏勧進を行った。渡船はこの延文元年に、越後《えちご》高田の応称寺《おうしょうじ》（新潟県上越市称念寺《しょうねんじ》）において、白木《はくぼく》に遊行九代を譲って藤沢に帰ったのである。渡船が帰った頃の清浄光寺は、前住職の一鎮によって仏殿などが造営されており、伽藍《がらん》などが整えられていた。そこで梵鐘の鋳造が企てられたのである。

延文元年銘の梵鐘
清浄光寺

室町幕府の保護

鎌倉公方《かまくらくぼう》足利持氏《あしかがもちうじ》は、清浄光寺と特に関係が深い。『遊行縁起《ゆぎょうえんぎ》』（神奈川県立歴史博物館蔵）には、「鎌倉殿御信仰ありて御弟子に成、日十念御申あり」とあり、足利持氏が、遊行十三代・藤沢山七世尊明《そんみょう》の弟子となったことがわかる。

また、応永二十三年（一四一六）四月三日、室町四代将軍足利義持《あしかがよしもち》より、遊行・藤沢の両上人の廻国のとき、時衆の人夫・馬輿《こし》以下に、国々の関所通過を自由にするよう、諸国の守護に命じた御教書《みぎょうしょ》が出されている。永享八年（一四三六）十二月五日、六代将軍足利義教《あしかがよしのり》によっても、同文で関所通過の自由が認められている。この御教書は遊行上人に限ってのものではないが、遊行上人の場合には特に多人数を率いての旅であるため、その意義は大きかったのである。

足利義持発給の文書を掲げておく（原文は漢文）。

清浄光寺藤沢道場、遊行金光寺《こんこうじ》七条《しちじょう》道場、時衆の人馬輿以下諸国上下へ向うこと、関々の渡は押手判形（証明書）を以て其の煩《わずらい》無く、勘過《かんか》（関銭を免除）すべきの旨、国々の守護人に仰付けらるる所なり。若し違反の在所においては注進について罪過に処すべきの由、仰せ下さるる所なり。仍《よっ》て執達件《しったつくだん》の如し。

応永廿三年四月三日 沙弥（義持）

藤沢上人や遊行上人の一行が諸国を遊行賦算《ふさん》するにあたって、諸国の関所を通るときに関銭を取らないように、これに背く者があれば、訴えによって処罰するというものである。しかもその徹底をはかって、三年後の「応永廿六年十月廿日」にも文書が出されている。幕府が遊行上人による廻国賦算を支援していたことがうかがえる。

上杉禅秀《うえすぎぜんしゅう》の乱《らん》

応永二十三年（一四一六）、上杉禅秀の乱が起こり、持氏《もちうじ》方に属した上杉氏定《うじさだ》は、重傷を負って清浄光寺で自害した。この乱では、禅秀方の部将も多く戦死し、岩松《いわまつ》（新田）満純《みつずみ》の遺骸が清浄光寺に葬られている。この乱の戦没者供養のために建立されたのが、清浄光寺東門脇にある敵御方供養塔《てきみかたくようとう》（国史跡）である。怨親平等碑《おんじんびょうどうひ》ともいわれる。

供養塔には、正面の「南無阿弥陀仏」のほか、四行の刻銘があり、造立の趣旨が記されている（原文は漢文）。

応永廿三年十月六日より兵乱。同廿四年に至る。在々所々において敵御方箭刀《せんとう》水火に落命の人畜亡魂《ぼうこん》皆ことごとく往生浄土の為の故なり。此の塔婆の前を過る僧俗十念有るべき者なり、応永廿五年十月六日

塔が建立された日付は、戦乱の始まったときから三年目にあたっている。この碑を建立したとき、清浄光寺の住持は遊行十四代太空であった。太空は応永二十四年春、遊行を十五代尊恵《そんね》に譲って清浄光寺に帰ってきていた。

上杉禅秀の乱は、上杉氏憲《うじのり》（禅秀）が足利持氏に謀反を起こした事件であった。当時の足利政権は、京都の幕府と鎌倉公方との二極政治で、両者の間には対抗意識

敵御方供養塔
清浄光寺

が強く、平穏ではなかった。特に鎌倉三代満兼《みつかね》、四代持氏の代になると、ますます激化する傾向にあった。京都の足利氏においては、義持と弟の義嗣《よしつぐ》との仲が悪かった。そのような折、鎌倉の執事上杉氏においても内部抗争が絶えなかった。特に犬《いぬ》懸《がけ》上杉氏と山内《やまのうち》上杉との二者が互いに勢力を争っていた。山内上杉の憲基《のりもと》は、犬懸上杉の氏憲の執事職を奪ってやめさせ、その上、持氏も氏憲の部下の所領を奪った。そのため、氏憲は不満を抱き、京都で将軍義持に不満を持つ弟の義嗣、関東で持氏に不満を持つ叔父の満隆《みつたか》を仲間に入れて、持氏を襲撃した。両者は互いに同族親戚の間柄であり、私的な争いのように思われたが、戦乱は拡大し、関東・東北・東海の諸大名たちも加わり、天下の大乱へと発展していったのである。

戦いは、応永二十三年十月二日、氏憲軍の鎌倉突入によって開始された。不意を突かれた持氏は駿河《するが》に、憲基は越後《えちご》に難を逃れた。氏憲叛乱の知らせを受けた京都の幕府方は、叛乱軍の方に日頃将軍に不平を抱いていた義嗣が加わっていることに驚き、急遽それまでの鎌倉との対立を捨てて、鎌倉方の持氏・憲基を助けることを決定し、ただちに駿河の今川範政《のりまさ》、越後の上杉房方《ふさかた》に命じて、持氏・憲基を助けさせた。やがて持氏方が援軍を得て攻勢に転じ、氏憲軍を破り、氏憲をはじめ叛乱軍の多くは自害し、乱は鎮圧された。ときに応永二十四年（一四一七）一月のことであった。

上杉禅秀の乱では、清浄光寺も単なる傍観者の立場ではなかった。すなわち、応永二十三年十月六日に、持氏方についた上杉氏定は、禅秀方に敗れ、清浄光寺に逃

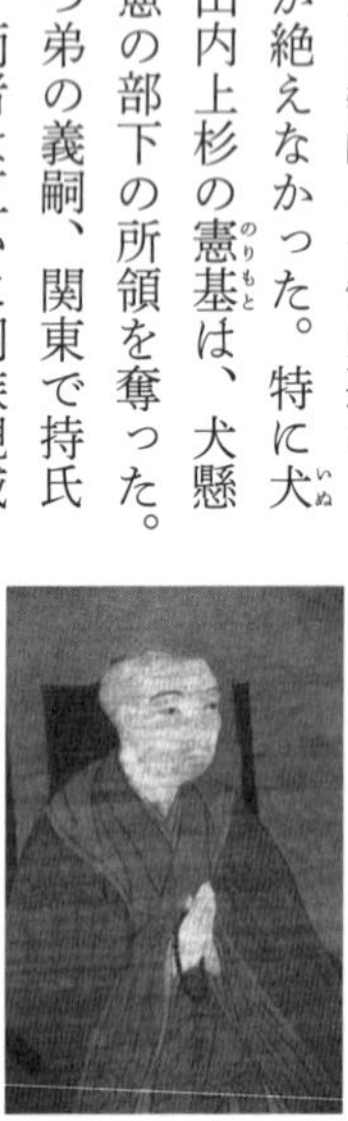

太空像（部分）
清浄光寺蔵

れて自害している。一方、翌年の応永二十四年一月十四日には、禅秀方についた岩松満純の遺骸が清浄光寺に運び込まれ、葬られた。このように、戦いに参加した人々、特に個々の戦いで敗れた者が、最期となる安住の場を求めて、敵味方ともども清浄光寺にやってきた。このとき清浄光寺は、まさに戦乱の怨親を超えた極楽の世界となっていたのである。

戦乱が去り、平和が到来した。非情に徹し、身近な親族や一族、同胞を倒して生き残った勝者たちの心の中にも、命を落とした者たちに対する哀悼の念が満ちていた。勝者の中の有力者が、敵味方ともども犠牲者の供養を思い立ち、建立したのが敵御方供養塔であったのであろう。

清浄光寺と金光寺

室町時代、歴代の遊行上人や時衆の活躍によって、時宗は中央および地方の多くの有力武将の帰依《きえ》を得た。時衆の道場も、各派の中心道場をはじめ多くを数えるに至った。

清浄光寺は、正中二年（一三二五）の創建後間もなくして、遊行派の中心道場であった京都の七条道場金光寺と並ぶ中心道場の性格を持つに至った。その後、室町幕府などの援助もあって、他派に見られないほど隆盛し、早くも時衆教団全体の中心道場としての立場を築いた。すなわち、室町幕府の初代将軍足利尊氏《あしかがたかうじ》は、金光寺に寺領を安堵する御教書を下すと同時に、清浄光寺に対しても、本堂を建立するとともにに、その落慶を記念して、後光厳院《ごこうごんいん》（光厳天皇の皇子）から勅額《ちょくがく》を賜っている。

三大将軍足利義満《よしみつ》は、元中四年（一三八七）、御教書を時衆の四条道場金蓮寺に与え、寺領を安堵している。続いて応永二年（一三九五）五月六日、義満は金光寺にも寺領を寄進している。

将軍が義満から義持にかけての頃、遊行上人は、十二代尊観《そんかん》であった。尊観は、亀山《かめやま》天皇の第二皇子恒明《つねあき》親王の第四皇子と伝えられる、南朝皇族の出身者であった。そのため尊観は、応永三年（一三九六）三月、後小松《ごこまつ》天皇に拝謁している。また、翌四年（一三九七）には、遊行廻国に関して天皇の諸国巡幸に準ずる旨の勅許《ちょっきょ》を得、義満がこれを諸国に令するという特別の恩典が与えられた。

尊観の時代の文書に、応永七年四月七日付けの足利義持から金光寺への御教書がある。他宗派の寺などが金光寺の末寺などに寄付を所望することを禁じたものである。これと同文で同じ日付のものが清浄光寺にも発せられており、幕府が当時、金光寺と清浄光寺とを同格と見ていたことがうかがわれる。

戦乱と清浄光寺の焼失

遊行二十代一峰《いっぽう》は、遊行を相続して二年後の明応二年（一四九三）五月八日、越《えち》前《ぜん》国敦賀の西方寺において、遊行の位を二十一代知蓮《ちれん》に譲って、清浄光寺に帰り、十六年間独住した。

一峰が独住している頃、相模国には異変が生じていた。すなわち、かつて鎌倉時

尊観廟
専念寺（山口県下関市南部町）

代に滅ぼされた三浦《みうら》氏の支流が勢力を回復し、三浦義同《よしあつ》（道寸《どうすん》）を筆頭に、三浦半島を本拠にして勢力を持つようになっていた。一方、明応四年（一四九五）九月、駿河興国寺《するがこうこくじ》（静岡県沼津市）城主となった伊勢新九郎長氏《いせしんくろうながうじ》（北条早雲《ほうじょうそううん》。以下「早雲」）は、小田原城の大森藤頼を襲って、小田原に進出した。義同は、母が大森氏の出身であった縁から大森氏に味方し、藤頼らを真田城（神奈川県平塚市）に迎えて、岡崎城（伊勢原市）を後ろ楯として、早雲と対決することになった。しかし、明応七年（一四九八）、早雲の攻撃を受けて真田城は落ち、大森氏は滅亡した。それから後、三浦氏と北条氏の対決が、相模を舞台に繰り返された。

まず、永正九年（一五一二）八月、岡崎城が落城し、やむなく義同は三浦の新井城に立てこもった。十月、早雲は鎌倉に玉縄城を築き、上杉朝良《うえすぎともよし》の大庭城《おおばじょう》（藤沢市）を攻め落とし、永正十三年（一五一六）七月には、新井城を陥落させて三浦氏を滅ぼした。

両氏の対決はここに終結するが、その間、実に約二十年の長きにわたって、藤沢周辺は何度も激烈な戦場と化し、永正十年（一五一三）正月二十九日には、ついに清浄光寺も戦火に見舞われ、開山堂を残して全山焼失するという事態に遭遇した。戦乱による被害は甚大であった。

後の遊行二十五代仏天《ぶってん》は、『藤沢山過去帳』「門末僧侶の部」において、「相州清浄光寺、永正十年癸酉正月二十九日、伊勢早雲入道乱逆之時、此帳令失却畢」と、歴代上人によって書き継がれてきた時衆の大事な過去帳が、その折に焼失してしまったと述べている。

永正十年（一五一三）に焼失した後、清浄光寺が再建され、藤沢上人が入住するまでには、九十四年もの長い年月を必要とした。

永禄二年（一五五九）、遊行二十九代体光《たいこう》の尽力によって、北条氏康《うじやす》から清浄光寺旧領の一部（十三貫七百二拾六文とされる）が寄進され、境内地ほかの寺領が確保された。天正五年（一五七七）、遊行三十一代同念《どうねん》によって清浄光寺の跡地を管理する看坊《かんぼう》が任命され、それまでのように清浄光寺跡に堕落した僧が住みついたり、近寄ったりすることがなくなった。しかし、まだ戦乱は続いており、寺領は確保されても、時衆が完全に再興する気運には至らなかった。

三十一代同念は、天正五年に看坊を任命して清浄光寺の管理にあたらせ、自身は翌六年の七月、西国への遊行賦算《ふさん》の旅に出発した。

天正八年（一五八〇）三月、大和當麻寺《たいまでら》の参詣をすませた同念は、堺から船で西進し九州に向かった。途中、一行は海賊船に襲われ、遊行の間、大事に持ち歩いていた一遍や二祖真教の画像、二祖の歌集三巻、過去帳そのほか、天皇拝謁に際して披露したであろう遊行の宝物の多くを奪われる事件が起こった。

その後、九州に上陸した同念は、各地を遊行の後、天正十二年（一五八四）八月二十三日、日向の光照寺（宮崎県西都市）において、遊行の位を三十二代普光《ふこう》に譲り、自らは光照寺に独住し、三年後の天正十五年（一五八七）六月二十八日、清浄光寺建立の夢を実現することなく、日向の地において七十歳で入寂した。

時宗の中心としての清浄光寺

清浄光寺の再興

遊行《ゆぎょう》三十二代を相続した普光《ふこう》は、常陸《ひたち》の豪族佐竹《さたけ》の出身であった。父は佐竹一族小野岡系佐竹義高、母は同族の臣太山常歓の娘であった。普光は八歳で佐竹氏の菩提寺、浄光寺《じょうこうじ》（茨城県常陸太田市）十三世其阿《ごあ》を師に剃髪した。やがて、師の跡を継いで浄光寺十四代の住持《じゅうじ》になり、その後、遊行三十代有三《ゆうざん》に師事し、さらに同念《どうねん》の会下《えか》となって遊行の旅を続けた。

遊行上人を三十三代満悟《まんご》に譲った普光は、藤沢上人《ふじさわしょうにん》として帰国の途についた。天正十八年（一五九〇）には、武蔵神奈川の成仏寺（神奈川県横浜市神奈川区）に滞在しているので、このとき、藤沢の地に立ち寄り、清浄光寺再興に向けて現地を調査したとも考えられる。この年は小田原の北条氏が七月に滅亡し、八月に徳川家康が江戸に入城している。

天正十九年（一五九一）十一月、徳川家康は清浄光寺に寺領百石を寄進している。その土地は、かつて永禄二年（一五五九）、北条氏が体光《たいこう》に与えた寺領十三貫七百二拾六文に相当する広さで、「万治三年水帳」（青木家所蔵）によれば、田・畑・山林・屋敷・境内地を合わせて二十九町一反三畝十三歩（八万七千四百三坪）の広大なものであった。

しかし普光はこのとき、藤沢に住まなかった。藤沢には甲府一条道場一蓮寺《いちれんじ》の法阿《ほうあ》天順《てんじゅん》を看坊《かんぼう》として住まわせ、清浄光寺再建の任にあたらせた。普光の出身である佐竹氏は、五十四万五千七百六十余石を領する北関東の雄であった。文禄の役後、居城を水戸に移転した折、水戸に神応寺を建立し、普光を迎えて寺領六百余石を寄進した。清浄光寺の六倍の広さの寺領である。普光は、佐竹氏の強力な外護のもとに、神応寺を一宗の中心道場にしようと、山号を藤沢山《とうたくさん》と号して、ここに独住した。

しかし、徳川家康は、慶長七年（一六〇二）に、佐竹氏を秋田二十万石に転封させた。佐竹氏は転封にあたって、家臣の秋田移住を許さず、寺院等の移転も認めなかった。やむなく水戸にとどまらざるを得なかった神応寺は、新領主によって寺領わずか四十三石に減らされてしまった。神応寺を時宗の総本山にしようとする普光の夢はあえなくついえたのである。

その後、慶長八年（一六〇三）、伏見城において、普光は遊行三十三代満悟とともに、家康に対面している。『徳川実紀』巻五に、「（慶長八年四月二十八日）この日藤沢の清浄光寺・遊行伏見に参り拝謁す」と記されている。この清浄光寺とは普光のことであり、遊行とは満悟のことである。家康はこのときすでに征夷大将軍に任命されており、一宗を代表する両上人は、宗門の代表として、ときの権力者に会見したのであった。

慶長十二年（一六〇七）、普光は、再興を果たした清浄光寺に入山した。それから寛永三年（一六二六）五月二十二日に入寂するまでの十九年間、藤沢上人として清浄光寺で生活した。

『藤沢山過去帳』「門末僧侶の部」には、次のように記されている。

当山実ノ中興者一蓮寺十七代龍華院法阿弥陀仏也。法阿当山再建之時、三十二代上人者水戸神応寺ニ御在住。慶長九年六月十六日法阿於当山往生之後、同十二年三十二代上人当山ニ御入山也。

建立に直接努力した法阿天順の功績を高く評価して、実の中興者として書き記し、業績を讃えている。

時宗総本山としての清浄光寺

江戸時代において、清浄光寺は、幕府から時宗の本寺として扱われた。清浄光寺は、時宗を統括する本寺として、末寺を記録した報告書である末寺帳を幕府に提出した。

時宗末寺帳で現在知られているものは、「時宗藤沢遊行末寺帳」（国立公文書館蔵）、「遊行派末寺帳」（京都七条道場旧蔵）、「各派別本末書上覚」（水戸彰考館蔵）、「各派別派下寺院牒」（会津弘長寺蔵）、「時宗十二派本末惣寺院名簿」（竹野興長寺蔵）、「八葉山蓮花寺末寺帳」（番場蓮華寺蔵）の六帳である。

これらの末寺帳は、幕府の宗教行政上、時宗に限らず各宗派の状況を把握するために作成されたものである。他派の中心寺院が「本山」「大本寺」「本寺」と記してあるのと異なり、清浄光寺は、時宗を代表する「時宗総本山」として扱われている。

清浄光寺本堂

幕府からは、清浄光寺が時宗全体を代表する総本山であるとともに、遊行派が時宗を代表する派と理解された。清浄光寺は、末寺の統率指導を司るかたわら、他派の寺院までも指導する立場に立ったのである。

明治時代以降の清浄光寺と教団

江戸時代、幕府の保護政策のもとにあった仏教界は、明治維新によって改革を余儀なくされた。清浄光寺と時宗の場合も、伝馬使用による御朱印廻国の禁止や、幕府による石高朱印の廃止など、大きな影響をこうむった。

時宗は、一遍の遊行賦算《ふさん》による布教伝道を、宗門の最高指導者である歴代の遊行上人が踏襲することによって、形成・維持されてきた。遊行上人の遊行賦算は、宗門にとってもっとも大事な伝統的宗教活動であった。特権の廃止は、この廻国遊行に大きな打撃を与えた。また、全国に散在する末寺への廃仏毀釈の影響は大きく、廃寺に追いやられる寺が続出した。

遊行特権の廃止、末寺の急減、教団組織の混迷など、明治の諸改革やそれによって引き起こされた事態によって、宗祖以来の不断の遊行廻国は継続困難となった。そして、不断の遊行廻国は、随時による遊行廻国へと変化することとなった。この随時による遊行廻国の旅を、「御親教《ごしんきょう》」と呼んでいる。

こうして、遊行上人が清浄光寺に常住することが主体となることによって、清浄光寺は信仰の中心としての立場と、総本山としての性格をさらに強めていった。また、従来、遊行上人と藤沢上人は別々に相続することを建前とし、それぞれの上人が常に存在する決まりであったが、明治十八年（一八八五）、遊行六十代一真《いっしん》が上人位を相続するにあたり、遊行・藤沢両上人を同一人が同時に嗣法することとなり、遊行・藤沢上人はただ一人の上人を意味することになったのである。

（髙野　修）

第2部

『一遍聖絵』を読み解く

太宰府《だざいふ》へ出立

ここでは、一遍の出家から入滅《にゅうめつ》までを描いた絵巻、清浄光寺《しょうじょうこうじ》（遊行寺《ゆぎょうじ》）蔵『一遍聖絵《いっぺんひじりえ》』について、重要かつ興味深い章段を取り上げ、読み解いていく。

最初に押さえておきたいのは、『一遍聖絵』が一遍の念仏思想とその行実を描いた宗教絵巻であること、そこに描出された一遍像が、絵巻制作を発願《ほつがん》し、自ら詞書《ことばがき》を書いた聖戒《しょうかい》の目を通して得られたものであること、の二点である。これらは、『一遍聖絵』を読み解く際、あらかじめ承知しておくべき重要な鍵である。

このことを念頭に、これまでの『一遍聖絵』研究の成果を踏まえ、一遍あるいはその周辺の人々、そして遊行地の景観などについて可能な限り多様な視点から読み解いていきたい。それは一種の謎解きのようなものであり、生半可な推理小説を読むより遥かに興味深

図1の1　太宰府へ　『一遍聖絵』清浄光寺（遊行寺）蔵（以下同）

いはずである。

なお、『一遍聖絵』は、「第一第一段」から「第十二第三段」まで、十二の巻と段から構成されるため、それぞれの記述の該当する巻数と段数を（ ）内に表記する。

図1の1は、一遍が修学のため、太宰府（福岡県太宰府市）の聖達《しょうだつ》のもとへ出立する場面を描いたものである。画面手前が一遍の生家、見送る人々の視線の先には、当時随縁《ずいえん》と名乗っていた一遍、そして同行の僧善入《ぜんにゅう》の姿が見える（第一第一段）。

ときに一遍は、十三歳。十歳で母を亡くし、父の命により出家する。詞書《ことばがき》の割注によると、父通広《みちひろ》は出家して如仏《にょぶつ》と号したとあるから、僧体の人物がそれと認められる。そのほかの人々は親族であろう。中には乳母《めのと》も交じっているのかもしれない。広縁の角に立つ、頭巾姿の二人の人物がそれであろうか（**図1の2**）。

二人の間には女児らしき人物が描かれている。この人物について、林温は、制作途中で描き足されたもの

だとする。そうであれば当然、それは絵師円伊《えんに》の独断であるはずがない。制作責任者にして発注者でもある聖戒の意向を受けたものとなる。

それにしても、なぜ加筆したのであろうか。こうした人物は大井太郎館の図柄でも認められるから（第五第一段）、それにならって後補した可能性もあろう。

しかし、この場面は一遍の本格的な仏道修行の第一歩を語る大事な巻頭である。そこに、特に小童を描き加えるよう聖戒が指示したのは、何かしかるべき理由があってのことであろう。その理由は何か。それは、この小童が一遍と深い関係にあったからに違いない。具体的には、妹である可能性がある。

だが、果たしてそうであろうか。一遍の妹ならば聖戒にとっては姉、初めから聖戒は描くように指示したはずであり、描き落とすことなど常識的にはあり得ない。それに加えて、詞書には父への言及はあっても妹への言及はない。このあたり、まことに判断が難しい。数ある『聖絵』の謎の一つである。

このような具合に、図柄の読み解きは一筋縄ではい

図1の2　加筆された小童　『一遍聖絵』

かない。しかし絵巻物が詞と絵によって構成される以上、双方を照らし合わせ、解読するしか、ほかに方法はない。詞と絵は相互に補完し合うが、詞は絵の細部に至るまではがんじがらめにせず、しばしば詞にはないことも描かれることがある、と承知しておくべきであろう。解読には骨が折れるが、それがまた『一遍聖絵』の魅力の一つでもある。

善入と一遍が描かれた図柄（図1の3）について、小松茂美は、善入が「さあ、さあ、後ろなど振り向かずに、さっさとお歩きなされよ」と「せきたてている」と解釈している。それでよいのか。疑問である。

一遍は出家し、さらなる修行のために大宰府におもむこうとしているのである。その一遍が家郷恋しさに足を取られ、善入の叱責を受ける、とは考えられない。一遍は遠国での本格的な修学に胸を膨らませていたはずである。足が進まないわけがない。小松は善入の表情に険しいものを読み取ったのであろうが、後ろを振り返る一遍が描かれているならともかく、そうではないのだから、この解釈はあたらない。

図1の3　善入と一遍　『一遍聖絵』

ちなみに、一遍らは伊予《いよ》灘に沿うように歩いている。すでに生家から遠く離れた場所にいる。ここまで来て後ろを振り向くことはあり得ない。一遍は「無常の理《ことわり》」をさとり、父の命とはいえ、もはや出家の身、未練たらしく故郷を振り向くことなどあるまい。

繰り返すが、ここは宗教者一遍の門出を語る大切な場面である。一遍を賛仰し、追慕の念に貫かれた（第十二第三段）聖戒が、叱られながら歩く一遍を描くよう絵師に指示するはずはなかろう。詞書を読めばすぐにわかることである。

ならばこの場面、どのように解読するのがよいのであろうか。これは一遍が、太宰府や師の聖達について質問し、善入が答えている図柄だと判ずるのが適切だろう。詞書に即すならば、小松のようには読めないはずである。

最後にもう一つ。見送る人々の中に、一遍に視線を向けず、庭の童に向ける者が四人も描かれている（図1の4）。これはまことに不思議な図柄である。広縁の武士は叔父の通久《みちひさ》であろうが、彼もまた甥に目をやっ

図1の4　童を見る四人　『一遍聖絵』

てはいない。なぜこうした図柄が着想されたのであろうか。後で見る備前《びぜん》福岡市の図柄（第四第三段）でも同じ現象が認められるが、これもまた『一遍聖絵』の謎の一つとして挙げておこう。

菅生《すごう》の岩屋修行

図2の1は、文永十年（一二七三）七月、「十一不二《じゅういちふに》頌《じゅ》」を得た一遍が「衆生《しゅじょう》を利益《りやく》せん」との「おもひ」（第一第四段）を持ち、伊予《いよ》国浮穴《うけな》郡菅生の岩屋（愛媛県上浮穴郡久万高原町）に参籠《さんろう》し、修行する場面を描いたものである（第二第一段）。この絵にもまた、興味深く、注目すべき点が数多くある。

長い詞《ことば》を読み終えてやっと絵巻を繰ると、まず初めに目に飛び込んでくるのは、天を突く巨大な岩峰、そして修行中の一遍と聖戒《しょうかい》である。熊野《くまの》三山（第三第一段）と双璧をなす長大な大パノラマ。まさに圧巻である。古老の言によれば、この地は「観音影現《ようげん》」の霊地で、「法華三昧《ざんまい》成就」の後に仙人と化した土佐国女人の練行と、弘法大師《こうぼうだいし》練行の古跡である。

言葉を失うほどの絶景である。絵師は見たままの風

図2の1　菅生の岩屋　『一遍聖絵』

景を描いたものかどうか。その答えは、**図2の2**、**3**、そして米倉迪夫の紹介した**図2の4**『久《く》万《ま》山《やま》真《しん》景《けい》絵《え》巻《まき》』と比較対照すれば、一目瞭然である。『久万山真景絵巻』は、江戸後期の伊予松山藩絵師遠藤広美（一七八四～一八六二）が描いたものである（『歸去來兮――〔久万〕再発見　旅人のレンズ』久万高原町立久万美術館、二〇〇九年）。

　遠藤の『久万山真景絵巻』の場合、『一遍聖絵《いっぺんひじりえ》』の歓喜光寺《かんきこうじ》本や御影堂新善光寺《みえいどうしんぜんこうじ》本の摸写だと考える向きもあるかもしれない。しかし、遠藤が両寺の『一遍聖絵』を閲覧し得たとはとうてい考えられない。江戸時代末期刊行の『一遍上人絵伝《いっぺんしょうにんえでん》』にも菅生の岩屋図はなく、これまた山内譲が紹介した江戸時代中期の『岩《いわ》屋寺《やでら》境内図』とも図柄が異なる。遠藤による『一遍聖絵』模写の可能性はない。

　岩屋寺が位置する渓谷は狭隘《きょうあい》である。図柄のように、全景をくまなく見渡すことは難しい。しかし、たとえば**図2の2**、**3**の岩峰の頂の近くまで生い茂った樹林を消し去れば、ほとんど同じ図柄となる。つまり絵は、

高野山《こうやさん》（第二第四段）や図2の5、6の河野通信《こうのみちのぶ》墓（第五第三段）と同じく、実景に基づいた絵師のデフォルメだとみて大過ない。

米倉が指摘するように、『久万山真景絵巻』第一巻には「竹谷村ヨリ岩屋寺ヲ望」という書き込みもあるから、むろんその可能性も否定できない。あるいは島尾新のいうような、実景のスケッチを踏まえ、いかにもそれらしく見せるヴァーチャルリアリティの技法で描かれた雪舟『天橋立図《あまのはしだてず》』に共通する一面もある。

画面全体には神秘的、かつ荘厳な霊気が漂うが、こうした雰囲気は現地を踏査した者でなければ容易に表現することはできまい。一遍に随逐《ずいちく》して修行した聖戒の情報によって描いたという説をなす人もいるが、それだけで、これほど臨場感にあふれ、かつ張り詰めた図柄をものにすることができるのか。さらに美術史家の中には、宋元時代の山水図の影響を受けたと説く向きもある。それは作画技術について認められても、実見が下敷きにあったことまでは否定できまい。ぜひ、その足で現地を踏んでいただきたい。そうすれば、納

図2の2　現地の実景1　愛媛県上浮穴郡久万高原町七鳥

得できるはずである。

　画面手前の岩峰の内懐には不動堂、広縁の下は断崖。阿波大瀧嶽《あわたいりゅうのたけ》や土佐室戸岬《とさむろとみさき》を跋渉《ばっしょう》した（『三教指帰《さんごうしいき》』）弘法大師空海《くうかい》にふさわしい練行の場である。中には二人の僧侶がいる。その顔付きから、手前が一遍、その向こうが聖戒であろう。机上に経典らしきものがある。これは詞書にあるように、一遍が聖戒に「経教《きょうぎょう》を亀《き》鏡《きょう》として真宗の口決《くけつ》をさづけ」た場面を描いたものに違いない。絵師は詞書を踏まえた上で作画しているのである。

　不動堂と、仙人と化した土佐の女人像を安置する堂との間には、道はない。長大な梯子《はしご》がかけられているのみである。梯子を上っているのは一遍と聖戒であろう。この場面は、異なる時間の出来事を同一の場面に収める「異時同図」である。

　さらに巻物を繰ると、眺望は一気に開ける。晩秋の空にそびえる三つの岩峰。いずれも独立峰のため、視界は広い。岩峰の狭間には横皺《よこじわ》のようにたなびく白雲。これは黒田日出男のいうように、高野山（第二第四段）

図2の3　現地の実景2

や熊野《くまの》新宮《しんぐう》・那智《なち》（第三第一段）などにも散見する一種の「瑞雲《ずいうん》」で、この地が霊地・聖地であること示す指標の一つであろう。

そそり立つ岩峰の頂上には小社が見える。朱塗りの柱と山裾の紅葉とが華麗な渓谷美を演出する。多くの樹木は、険阻《けんそ》な岩峰の間を吹き抜ける烈風のせいであろうか、一方に変形している。見なければ描けない、これもまた霊地を示す表象の一つでもあろう。詞書にいう「斗藪《とそう》（煩悩《ぼんのう》をはらって修行に励むこと）の行者霊験を祈る」にふさわしい「砌《みぎり》」（場所）である。

急な梯子を上る修行は、掛け値なしに命がけだ。こうした荒行の結果、山岳修行者はたとえば文覚《もんがく》上人のごとき、飛ぶ鳥を祈り落とすほどの験力を得る。「やいば（すさまじい）の験者《げんじゃ》」の誕生である（『平家物語』巻五）。参詣人が一様に伏し拝んでいるのは、その証《あかし》である。

聖戒は、一遍の菅生の岩屋参籠の目的が、「遁世《とんせい》の素意」を祈るところにあったと記す。「遁世の素意」とは何か。それは、「衆生を利益せん」との一途な「お

図2の4 『久万山真景絵巻』 久万高原町立久万美術館蔵

もひ」（第一第四段）にほかならない。そのためには自ら全国各地に足を運ばねばならず、当然、強靭な体力が必要となる。金井清光は、「日本国中を遍歴するには、まず足腰を鉄のようにがんじょうにきたえなければならない」と述べ（「一遍略伝」）、菅生の岩屋修行の意義を明らかにした。

それゆえ、梯子を上るのは、さながらロッククライミングのごときものとなる。こうした修行を繰り返すことで、強靭な体力と「ひじり」（第一第一段）としての霊性を得、「やいばの験者」となる。土佐の女人、そして弘法大師はその良き先例である。金井はまた、一遍はこの二人に結縁することで「ひじり」としての神秘な霊性に磨きをかけ、遊行に耐え得る強靭な体力と生命力を得たとも述べているが、的を射た解釈であろう。絵師は、そういう一遍を一目でわかるように描いたのである。

ところで、一遍のみならず聖戒まで描き加えたのはなぜなのだろうか。それは詞書に、「この時、聖戒ばかり随逐したてまつりて、閼伽《あか》（水）をくみて閑谷《かんこく》の

月をになひ給へば、つま木をたづねて暮山《ぼざん》の雲をひろひなどして行化《ぎょうけ》をたすけたてまつる」とあるからである。これによって、聖戒と絵師とがあらかじめ打ち合わせをしたこと、あるいは、絵師が詞書内容を熟知していたことがわかる。絵師が聖戒の意思を考慮せず、勝手気ままに描いたわけではない。

その意味で興味深いのが、梯子を上る図柄である。その姿態、顔付きからすると、前が聖戒、後が一遍となる。だが、両者のキャリアの相違、そして「随逐」という文言からすると、ここは当然一遍が先になってしかるべきであろう。聖戒は、一遍の太宰府の聖達再訪に随伴し（第一第二段）、最初の遊行賦算《ゆぎょうふさん》には桜井まで同行しているが（第二第二段）、いずれの場合でも一遍の後にしたがっている。なぜここで聖戒が先行する図柄になっているのであろうか。事実がそうだからそう描いた、といえばそれまでだが、聖戒は師の一遍を語りながら、実はさりげなく己の姿も押し出そうとした、といえるのかもしれない。

もっとも見方によっては、こうもいえるだろう。荒

図2の5 河野通信墓『一遍聖絵』

行をすることですでに二人は「やいばの験者」「ひじり」になっているのだから、いまさら順番など問題ではない、と。

仮にそうだとしても、『一遍聖絵』の描法にしたがい、師匠、次いで弟子の順で描けばよかったはずである。ことさら聖戒を先行させたのは、やはり聖戒を前面に押し出そうとする狙いがあるからではないか。金井清光は、聖戒を「ことさら消極的、控え目」な人柄と判じている（「『一遍聖絵』に見る聖戒の基本態度」）が、どうであろうか。この図柄で聖戒は、自身を一遍の念仏思想の伝法、後継者として位置づけているのではなかろうか。いずれにしても詞書からはうかがい知れぬ謎の一つである。

図2の6　河野通信墓　岩手県北上市稲瀬町水越

熊野本宮《くまのほんぐう》参詣

一遍の宗教にとって、もっとも重要な意味を持つ熊野三山参詣図（第三第一段）は、『一遍聖絵《いっぺんひじりえ》』の中で最長の紙幅を誇る。これに匹敵するのは、冒頭の伊予《いよ》出立から太宰府《だざいふ》修学、それに兵庫観音堂における一遍入滅《にゅうめつ》（第十二第三段）の図柄のみである。この事実は、一遍にとって熊野がいかに重要な場所であったかを雄弁に物語る。それはまた、聖戒《しょうかい》にとっても同じであった。聖戒が、熊野新宮《しんぐう》（和歌山県新宮市新宮）にいた一遍から「念仏の形木《かたぎ》」（文字を浮き彫りにした板）を送られているからである。諸説はあるが、この形木の付与は、聖戒に賦算《ふさん》を指示したものと考えられる。不要不急なものをわざわざ遠くから送りつける者はいない。

熊野本宮（和歌山県田辺市本宮町）に参籠《さんろう》した一遍は、「目をとぢていまだまどろまざる」うちに、熊野権現《ごんげん》

図3の1 熊野本宮 『一遍聖絵』

より「信不信をえらばず、浄不浄をきらはず、その札をくばるべし」との神託を授かり、「他力本願の深意を領解《りょうげ》（さとる）」した。これによって一遍は、熊野神と同格の「融通《ゆうずう》念仏すゝむる聖《ひじり》」として再生し、「念仏の形木」を与えられた聖戒もまた同じく「融通念仏すゝむる聖」としての資格を得ることになった。一遍の念仏賦算を百八十度転換せしめた歴史的瞬間である。

熊野本宮参籠図（図3の1）に絞り、詞《ことば》と絵がはらむ問題について考えたい。拡大図（図3の2）を見ると、山伏姿の熊野権現と一遍が向き合っている。それが詞《ことば》書《がき》の、「（権現は）白髪なる山臥《やまぶし》（山伏）の長頭巾かけて出給《いでたま》ふ。（中略）かの山臥、聖のまへにあゆみより給《たまひ》ての給はく」に照応することは一目瞭然。絵師はこの詞書の内容を承知した上で作画したのである。

しかし、両者は向き合っているものの、一遍は横向きである。もし、「本宮証誠殿《しょうじょうでん》の御前にして願意を祈《き》請《しょう》し」とする詞に忠実に描くとすれば、一遍は後ろ向きでなければならない。しかし『一遍聖絵』には一遍の後ろ向きの図柄は一つもない。おおむね横向きであ

る。横向きに描くことは、『一遍聖絵』の基本的な描法であり、原則であった。

この図柄については、もう一つ注意しておきたいことがある。それは、詞書に「目をとぢていまだまどまらざるに、御殿の御戸をおしひらきて、白髪なる山臥の長頭巾かけて出給ふ」とあるように、権現の示現が、一遍が目を閉じている間のことであり、肉眼でじかに見たものではないことである。一遍が目を開いたのは権現の託宣《たくせん》を得た後のことなのであり、絵師は、一遍が心眼でとらえたもの、つまり意識下の出来事をそのまま絵にしたのである。これは現実に眼前で起きたことではない。しかし、絵師が詞書を忠実に再現するとすればこう描く以外に方法はなく、それほど絵師は「目をとぢて」の意味を深くとらえたわけではないともいい得る。

このあたりの解釈は微妙である。とはいえ、聖戒が、熊野権現の示現が目を閉じているときの出来事で、童子の出現が目を開いた後の出来事であると峻別したことの意味は決して小さくなかったはずである。このこ

図3の2　熊野権現の示現　『一遍聖絵』

とは留意しておいてよい。

この二つの場面を分かつのが、証誠殿横の社殿（若宮）前の樹木である。これはナギの木ではなく、熊野神の依代《よりしろ》、神木のイチイと見るべきであろう。この神木を挟んで左側が、一遍が目を閉じて見た世界、右側が目を開いて見た世界となる。実際にこの樹木がこの位置にあったかどうかはわからない。しかし、もしこれが絵師の作為ならば絶妙の位置を選んだことになる。ちなみに、この場面も「異時同図」である、一遍が童子に賦算をしたのは、同じ社域ながら権現の託宣の後のことだから、当然の処置である。

その童子百人について聖戒は、「この童子も、王子達のうけ給けるにやとおもひあはせらるゝかたも侍《はべ》べし」と推断した。確かにこれは熊野権現の「若王子《にゃくおうじ》」（『梁塵秘抄《りょうじんひしょう》』）、九十九王子《くじゅうくおうじ》の化身に相違なかろう。念仏札受領後に童子たちが「いづちともなくさ」った（いずこともなく去った）というのも、それを暗示する。この時代、神仏の化身が退去する場合、おおむねこういう形を取るのが通例だからだ（延慶本『平家物語』第一

本二「得長寿院供養事付導師山門中堂ノ薬師之事」)。

童子出現が実際にあったことかどうか。聖戒は、ことさら一遍が「目をひらきてみ」たと記して、現実の出来事だと主張している。だが、この時間に、しかも百人もの童子が本宮にいたとは考えられない。これは金井清光が説くように、一遍の神格化を意図した聖戒による創作神話の類であろう。

この「熊野神託」もまた、同様に創作神話ではないかと疑う向きもあろうが、そうではない。なぜなら、その後の一遍がその線に沿って賦算《ふさん》している事実があるからである。

本宮参詣の道すがら、一遍は、一人の僧から、「信心」「おこらざる」ゆえをもって賦算を拒絶された(図3の3)。その場は「信心おこらずともうけ給へ」と、念仏札を無理やり押しつけ、切り抜けたが、一遍の悩みは深かった。社殿の前で、一遍があるべき「勧進《かんじん》のおもむき、冥慮《めいりょ》をあふぐべし」と、目を閉じて思慮をめぐらしたのは、そういう経緯があったからである。その結果、「いまだまどろまざるうちに」その答えを

図3の3　念仏札を拒否する僧　『一遍聖絵』

得ることができた。神仏の「冥慮」を頼みにしなければならないほどに難しい課題であったのである。それゆえに、その答えは自力で得たというよりも、熊野権現がくださったものと、一遍は理解したのである。一遍自身の口から熊野神勅《しんちょく》が現実の出来事として語られ、聖戒によって記されたのは、当然のことである。

図柄に話を戻そう。「蟻《あり》の熊野詣《もうで》」という言葉があるように、熊野は平安時代以来、多数の参詣者を集める聖地、霊山であった。それにふさわしく、重畳たる山々と二つの川に囲まれた社殿は神秘、荘厳の気を漂わせている。絵師が確かな目をもって描いたことは明らかである。

この社殿は、残念なことに明治二十二年（一八八九）秋の洪水で跡形もなく消失した。しかし跡地は旧社地（図3の4）として保存され、そこに一遍の名号塔《みょうごうとう》（図3の5）が建てられている。周囲は鬱蒼《うっそう》とした木立が繁り、そのかたわらには熊野川と音無川が変わらず流れている。『一遍聖絵』には、この二つの川がきちんと描かれている（図3の6）が、それは絵師が写生に

図3の4　熊野本宮の旧社地　和歌山県田辺市本宮町本宮

強くこだわったことを物語る。美術史家の中には、この本宮図が熊野曼荼羅《まんだら》図を踏まえて描いたと主張する向きもあるが、それらの曼荼羅図に音無川は描かれていない。この事実は、絵師が実地に踏査したことを物語っている。

かつて音無川は、本宮に臨む最後の潔斎《けっさい》垢離《こり》場として、特に重視されていたという（『熊野中辺路——古道と王子社（修正版）』）。渡河は絵師にとっても忘れ難い体験であったに違いない。曼荼羅図を眺めていても音無川は描けない。曼荼羅図には描かれていないからである。描いたということは、絵師自ら手足や身体をすすいだことがあり、それを踏まえて作画したということである。実体験なしにはこのような図柄は描けない。

ほかにも証拠がある。それは、この二つの川に浮かぶ二艘の舟である。乗船人数からみて、熊野川に浮かぶ舟は大きく、音無川のそれは小さい。これはそのまま二つの川の川幅、水量の違いを示す。これもまた、実際に見て、渡らなければ、容易に描き分けることはできない。ここにも写生にこだわる絵師の鋭い目が光っ

図3の5　熊野本宮の旧社地にある一遍の名号塔

ている。

これに関連して、一遍が一人の僧に無理やり念仏札を押しつけた場所（図3の3）が、熊野山系の最高峰悪四郎山の頂上直下を通るあたりで、そこは、聖戒が絵師円伊《えんに》とともに探し求めた、それにふさわしい風景であるという戸田芳実の主張のあることも、付言しておこう。手元に本宮曼荼羅図があったとしても、それだけでは現行の図柄は描けず、また絵師が三山を踏査しなかったこととの証明にはならないのである。

図3の6　音無川（左）と熊野川（下）『一遍聖絵』

備前《びぜん》福岡の市

弘安元年（一二七八）冬、一遍は備前を遊行《ゆぎょう》し、藤井の政所《まんどころ》において吉備津宮《きびつのみや》（岡山市東区西大寺の安仁《あに》神社か）神主の子息の妻女に「法門」を説き、発願《ほつがん》の意思を受けて出家せしめた。帰宅後、それを知った「無《む》悪不造《あくふぞう》」（悪を働くことをはばからないこと）の子息は「大にいかり」、一遍を「せめころさむ」と出奔《しゅっぽん》する。福岡（岡山県瀬戸内市長船《おさふね》町）の市で一遍を発見するや討とうとするが、「汝《なんじ》は吉備津宮の神主の子息か」と喝《かっ》破《ぱ》され、たちまち「瞋恚《しんい》（怒りと憎しみ）やみ、害心うせて、身の毛もよだちふとくおぼへ」るままに髻《もとどり》を切る。これを機に、弥阿弥陀仏・相阿弥陀仏以下、二百八十余人が出家をとげたという。以上が第四第三段の概要である。

ここには弥阿弥陀仏以下の大量出家を除く主な出来

図4の1　妻女の剃髪　『一遍聖絵』

事が、詞書《ことばがき》にほぼ忠実に描かれている。「ほぼ忠実に」というのは、一遍の説法場面が描かれていないからである。もっとも、強いて描く必要はないともいえる。なぜなら、剃髪《ていはつ》の場面（図4の1）を描くことで、それ以前に説法があったことがわかるからである。すでに述べたように、絵巻物において詞が絵をすべて縛るわけではない。絵は詞にゆるやかに包まれている。

では、絵師はなぜ説法ではなく、剃髪の場面を選んだのか。改めていうまでもない。それは、その後の子息の「にはか」の「発心《ほっしん》」、剃髪との照応を考慮したからに違いない。むろんそれが「法門」の説法に比べて絵になる構図だったからでもあろうが、同時にそれが、亭主の無道な振る舞いの導火線になったからでもあろう。絵師には、妻女の剃髪を描かないという選択肢はなかったはずである。

妻女はかすかに微笑を浮かべている。決断に迷いはない。そばの侍童と老女がともに涙にくれているのとは対照的である。子息の剃髪図も同様である。子息には思い定めた者の落ち着きがあるが、郎党にはない。

図4の2　出奔する子息と見送る妻女　『一遍聖絵』

悲泣の体である。この二つは意図的に趣向されたものに違いない。

「件《くだん》の法師原いづくにてもたづねいだして、せめころさむ」と騎虎《きこ》の勢いで出奔した夫の行方を見送る場面（図4の2）では、とりわけ妻女が柱にもたれていることに留意したい。これから起こるかもしれない惨劇を思えば、身の置きどころはなかったのだろう。一方は尊き「知識」（一遍）、他方は「無悪不造」の夫。夫が激怒した理由は自分にある。しかし出家は、「念仏往生の様、出離生死《しゅつりしょうじ》の趣」に納得した上でのこと。決して一時の気の迷いからではない。しかしそれとても、夫に無断であることには変わりはない。世間の常識からすれば、責めは自分にある。こうした寄る辺なき思いの妻女を描くにはどうしたらよいか。そこで絵師が着想したのが、柱にもたれる構図ではなかったか。案じ顔、そしてこの姿態、ここに絵師の写実へのこだわりが如実に表れている、といえばいい過ぎになるだろうか。

市の図柄（図4の3）にも問題がある。現行の図柄

図4の3　福岡の市『一遍聖絵』

では改竄《かいざん》の跡が歴然としているからである。従者の一人は持っていたはずの弓を持たない。林温によれば、これは制作途中での変更ではないらしい。この前の図柄では、当の従者はすでに弓に矢をつがえているのである。

　両者対峙の場面（図4の4）を見よう。一遍は小柄、子息は大柄に見える。しかし実際はそうではない。背丈はほぼ同じである。そう見えるのは、一遍が子息より少し低く、しかも斜め下の位置取りを与えられているからである。騎虎の勢いそのままに、子息が一遍を圧倒しているかのような印象を受けるのはそのせいである。

　両者の位置取りは絶妙である。のしかかるような子息。一遍は幾分腰を曲げ、両足を踏ん張っている。左手には数珠。右手は人指し指を前に突き出している。そして裂帛《れっぱく》の気合いを込めて、「汝は吉備津宮の神主の子息か」と名指しする。そのため、さしもの子息も「忽《たちまち》に瞋恚やみ害心うせ」、「即《すなわち》本鳥（髻）きりて、聖《ひじり》を知識として出家をとげ」た（図4の3）という。現

場を目の当たりにしたからこそ書き得た詞書だと思わざるを得ない。

　ここでの一遍と子息の、器量の違いは明らかである。一遍は身に寸鉄を帯びず、ただ一喝するのみ。その一撃で子息を説き伏せた。絵師は「知識」一遍の気迫に充ちた姿を描くことで、「融通《ゆうずう》念仏すゝむる聖」（第三第一段）のカリスマ性を刻印したのであろう。

　福岡市の図柄にはなお問題がある。一触即発の危険な状態でありながら、市に集まる人々がひたすらおのれの商いのみに集中しているからである。このようなことは現実にはあり得ない。金井清光は、これが、「ひじり一遍のカリスマ性を強調するため」に聖戒が「創作」した「神話」であることを示す証拠だとした。傾聴に値するが、冒頭に見た一遍出立の場面の図柄とも照らし合わせた上で、さらに考えるべき謎の一つである。

　なお、神戸真光寺本『一遍上人縁起絵《いっぺんしょうにんえんぎえ》』（真光寺では『遊行縁起』と呼ばれる。『一遍上人絵詞伝《いっぺんしょうにんえしでん》』『遊行上人《ゆぎょうしょうにん》縁起絵《えんぎえ》』。以下『縁起絵』）（図４の５）では、『一遍聖絵《いっぺんひじりえ》』

図４の４　両者の対峙『一遍聖絵』

のように一遍が吉備津宮神主の子息夫妻の剃髪役を務めず、子息剃髪の場も邸内に移されている。前者の改変は剃髪を下役とし、後者のそれは土地の有力者たる吉備津宮神主の子息にふさわしくないとする判断が働いたのであろう。

図4の5　剃髪の場面　『一遍上人縁起絵』（『遊行縁起』）真光寺蔵

信濃《しなの》伴野《ともの》と小田切《おだぎり》の里

弘安二年（一二七九）八月のある日、一遍は京都因《いな》幡堂《ばどう》（京都市下京区）を出立し、北陸道、賦算《ふさん》の旅に出た。詞書《ことばがき》には、「道の間の日数自然《じねん》に四十八日」とあるが、この「日数」は法蔵《ほうぞう》菩薩、すなわち阿弥陀仏の四十八願にちなんだものである。

これより前、一遍は伊予窪寺《いよくぼでら》において、善光寺《ぜんこうじ》で描いた「二河《にが》の本尊」（『二河白道図《にがびゃくどうず》』）を前にもっぱら称《しょう》名《みょう》、勤行《ごんぎょう》し、「己身領解《こしんりょうげ》（独自のさとり）の法門」である「十一不二頌《じゅういちふにじゅ》」を得て、生身の阿弥陀仏となった（第一第三段、第四段）。生身の阿弥陀仏が、これまた生身の阿弥陀仏を本尊とする善光寺に参詣するのである。日数が「四十八日」になるのはごく「自然」である。

この年の歳末、一遍は信濃伴野（長野県佐久市）の市において、歳末別時《さいまつべつじ》念仏を修した。このとき紫雲が初

図5の1　紫雲が立つ　『一遍聖絵』

めて立ったという（第四第五段）。**図5の1**はその様子を描いたものである。一遍は生身の阿弥陀仏である。ゆえに紫雲の発生も自然なものといえよう。よって、これ以降、頻繁に紫雲が立つことになる（第六第一段、第二段ほか）。しかし後述するように、紫雲、落花などの奇瑞《きずい》についての解釈は、一遍と聖戒の間には微妙な違いがある（第六第一段、第十二第一段）。

紫雲は市庭《いちにわ》の空にたなびいている。時衆《じしゅう》や里人は合掌し、背後の「乞食・非人」も視線を送っている。一遍はうつむき加減の姿勢で、紫雲を見ていない。その前に坐す僧侶に至っては紫雲に背を向け、一遍に対し合掌している（**図5の2**）。

後世の注では、この僧侶を延暦寺《えんりゃくじ》の重豪《じゅうごう》とする。詞書にあるように、重豪の結縁《けちえん》は近江守山《おうみもりやま》でのことである。近江遊行《ゆぎょう》は弘安六年（一二八三）か七年（第七第一段）であり、この場面で描出されるべきではない。「異時同図」だとしても、弘安二年の図柄の中に六、七年のそれがまぎれ込むというのはいかにも解せない。

一遍の姿勢もおかしい。詞書には、両者が踊り念仏

の是非について和歌で問答したとある。そうであるとすれば、互いに見つめ合ったはずである。しかし、図柄は違う。それはすなわち、これが問答を描いたものではなく、僧侶も重豪ではないことを意味している。したがって、僧侶は在地の者ということになろう。図柄は、紫雲にも勝る存在として一遍が迎えられたこと、つまりはそのカリスマ性を強調しているのであろうが、これもまた不思議な光景である。

ところで一遍は、紫雲や落花の発生をどう受けとめていたのであろうか。弘安五年（一二八二）三月末、片瀬の浜の地蔵堂で、にわかに「紫雲たち花ふりはじめ」たことがある（第六第一段）。人々の「うたがひ」に一遍は、「花の事ははなにとへ、紫雲の事は紫雲にとへ、一遍しらず」と冷淡、かつ素っ気なく突き放したという。

こうした態度は、一遍が瀕死の床にあった正応二年（一二八九）八月九日から十五日までの七日間、紫雲が立った際の発言にも見られる。すなわち、いぶかしむ聖戒《しょうかい》に対して一遍は、「さては今明は臨終の期にあら

図5の2 一遍と「重豪」『一遍聖絵』

ざるべし。終焉の時にはかやうの事はゆめ〳〵あるまじき事なり」と断じたという。また、常に「ものゝおぼえぬものは、天魔心にて変化に心をうつして、真の仏法をば信ぜぬなり、なにも詮《せん》なし。たゞ南無阿弥陀仏なり」とも「教誡《きょうかい》」していたという（第十二第一段）。

絵師はこの事実を踏まえ、その意味で、紫雲発生に無関心な一遍を描いたに違いない。絵師は詞書を十分理解し、あるいはあらかじめ聖戒と綿密な打ち合わせをした上で作画したことが考えられる。

伴野の市から小田切の里に続く場面には、これまで看過されてきた興味深い図柄がある。その間の垂直に切り立った崖（**図5の3**）、すなわち「切り崖《ぎし》」の存在である。地元では、こうした地形のことを「田切《たぎり》」と呼ぶという（佐久市在住の吉田茂男氏）。これは、おおよそ一万三千年前の浅間山大噴火の際に噴出した軽石の堆積地層が千曲川の洪水によって削り取られたために生じたものだという。

「田切」はいまも千曲川東岸の台地、小諸から岩村田、落合、鳴瀬などに残る。一方、西岸の伴野、桜井、臼

図5の3　田切　『一遍聖絵』

田、横山、下小田切、中小田切、上小田切には、一部に同様の崖状の地形が認められはするが、地元ではこれを「田切」とはいわない。しかし「小田切」なる地名は、この地にかつて確かに「田切」があったことを示す証拠である。知名を軽視すべきではない。

仮にこの時期、小田切で「田切」が失われていたとしても、絵師が、佐久平一帯のこの特異な風景にひかれ、この地を特徴づけるものとして描き込んだことまでは否定できない。そしてこの事実は、はしなくも絵師が聖戒とともに現地を実際に踏査したことを鋭く開示するはずである。想像をめぐらしてまで、「田切」を描く必要性も必然性もないからである。

踊り念仏の図柄（図5の4、5）に話を移そう。一遍は縁で鉢を叩いて拍子を取っている。前庭では僧俗入り交じって踊っているが、全員裸足である。踊りの輪は完全ではないが、それは真ん中で器を叩いている時衆が輪から飛び出したためであろう。踊り始めたときは、輪は真ん丸な形であったに違いない。椀を叩き、棒切れを打ち、拍子を取っている時衆が輪の中にいる

図5の4　踊り念仏　『一遍聖絵』

ことが、それを証明している。

踊る者のすべてが裸足であること、椀や鉢、棒切れなどの日用品を使っていること、場所が邸内の庭であること、これらを総合的に勘案すると、踊り念仏が突発的に始まったことがわかる。

踊り念仏は、第六第一段片瀬の浜の地蔵堂、第七第一段近江関寺《せきでら》、第七第三段市屋《いちや》道場、第九第一段淀「うえの」(上野)、第十一第一段淡路《あわじ》二宮などに描かれている。いずれの場合にも、時衆のみが「おどり屋」(第八第三段)で踊る。この事実も、小田切の里のそれが突発的に始まったことを傍証する。

付言すれば、山形光明寺本『縁起絵』(光明寺では『遊行上人絵』と呼ばれる。第二第一段)では、この場面(ただし場所は伴野)、輪の中心に一遍、そのまわりを時衆が整然と踊るという構図(図5の6)になっている。これは、一遍や時衆に対する世間の批判を配慮した改変であろう。

ところで林温によれば、一九九五年から九六年にかけての『一遍聖絵』の修理・修復により、多くの知見

図5の5　日用品を持って踊る『一遍聖絵』

が得られたという。小田切の里の図柄でも、ある武士の館の藁《わら》の庇《ひさし》が下描き段階にはなく、後で描き加えられたという。庇を付けたために、ある武士とそのかたわらの女性の顔が潰されることになった。なぜ、このような加筆を行ったのか。新たな知見というよりも、これは新たに生じた謎である。

図5の6　踊り念仏　『一遍上人縁起絵』（『遊行上人絵』）光明寺蔵

鎌倉入り

弘安五年（一二八二）春、一遍は陸奥《むつ》、常陸《ひたち》、武蔵《むさし》を遊行《ゆぎょう》し、鎌倉入りを目指した（第五第五段）。図6の1は巨福呂坂《こぶくろざか》（神奈川県鎌倉市山ノ内）から入ろうとする一遍および時衆《じしゅう》らと、それを止めようとする執権《しっけん》北《ほう》条《じょう》時宗《ときむね》らが対峙している場面。従者の一人は刀の柄に手をかけ、すぐにも抜刀せんとする勢い。時宗の馬も頭を下げ、前足を蹴り、興奮気味である。

時宗は一遍に向かって扇を付き出し、何か声高に叫んでいる。その表情は険しい。一遍は左手に数珠、右手に念仏札を握りしめ、まったくひるむ様子はない。念仏札を渡すつもりである。

このとき、時衆を打擲《ちょうちゃく》（責め、打つ）する小舎人《こどねり》（下級役人）や、「徒衆をひきぐす」ことは名聞のためだと決めつけ、制止を無視して乱入することは心得がたし

図6の1　一遍と北条時宗　『一遍聖絵』

と迫る武士に対し、一遍は、だれもが「罪業にひかれて冥土におもむかん時は、この念仏にこそたすけられたてまつるべき」衆生《しゅじょう》の一人なのだと教えさとし、一歩も退こうとはしなかった。それは、あながち自身が武士の家に生まれ（第一第一段）、武士を恐れなかった（第四第四段）がためではない。おのれの念仏思想に対する揺るぎない自信があってのことである。

　これより前、一遍は、「鎌倉いりの作法にて化益《けやく》の有無をさだむべし、利益《りやく》たゆべきならば、是を最後と思べき」との決意を随行時衆に示していた。鎌倉の最高権力者を少しも恐れなかったのも当然である。図柄はこうした詞書《ことばがき》の内容に照応させるべく描かれている。

　注意したいのは、時宗と一遍の姿がいかにも対照的なことである。政務に忙殺される時宗は色白の顔、陽にあぶられた一遍は顔から両手両足まで漆黒。また、衣服も対照的である。時宗は白の狩衣《かりぎぬ》、一遍は黒頭巾に黒袈裟で、阿弥衣《あみえ》も黒ずんでいる。さらに時宗は騎馬、一遍は徒歩。馬は連銭葦毛《れんぜんあしげ》であり、執権時宗の権勢をそのまま表している。一遍は念仏札以外に何も持

図6の2　鎌倉入り『一遍聖絵』

たない「すてひじり」（第四第三段）であった。

その際の事実をありのままに描いたといえばそれまでであるが、両者の立場、境遇は対照的に描出されている。絵師は、執権時宗といえども少しもひるむことのない一遍を前面に押し出すことで、「融通《ゆうずう》念仏すゝむる聖《ひじり》」（第三第一段）のカリスマ性を浮き彫りにしたのであろう。

明記されていないために人物比定は難しいが、もう一人の騎馬武者は、村井章介がいうように、時宗の子の貞時《さだとき》であろう。その背後から馬に鞭《むち》をくれながら疾駆する武士は時宗の義兄で、実力者の安達泰盛《あだちやすもり》と思われる（**図6の2**）。一遍のもとに「今日は大守《たいしゅ》（北条時宗）山内《やまのうち》へいで給《たまふ》事あり、このみちよりはあしかるべき」との情報をもたらしたのは、おそらくこの人物であろう。

前に詞書と図柄が照応すると述べた。だが、必ずしもそうとはいえないという向きもあるかもしれない。たとえば詞書は、一遍らが制止を振り切り、木戸口を突破しようとした際、小舎人が時衆を打擲し、武士が

一遍を二杖打ったとする。しかし図柄はそれとは違うと。もっともな意見である。

見たとおり、図柄では小舎人が「乞食・非人」を鞭で追っている。これは詞書には記されていない。だが絵師は、一遍や時衆に対する打擲をこれで代替したのではないだろうか。むろん聖戒《しょうかい》の指示であろう。あまりに惨い場面である。詞で十分、絵にまでする必要はない。現実に「乞食・非人」が鞭で追われることがあったのであろう。

切り立った崖が描かれているが、これはいわゆる「切り通し」であろう。現在の巨福呂坂（**図6の3**）は通行不能で詳しいことはわからないが、手塚直樹によれば、建長寺の裏山にはかなりの堀切、平場、縦堀が残っているという。ここにも写実にこだわる絵師の目が光っている。

次の**図6の4**は、鎌倉の郊外で一遍らが「かまくら中の道俗（僧俗）」の供養を受けている場面である。一遍の表情に注目したい。一遍は鎌倉を退去直前、「念仏勧進《かんじん》をわがいのちとす。しかるをかくのごとくいま

図6の3　巨福呂坂入口

しめられれば、いづれのところへかゆくべき。こゝにて臨終すべし」と不退転の意志を示していた。だが、その言葉とは裏腹に、生きて退去せざるを得なかった。にもかかわらず、ここでは別人のように柔和な表情である。

それもそのはず、鎌倉の郊外とはいえ、「かまくら中の道俗」が雲集し、供養を施しにきた。これは事実上「かまくら中」を賦算《ふさん》したに等しい。賦算は成功裏に終わったのである。一遍の信仰が世俗の権力に勝った瞬間である。表情に安堵の思いが浮かぶのもうなずける。

図6の4　供養を受ける一遍　『一遍聖絵』

京洛化益《けやく》

弘安七年（一二八四）閏《うるう》四月十六日、一遍は近江関寺《おうみせきでら》を経て、四条京極釈迦堂（京都市中京区）に詣でた。すでにその情報が洛中内外に流布していたせいであろう、「貴賤上下群をなして、人はかへり見る事あたはず、車はめぐらすことをえざりき」というすさまじい熱狂ぶりであった（第七第二段）。

絵師はその場面を詞書《ことばがき》どおりに描いている（図7の1、2）。踊り屋のまわりには五台の牛車、そのわずかな隙間にも人、人で、立錐《りっすい》の余地もない。一遍は人波にもまれながら、時衆《じしゅう》の肩車に乗り念仏札をくばっている。

注目したいのは、肩車をする時衆の身体つきである。いかにも屈強である。痩せてはいても背の高い一遍を長時間支えるには、人一倍頑健でなければもたない。

図7の1　肩車に乗る一遍　『一遍聖絵』

釈迦堂での賦算《ふさん》は現実にこのようにしてなされたのであろうが、見逃せないのは、絵師がこのような些細なことにも目くばりしていることである。むろん絵師がその目でしかと見たといっているわけではない。こういう目くばりの中に絵師の写実への強いこだわりが潜んでいるといいたいのである。屋根の上で賦算を見つめている小童や婦人を描いたのも同じ視点からである。

ところで、写実という言葉を使ったが、この点に関して一つ気がかりなことがある。それは、一遍入洛の弘安七年閏四月十六、十七の両日が外出もかなわぬほどの豪雨であったことである。だが、詞と絵にはそうした形跡はない。

これは何を物語るのであろうか。『一遍聖絵』全体を点検すればわかるが、雨に降られたことを表現する詞書、図柄は唯一、下野《しもつけ》小野寺の場面のみである（第五第二段）。一遍のように年がら年中遊行していれば、幾度となく大雨に遭遇したはずである。現に、小野寺では驟雨《しゅうう》にたたられている。にもかかわらず、これ以外にその記事はない。下世話ないい方だが、一遍は「晴

図7の2　釈迦堂『一遍聖絵』

れ男」なのである。

しかし現実には、それはあり得ない。誤解を恐れずにいえば、それは、宗教者一遍のカリスマ性を高めるための聖戒《しょうかい》の作為であったと推断できる。『一遍聖絵』の本質が、一遍の宗教と行状を語る宗教絵巻であるという理由の一つはここにある。

釈迦堂には大勢の「貴賤上下」が詰め掛けた。寺の内と外には八葉車《はちようのくるま》や檳榔毛《びろうげ》の車《くるま》など八台、路上には黒田日出男が問題視した「有」の字の焼印のある白馬、さらには十人の従者をしたがえた三人の騎馬武者が描かれるなど、「貴」「上」なる人々が多く結縁《けちえん》にきたことが知れる。一方の「賤」「下」なる人々についてはどうか。それを「貴」「上」以外の庶人と見なせば、群衆の多くがそれに該当することになる。

だがそれでよいのであろうか。その範囲を、しばしば寺社の塀の外や門の下にたむろする「乞食・非人」にまで広げるとするならば、彼らの姿が見えないことが気になる。

四条大橋西詰の釈迦堂は、地蔵菩薩を本尊とする庶

図7の3　描かれた「乞食・非人」
『一遍上人縁起絵』(『遊行上人絵』)光明寺蔵

民信仰の霊場の一つであった。このような寺社に「乞食・非人」が群れ集まるのは当時の常態であった。この段のほかにもあちこちに見える（第一第一段、第三段、第二第三段、第三第二段、第四第四段、第六第一段、第四段、第七第一段、第三段、第八第三段、第五段、第十一第二段、第四段、第十二第三段）。しかしこの場面の図柄には見えない。山形光明寺本『縁起絵』（『遊行上人絵』）（図7の3）には西の橋詰の灯籠の下に一人、四条通りに三人の「乞食・非人」の姿が描かれている。なぜ『一遍聖絵』は、ここで「乞食・非人」などの「賤」者を描こうとしなかったのであろうか。他方に『縁起絵』があるだけに、不思議といえば不思議である。

　しかし、目を次の市屋《いちや》道場の図柄（図7の4、5）に移せば、そこには多数の「乞食・非人」の姿が描き込まれている（第七第三段）。絵師は「乞食・非人」などの「賤」の最たる者に無関心ではなかったのである。

　ではなぜ釈迦堂ではなく、市屋道場に描いたのか。それは伴野《ともの》の市庭《いちにわ》（第四第五段）と同じく市庭が「乞食・非人」がたむろする場所として強く認識されてい

図7の4　市屋道場　『一遍聖絵』

たからであろう。まして、ここは平安京の東市の後身である。「賤」なる者の集住を描く場所としては、これ以上格好の場所はない。「乞食・非人」を描くのに市屋道場を選択したのは、こういう理由からではあるまいか。

ちなみに、ここでも「乞食・非人」に賦算する図柄はない。しかしこれは、金井清光の主張するように、「一遍のくばる念仏札の霊力により、たとえ札をもらわなくてもその場近くにいたという結縁によって往生決定する」(『一遍の宗教とその変容』)からであろう。一遍の「すゝむる」「融通《ゆうずう》念仏」はまさに「浄不浄をきらはず」(第三第一段)等しく往生せしめる功徳を持つのである。市屋道場図はその事実を物語る一齣《こま》である。

図7の5 市屋道場市庭の「乞食・非人」『一遍聖絵』

兵庫への移動と観音堂での入滅《にゅうめつ》

正応二年（一二八九）七月十八日、病軀に鞭《むち》打ちながら淡路《あわじ》遊行《ゆぎょう》を終えた一遍は、明石の浦で敬慕する沙《しゃ》弥教信《みきょうしん》（第九第三段）ゆかりの印南野《いなみの》（兵庫県加古川市とその周辺）での臨終を望んだが、兵庫の島（神戸市兵庫区）からの迎えが来たことで「いづくも利益《りやく》のためなれば進退縁にまかすべし」と、舟に乗った（第十一第三段）。

絵を見ると（図8の1、2）、先の鳴門海峡横断（第十一第一段）と同じく、一遍は先頭を行く舟の舳先《へさき》に坐っている。陸路では常に一遍が時衆《じしゅう》を率いて先頭を歩いたから（第二第二段、第五第一段、第五第四段、第五第五段）、海路でもそれにしたがったわけである。一遍の顔面は蒼白。病状は極めて深刻であった。しかし横臥《おうが》もせず、毅然と坐っている。絵師は、こうした姿

図8の1　兵庫へ向かう一遍　『一遍聖絵』

に、「融通《ゆうずう》念仏すゝむる聖《ひじり》」（第三第一段）として最後まで「衆生《しゅじょう》を利益せん」とする「おもひ」に貫かれた一遍の強い意思（第一第四段）を刻印したのである。

一遍は淡路遊行中に、次のような歌を詠んだ。

旅衣　木のねかやのね　いづくにか
　身のすてられぬ　ところあるべき

これによって、死に場所を選ばぬ覚悟を随行する時衆に示したというが、絵師もまたその気概を、顔色、座席によって塗り込めたともいえよう。

図8の3は兵庫観音堂（現在の兵庫県神戸市兵庫区の真光寺にあたる）で入滅した一遍を描いたものである（第十二第三段）。子細に見ればわかることであるが、当初は、釈迦涅槃《ねはん》図のように「頭北面西《ずほくめんさい》」の形を取り、左に顔を向け、左手で腕枕、右手は身体の右側面に添うように伸ばされ、横向きに寝るという図柄であった。林温によれば、現行の図柄は制作途中で改変されたものであるという。

なにゆえの改変であろうか。まず詞書《ことばがき》を見よう。入滅の模様について聖戒《しょうかい》は、「于時《ときに》、春秋五十一、八月

図8の2　兵庫へ向かう一遍らの舟　『一遍聖絵』

廿三日の辰の始、晨朝《じんじょう》の礼讃《らいさん》の懺悔《さんげ》の帰三宝《きさんぽう》の程に、出入のいきかよひ給もみえず。禅定《ぜんじょう》にいるがごとくして往生し給《たまひ》ぬ」と記す。それだけで、どのような姿態であったかは記していない。ただ聖戒は、「最後の夜は正面にむかひたてまつりて、いさゝかも目をはなちたてまつらず」とも述べている。この記述に間違いがなければ、入滅時の一遍の姿をその目で確認したことになる。しかし、詞書には「頭北面西」であったかどうかは詳らかにされていない。

ちなみに二日前の二十一日条には、庭の踊り念仏が終わった後、一遍が門弟のみを床の「前後に坐せしめ、頭北面西にして念仏」したために、多数の道俗が、すは臨終かと勘違いをして大騒ぎをした、とある。当初、絵師が一遍の入滅を「頭北面西」の姿態で描いたのは、この記述によったのであろうか。

しかし聖戒は、前掲の入滅記事の後に、「よき武士と道者とは死するさまをあだにしらせぬ事ぞ。我、をはらむをば人しるまじきぞ」と語ったという一遍自身の臨終についての所懐を記し、現実にその言葉に「た

図8の3　一遍の入滅『一遍聖絵』

がふ事」がなかったとも述べている。

言葉どおりに入滅したのなら、「いさゝかも目をはなちたてまつらず」にいた聖戒ですら、その瞬間を知ることがなく、したがって、「頭北面西」であったかどうかもわからない、ということにもなる。

いずれにしても二十一日、二十三日条を見ると、このあたりの解釈、判断に微妙な食い違いがあった可能性があり、そのことが最終的に改変につながったのであろう。一つの解釈として示しておきたい。

もう一つの問題は、入滅の場にも「乞食・非人」や、それに類する「ボロボロ」や琵琶法師などの姿が描きとめられている（**図8の4**。画面右下のスヤリ霞でおおわれた箇所）ことである。

彼らは、なぜこの場に集まったのか。改めていうまでもない。「乞食・非人」「ボロボロ」などの「不浄」なる人々もまた「浄」なる人々と同様、一遍の「往生」に結縁することでおのれの「往生」を確かなものにすべく集まったのである。絵師はその様を描くことで、「信不信をえらばず、浄不浄をきらはず」衆生のすべてを

図8の4　一遍の入滅を悲しむ様々な人々『一遍聖絵』

済度《さいど》した一遍の宗教の特質を、一目でわかるように描いたのである。金井清光や網野善彦などは「乞食・非人」への賦算図がなくとも、彼らの姿を絵巻の中に描きとめることで彼らが救済されていると解したが、まことに的を射た解釈といえよう。しかし問題は別のところにある。**図8の5**は「乞食・非人」の中に一遍追慕のあまり後追い入水《じゅすい》をした者がいたことを描いている（第十二第三段）。この、入水するほどに一遍の説く念仏に心酔した「乞食・非人」が、だれ一人として随行時衆に加えられなかったのは、どうしてなのか。一遍が後追い入水を認めたこと自体が、その念仏思想に照らして矛盾だと説く桜井好朗の主張とともに、大きな問題だと考えられる。これも謎の一つである。

最後に、巻末の一遍の彫像を納めた御影堂《みえいどう》の図柄（**図8の6**。第十二第三段）が後補だとする林温の主張についても述べておこう。林は、松や御堂の瓦、一遍を含めた人物のデッサンや筆力に弱々しさがあり、それは「絵巻制作後に別の画家によって付加された」もので、「在家のともがら」による「墓所荘厳」をいう詞

図8の5　入水する人々　『一遍聖絵』

書に照応させたものだと説く（「美術史家の生と死」）。だが、果たしてそうであろうか。

簡潔に述べると、『一遍聖絵』が、その完成の日からごく最近まで六条道場歓喜光寺《かんきこうじ》に大切に保管され続けてきたこと、その歓喜光寺にあっては、聖戒が開山、開基として特別な存在として聖視されてきたこと、この事実をどう受け止めるか、これが重要な点である。

これらのことを勘案するならば、『一遍聖絵』に足りないものを認め、加筆を思い立ち、それを実行するということが果たして可能なのだろうか、という疑問が生ずる。描法やデッサンなど技術的な観察の必要性はあるが、巻頭とともにもっとも重要な巻末の部分に大幅な加筆を施し得る環境、状況にあったかどうか、このことを真っ先に吟味する必要があるだろう。加筆は、『一遍聖絵』を画龍点睛を欠く未完成作品と見なすもので、それは制作に心血を注いだ聖戒への侮辱になるのではないか。そんな危ういことをあえてする者がいたとは、とうてい考えられないのである。

（砂川　博）

図8の6　御影堂『一遍聖絵』

参考文献

網野善彦『日本の歴史をよみなおす』筑摩書房、一九九〇年
大橋俊雄『一遍聖絵』岩波文庫、二〇〇〇年
金井清光『一遍と時衆教団』角川書店、一九七五年
金井清光「一遍略伝」（金井清光・梅谷繁樹『一遍語録を読む』法藏館、一九八四年）
金井清光『時衆文芸と一遍法語』東京美術、一九八七年
金井清光『一遍の宗教とその変容』岩田書院、二〇〇〇年
金井清光『一遍聖絵新考』岩田書院、二〇〇五年
金井清光「『一遍聖絵』に見る聖戒の基本態度」（砂川博編『一遍聖絵と時衆』〈『時衆文化』二十〉、岩田書院、二〇〇九年）
熊野路編さん委員会『熊野中辺路――古道と王子社（修正版）』熊野中辺路刊行会、一九九二年
黒田日出男「一遍の顔――聖戒の顔」（『現代思想』一九―七、一九九一年）
黒田日出男編『中世を旅する人々』（朝日百科日本の歴史別冊歴史を読みなおす十）、朝日新聞社、一九九六年
小松茂美編『一遍上人絵伝』中央公論社、一九七八年
五来重「一遍上人と融通念仏」（『大谷学報』四一―一、一九六一年）
桜井好朗『中世日本の神話と歴史叙述』岩田書院、二〇〇六年
佐々木弘美「『一遍聖絵』と『遊行上人縁起絵』にみる大井の姉」（神奈川大学日本常民文化研究所非文字資料センター『年報非文字資料研究』七、二〇一一年）
島尾新「絵の中を旅する」（『「天橋立図」を旅する』〈朝日百科日本の国宝別冊国宝と歴史の旅十一〉、朝日新聞社、二〇〇一年）
砂川博『中世遊行聖の図像学』岩田書院、一九九九年

砂川博『一遍聖絵研究』岩田書院、二〇〇三年
砂川博『徹底検証 一遍聖絵』岩田書院、二〇一二年
橘俊道「宗祖の京洛化益に就て」(『一遍上人の研究』京都時宗青年同盟、一九三八年)
手塚直樹「要害の地〈鎌倉城〉」(石井進編『鎌倉と北条氏』新人物往来社、一九九九年)
戸田芳美『歴史と古道』人文書院、一九九二年
中島博「臨終は涅槃のように」(奈良国立博物館編『一遍聖絵——絵巻をあじわう』二〇〇二年)
林温「美術史家の生と死」(『美術フォーラム21』二〇〇三年)
林温「国宝一遍上人絵伝(一遍聖絵)と修理」(佐藤康宏編『講座日本美術史——物から言葉へ』東京大学出版会、二〇〇五年)
水野僚子「『一遍聖絵』の制作背景に関する一考察」(『美術史』一五三、二〇〇二年)
宮次男「図版解説」(望月信成編『一遍聖絵』角川書店、一九七五年)
村井章介『北条時宗と蒙古襲来』日本放送出版協会、二〇〇一年
山内譲「『一遍聖絵』と伊予国岩屋寺」(上横手雅敬編『中世の寺社と信仰』吉川弘文館、二〇〇一年)
米倉迪夫「鎌倉時代風景画への覚え書き」(『文学』一〇—五、二〇〇九年)

第3部

一遍ゆかりの地を歩く

四国

宝厳寺《ほうごんじ》

愛媛県松山市郊外の道後《どうご》温泉近くに、時宗の宝厳寺がある。この宝厳寺のあるあたりが、一遍生誕の地とされている。

宝厳寺は、豊国山遍照院《ほうこくさんへんじょういん》と号し、阿弥陀如来を本尊とする。寺の縁起によると、天智四年（六六五）、越智守興《おちもりおき》の創建で、開山は法興律師《ほうこうりっし》であるという。かつては法相宗《ほっそうしゅう》の寺院であったが、天長七年（八三〇）に天台宗に転宗した。ここに一遍の父河野通広《こうのみちひろ》が出家し、如仏《にょぶつ》として隠棲していたといわれている。

正応五年（一二九二）、一遍の没後三年のとき、一遍の弟仙阿《せんあ》によって時宗寺院として再興され、時宗奥谷派《おくたには》の拠点となった。しかし、仙阿の法嗣《ほっし》で尼僧の珍一房は、遊行《ゆぎょう》七代託何《たくが》に帰依《きえ》し、康永三年（一三四四）、託何の伊予《いよ》遊行の際、奥谷派を解消して遊行派に帰した。

元弘四年（一三三四）、河野氏の分流である得能通綱《とくのうみちつな》（生年不詳～一三三

宝厳寺山門

七）が、荒廃した宝厳寺および十二の支院を再建し、「一遍上人御誕生旧跡」碑を建立した。この石碑は、現在は山門にある。

　得能通綱は、南朝の忠臣といわれた人物で、その最盛期には、河野通広のかつての所領吉井郷などを有し、その一部を宝厳寺に寄進した、それを資として寺の再建が実現したものとみられる。本堂に納められた大位牌には、河野通信《みちのぶ》夫妻、通広夫妻、河野（得能）通俊《みちとし》夫妻ほかの戒名が書かれており、河野一族が手厚く祀られていた。残念ながら平成二十五年（二〇一三）に火災で本堂ほかを焼失した。

菅生《すごう》の岩屋《いわや》・岩屋寺《いわやじ》

　愛媛県上浮穴郡《かみうけな》久万高原町《くまこうげん》の山深い地に、一遍が修行した菅生の岩屋がある。「海岸山奥之院岩屋寺《かいがんざんおくのいんいわやじ》」と号し、現在は新義真言宗豊山派に属する。

　四国霊場四十五番札所にあたり、弘法大師空海《こうぼうだいしくうかい》が弘仁六年（八一五）に開創したといい、本尊の不動は大師の自刻と伝えられる。山号を海岸山というのは、「山たかき谷の朝霧海に似て　松ふくかぜを波にたとへむ」という大師の歌に由来するという。また、院号を「奥之院」というのは、明治七年（一八七四）に独立するまで、四国四十四番札所菅生山大宝寺《すごうさんだいほうじ》

宝厳寺（**地図1**）
愛媛県松山市道後湯月町5-4。伊予鉄道城南線道後温泉駅から徒歩20分。

以下、各ゆかりの地の地図は、229～232頁を参照。

の奥の院であったことによる。『一遍聖絵《いっぺんひじりえ》』第二の「菅生の岩屋」の記述のうち、前半の「観音影現の霊地」は菅生山大宝寺の縁起譚、後半の「仙人練行の古跡」は岩屋寺の縁起譚である。

文永十年（一二七三）、一遍三十五歳のとき、「十一不二頌《じゅういちふにじゅ》」に示される「己心領解《こしんりょうげ》（独自のさとり）の法門」に達した一遍は、窪寺《くぼでら》の閑室を後に、さらに石槌山《いしづちさん》系の奥深く分け入り、尊崇する「弘法大師練行の古跡」岩屋寺に参籠《さんろう》した。「遁世《とんせい》の素意」を祈り、大師の導きにより法界に入るためであった。ここに入ったのは七月、随従する聖戒《しょうかい》の助けを得て、翌年早々までここで修行し、本尊不動のもとで正覚《しょうがく》を得ることができた。

『一遍聖絵』第二は、洞窟の仙人堂と本堂を写実的に描き、白山権現などを祀る三峰を美しく描いている。ここは土佐国の女仙人の行場で、四十九院の岩屋など、巨大な礫岩峰が威容を呈し、いかにも修験の道場らしい。一遍はこうした修行の場に身を投じた。そしてこの道は、後に訪れる高野山《こうやさん》や熊野《くまの》修験《しゅげん》の道にも連なっていたのである。

菅生の岩屋
『一遍聖絵』清浄光寺（遊行寺）蔵（以下同）

岩屋寺（地図2）
愛媛県上浮穴郡久万高原町七鳥１４６８。ＪＲ松山駅からＪＲバス久万・落出行きで70分、「久万中学校前」下車し、伊予鉄南予バス面河行きまたは渋草行きに乗り換えて25分、「岩屋寺」下車し、徒歩20分。

大三島《おおみしま》・大山祇神社《おおやまづみじんじゃ》

西瀬戸自動車道しまなみ海道は、本州の広島県尾道市から、大小の島々を通って、四国の愛媛県今治市に至る。伊予《いよ》一宮とされた大山祇神社は、その道筋の大三島という島に鎮座している。

大山祇神社は、全国の大山祇神社の本社とされるとともに、三島大《みしまだい》明神《みょうじん》とも称されたことから、静岡県の三嶋大社と同様に、全国の三島神社の本社とされる。

大山祇神社の祭神は大山積神《おおやまづみのかみ》である。大山積神は海上を支配する神であり、『古事記』『日本書紀』によれば、伊弉諾尊《いざなぎのみこと》、伊弉冉尊《いざなみのみこと》の子で、山神を統括したといわれる。また『伊予風土記逸文《いよふどきいつぶん》』によれば、一名を和多志大神《わたしのおおかみ》ともいい、仁徳《にんとく》天皇の頃、百済《くだら》から渡来し、摂津《せっつ》の御島（三島）に鎮座していたが、後に伊予に移り、三島大明神と称し、海上の守護・武勇の神となったという。

古くは国造《くにのみやつこ》や郡司《ぐんじ》となって勢力を築いた越智《おち》氏が、一族の守護神として大山祇神社を信奉した。越智氏の勢力が衰えると、それに代わって風早《かぜはや》郡を本拠とする河野氏が台頭し、この神を氏神として崇敬した。

『一遍聖絵』第十には、一遍が参詣する様子が描写されている。現在の神社境内には、一遍が奉納したと伝える巨大な宝篋印塔《ほうきょういんとう》三基がある。

（髙野　修）

大三島
『一遍聖絵』

大山祇神社（地図3）
愛媛県今治市大三島町宮浦3327。JR予讃線今治駅からせとうちバスまたは瀬戸内海交通バス大三島行きで60分、「大山祇神社前」下車し、徒歩3分。またはしまなみ海道大三島ICから車で10分。

近畿

四天王寺《してんのうじ》

故郷伊予《いよ》を発った一遍が最初に足を止めたのは四天王寺であった。聖徳太子《しょうとくたいし》が創建したと伝えられるこの寺は、「大日本仏法最初の地」とされ、多くの参詣者が集まる場所であった。

一遍は、三度この寺を訪れている。現在、周辺は都市化しており、往時の風情は確認できないが、民衆の強い信仰心に守られ、種々の宗教行事が行われている。現在の四天王寺は、既存の仏教宗派にこだわらない立場から、聖徳太子にちなんで和宗《わしゅう》総本山として独自の活動を行っている。

一遍が訪れた当時、四天王寺の西は海に向かって開けており、四天王寺の西門は極楽の東門であると信じられていた。すなわち、四天王寺に参詣し、西門から出ることは、極楽へ東門から入ることになる。西門の外はすぐ難波の海であり、太陽が沈んでいく夕映えの海が極楽浄土をし

四天王寺
『大阪府写真帖』国立国会図書館ホームページ

のばせたものと思われる。

四天王寺は中世において、阿弥陀信仰の一大中心地であった。一遍は四天王寺に参籠《さんろう》し、夢の中で阿弥陀仏から戒を授かったという。念仏弘通《ぐ》《ずう》の許可を得たということであろう。時宗の最大の特徴である、賦算《ふさん》（念仏札をくばること）は、ここで初めて行われた。受ける者たちにとって、札は極楽への入場券のように認識されていたのかもしれない。

後に遊行《ゆぎょう》の成果を上げた一遍は、弘安九年（一二八六）、四天王寺に二度参籠している。『一遍聖絵《いっぺんひじりえ》』では、仏舎利《ぶっしゃり》信仰にまつわる話や信仰心に関する話を取り上げ、不思議な能力を発揮する、カリスマ的な存在であることが強調されている（『一遍聖絵』第八、第九）。四天王寺は、そのようなことが主張しやすい環境の寺であったのであろう。

四天王寺（地図4）
大阪府大阪市天王寺区四天王寺1－11－18。JR関西本線・大阪環状線天王寺駅から徒歩12分。または大阪市営地下鉄谷町線四天王寺前夕陽ヶ丘駅から徒歩5分。

高野山《こうやさん》

高野山は弘法大師空海《こうぼうだいしくうかい》によって創建された、真言宗金剛峯寺《こんごうぶじ》の別称であり、特定の山の名称ではない。紀伊山中奥深くに連なる山々と、そこに広がる平坦地の総称である。現在は古義真言宗の総本山となっているが、諸仏浄土の聖地として、日本総菩提所、高野浄土ともいわれ、宗旨にとらわれず全国から参詣者が訪れる。

かつて高野聖《こうやひじり》は、高野山を極楽浄土とし、全国で念仏勧進《かんじん》を行い、高野山への納骨を勧めた。現在でもその伝統は生きており、納骨に訪れる人が後を絶たない。奥の院一帯には企業墓や戦友会等の慰霊塔が林立しており、死者の魂が回帰する場所としても機能しているようである。

一遍は文永十一年（一二七四）、四天王寺から熊野《くまの》へ向かう途中、高野山へ立ち寄っているが、千手院谷《せんじゅいんだに》の国城院（現存していない）に一遍が止住したという伝説もあり、一遍の門下である時衆が、一定の時期、高野山で勢力を持っていたことが知られている。

『一遍聖絵』は、大塔《だいとう》や奥の院などの建物を詳細に描いており、見る者を引き込む魅力を有している。現在では、大塔から奥の院に続く道の両側には寺院が建ち並び、その間には商店が軒を連ねている。平成十六年（二〇〇四）には世界遺産にも登録され、年間二百万人の参詣者が訪れている。

かつて高野山は女人禁制であったが、明治になると女性の参拝も認められるようになった。

大阪から電車が運行され、道路も整備されているが、以前は麓の九度《くど》山慈尊院《やまじそんいん》から「町石道《ちょういしみち》」を約八時間かけて登ったものである。

高野山大塔
小林崇仁氏提供

高野山（地図5）
和歌山県伊都郡高野町高野山。南海電鉄高野線極楽橋駅下車し、南海高野山ケーブルで高野山駅。山内へは南海りんかんバスまたはタクシー。

熊野《くまの》三山

和歌山県の熊野地方には、熊野本宮大社《ほんぐうたいしゃ》（本宮）、熊野速玉大社《はやたまたいしゃ》（新宮）、熊野那智大社《なちたいしゃ》がある。

熊野は、平安時代初期から観音の補陀洛浄土《ふだらくじょうど》として認識されていたが、平安時代末期になると、本地垂迹《ほんじすいじゃく》思想の影響で、熊野本宮の本地を阿弥陀仏とし、熊野へ詣でると極楽往生ができるという信仰が流行した。また、吉野から熊野にかけての険しい山道は、山岳修行者の行場でもあり、熊野は苦しみの果てにたどり着いた者が見出す、聖地として注目されていた。

中世には「蟻《あり》の熊野詣」という言葉が生まれるほど、多くの人が連なって参詣した。苦しみに耐えて熊野に至れば、病も癒え、願いがかなうという利益を期待しての旅であったのかもしれない。

熊野へ至る道筋は、伊勢から回る伊勢路、紀伊半島を海岸沿いに回る大辺路《おおへじ》、田辺から山中に入り、近露《ちかつゆ》から本宮に至る中辺路《なかへじ》の三本があったが、ほかに高野山から山中を抜ける道もあった。一遍は文永十一年（一二七四）夏に熊野に参詣した際、中辺路を通ったものと思われる。

土地の古老によると、大正時代までは歩いて参詣する人もいたが、そ

熊野本宮大社

熊野本宮大社（地図6　本宮）
和歌山県田辺市本宮町本宮１１００。ＪＲ紀勢本線新宮駅から熊野交通バス熊野本宮方面行きで90分、「熊野本宮大社前」下車。

熊野速玉大社（地図6　新宮）
和歌山県新宮市新宮1。ＪＲ紀勢本線新宮駅から徒歩15分。

れ以後はほとんど見かけなかったという。近年、熊野古道ブームに乗って古道を歩く人が増え、道も整備されてきた。険しい山々によって都会から隔てられた熊野は、今後も異界として認識され続けるのかもしれない。

なお、本宮大社は、もとは熊野川の中洲にあったが、明治二十二年（一八八九）の大水害で流出し、現在地に移築されたものである。

関寺《せきでら》・長安寺《ちょうあんじ》

一遍と時衆の一行は、弘安七年（一二八四）、関寺に入ろうとする。この頃、関寺は園城寺《おんじょうじ》（滋賀県大津市園城寺町）の支配下にあった。当初は園城寺から制止され、関所（逢坂《おうさか》の関）近くの草堂に立ち寄ったが、後に許され、関寺において七日間の行が始められた。そして、その後の僧侶たちとの法談により、十四日行が延長された。

『一遍聖絵』第七には、池の中洲に建てられた踊り屋の中で、一遍ら時衆が踊り念仏を行っている場面が描かれている。注意したいのは、ここに関寺再建中の様子も描かれていることである。初めは一遍の逗留を制止しながらも、それを許可し、行を延長した背景には、踊り念仏が関寺の再興勧進《かんじん》に必要不可欠だったからではないだろうか。

熊野那智大社（地図6　那智）
和歌山県東牟婁郡那智勝浦町那智山1。JR紀勢本線紀伊勝浦駅から熊野交通バス那智駅経由那智山行きで30分、「那智山」下車し、徒歩15分。

関寺絵図（室町時代）
長安寺蔵

そもそも関寺は、奈良時代に日本三大仏と称された弥勒仏をはじめ、壮大な伽藍《がらん》を持つ大寺院であった。しかし地震などの災害により荒廃した。平安時代中期、迦葉《かしょう》如来（過去七仏の第五の仏）の化身として信仰された牛がその復興の一端を担ったという霊験譚を持ち、逢坂の関もこの寺院の境内にあったという。近世初期には、豊臣秀頼によってこの関寺一帯は、時宗吉水《よしみず》道場法国《ほうこく》寺（後に法国寺は、京都六条の歓喜光《かんきこう》寺に合併された。また、現在の歓喜光寺は京都市山科区に移転している）の寺領となった。

現在の時宗長安寺が、かつて関寺の三昧聖《さんまいひじり》が本拠地としていた付近と考えられる。長安寺境内には鎌倉時代の宝塔である牛塔《ぎゅうとう》があるほか、一遍上人供養塔と超一房供養塔が建立されており、一遍の面影をしのぶことができる。

長安寺（地図7）
滋賀県大津市逢坂2－3－18。ＪＲ東海道本線大津駅から徒歩10分。

當麻寺《たいまでら》

弘安九年（一二八六）、一遍は、河内《かわち》から二上山《ふたがみやま》を越えて大和《やまと》国に入り、當麻寺に詣でている。この道は竹内街道で、河内飛鳥《あすか》（大阪府羽曳野市の東部、南河内郡太子町付近）と大和飛鳥（奈良県高市郡明日香村）とを結ぶ古代からの道であった。當麻寺は二上山の東麓にあり、境内の太子廟から東を眺めると、二上山が目の前に見える。

現在の當麻寺は、二上山《にじょうさん》と号し、宗派は、高野山真言宗と浄土宗の並立となっている。聖徳太子の弟である麻呂古《まろこ》王の開基とされ、創建の頃は弥勒を本尊としていたが、平安時代後期に曼荼羅《まんだら》を本尊とするようになった。

當麻寺は、天平宝字七年（七六三）に観音の化身が蓮糸で曼荼羅を織って安置した寺として、古くから勝地とされてきた。現在、本堂である曼荼羅堂に安置されている曼荼羅は、当初の曼荼羅を文亀年間（一五〇一〜〇四）に転写・製作したもので、文亀《ぶんき》曼荼羅と呼ばれている、約四メートル四方の大きなものである。曼荼羅堂は、浄土のある西に向かって建てられており、堂内に安置された阿弥陀如来のほか、壁に描かれた観経阿弥陀変相図《かんぎょうあみだへんそうず》なども圧巻である。

一遍は、参詣の際、この寺の重宝である『称讃《しょうさん》浄土経』一巻を賜ったという。

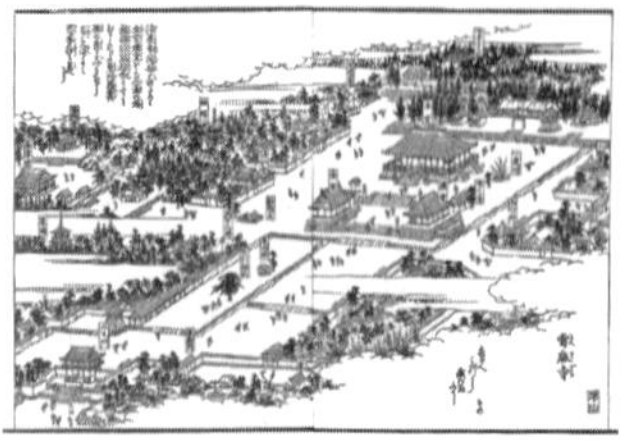

當麻寺
『西国三十三所名所図会』

當麻寺（地図8）
奈良県葛城市當麻１２６３。近鉄南大阪線当麻寺駅から徒歩15分。

穴太寺《あなおじ》

弘安七年（一二八四）秋、一遍の一行は、桂（京都市西京区）から山陰《さんいん》道《どう》へ向かった。

日が暮れてしまったため、一行が篠村《しのむら》（京都府亀岡市篠町）において野宿をしていると、身分の低い男が七、八人やってきて、「穴生」からお迎えに参りましたと言って、帰っていった。そこで翌朝、一行が「穴生」へ行ってみたが、迎えの人はなかった。「穴生」の観音が一遍をお迎えしたのだと、人々が話し合ったという。

「穴生」は、現在の亀岡市曽我部町穴太《あのう》で、ここには穴太寺（「穴生寺」「穴穂寺」とも表記された）がある。穴太寺は天台宗で、菩提山《ぼだいさん》と号し、薬師如来を本尊とする。西国三十三所二十一番として、聖観音が祀られている。秘仏で、弘仁年間（八一〇～八二四）、仏師感世《かんぜ》作と伝えられる。

穴太寺は、奈良時代末期の慶雲二年（七〇五）、大伴《おおともの》古麻呂《こまろ》の創建といわれるが、その後、何度も戦火によって焼失し、現在の堂宇は江戸時代末期のものである。

穴太寺

穴太寺（地図9）
京都府亀岡市曽我部町穴太東辻46。JR山陰本線亀岡駅から京阪京都交通バス穴太寺循環で20分、「穴太寺前」下車し、徒歩1分。

石清水八幡宮《いわしみずはちまんぐう》

弘安九年（一二八六）冬、一遍と時衆の一行は山城《やましろ》国男山《おとこやま》の石清水八幡宮に参詣した。

石清水八幡宮は、京都南西の男山の山上に位置し、かつては男山八幡宮とも呼ばれていた。貞観元年（八五九）に空海の弟子行教《ぎょうきょう》が宇佐《うさ》八幡（大分県宇佐市）で受けた神託により、貞観二年に清和《せいわ》天皇が創建したといわれる。天皇家からは遠国である宇佐八幡に代わって信仰されるとともに、京都の守護神として広く崇拝された。源氏が信仰したことにより武神としても知られ、全国に分社が建立された。

『一遍聖絵』第九に描かれている石清水八幡宮は、正面楼門から左右に伸びる回廊がほぼ四角形をなして本殿を取り囲んでいる。本殿の前に拝殿があり、拝殿の前に机を置いて正座合掌している一遍の姿が見える。

現在の社殿は、寛永十一年（一六三四）に将軍徳川家光によって再興されたものであるが、『一遍聖絵』に描かれている鎌倉時代の建物とほとんど変わりがないように見える。ただ、『一遍聖絵』に描かれている宝塔などは、現在はない。

教信寺《きょうしんじ》

弘安九年（一二八六）、四天王寺を出発した一遍と時衆の一行は、播磨《はりま》へ向かい、兵庫を通って印南野《いなみの》の教信寺に参詣した。そして一遍は、尊敬する教信（七八六〜八六六）の古跡を追慕しながら、ここに一泊している。

教信寺は、兵庫県加古川市にあり、念仏山《ねんぶつさん》と号し、阿弥陀如来を本尊とする。教信寺を開いた教信は、奈良の興福寺《こうふくじ》の学僧で、諸国を遊行し

石清水八幡宮

石清水八幡宮（地図10）
京都府八幡市八幡高坊30。京阪本線八幡市駅から男山ケーブルで男山山上駅下車し、徒歩5分。

た後、この地に草庵を結んで隠遁《いんとん》した。田畑を耕し、荷物運びなどをして生計を立てるかたわら、近隣の人や道行く人々に教えを説き、念仏を勧めた。遺言によって教信の遺骸は野に置かれ、鳥獣に食い荒らされたが、顔は無傷であったといい、それにちなんだ教信の頭像が、開山堂の本尊とされている。中世から江戸時代末まで浄土宗西山禅林寺派《せいざんぜんりんじは》であったが、明治以降は天台宗に改宗している。

『一遍聖絵』を見ると、板囲いの塀の中に檜皮葺《ひわだぶ》きの本堂があり、蔀《しとみ》格子《ごうし》を上げ、一遍が説法をしている。外の道をへだてたところに踊り屋が建てられているのが見える。このことから、ここでも踊り念仏を修したことがうかがわれる。

病重くして明石の浦に着いた一遍は、教信寺で臨終したかったと語っている。また、教信が自分の遺骸を犬に食べさせたことにならって、一遍もその遺骸を野に捨てて獣に施すようにと遺誡《ゆいかい》している。

書写山圓教寺《しょしゃざんえんぎょうじ》

一遍と時衆の一行は、弘安十年（一二八七）の春、書写山圓教寺に参詣した。

圓教寺は、兵庫県姫路市の書写山上にある。天台宗の別格本山とされ、

教信の墓所

教信寺（地図11）
兵庫県加古川市野口町野口465。JR山陽本線加古川駅から神姫バス甲南加古川病院行きか土山駅南口行きで15分、「野口」下車し、徒歩5分。

西国三十三所二十七番となっている。康保三年（九六六）、性空《しょうくう》（九一〇〜一〇〇七）の創建と伝えられ、「西の比叡山」と呼ばれている古刹である。本尊は、摩尼殿《まにでん》の如意輪観音である。

性空は、康保三年（九六六）に五十七歳で書写山に入り、天禄元年（九一〇）、桜の生木に如意輪観音を刻ませて如意輪堂（後の摩尼殿）の本尊としたという。

一遍はその本尊を拝みたいと希望したが、寺僧に断られた。「久住練行（長く仏道を修行してその域に達した）の寺僧や、後白河法皇が七日間参《さん》籠《ろう》されたときのほかには例がない」というのである。そこで一遍は、「書写山は、一切の迷いを離れた山である。蓮華の形をした法華経の聖地である。性空上人はさとりを開かれた聖である。六字の名号南無阿弥陀仏は生死の迷いを離れた貴い宝号である」という意味の四句の偈《げ》を作って祈った。これによって、寺僧から本尊の拝観が許され、一遍は明かりを灯して内陣に入り、本尊を拝み、涙を流したのである。一遍は、諸国遊行の思い出は、ただこの書写山のみであるとまで述べている。

観音堂・真光寺《しんこうじ》

一遍は、正応二年（一二八九）七月十八日に明石の浦に渡った。明石

書写山圓教寺

書写山圓教寺（地図12）
兵庫県姫路市書写2968。JR山陽本線姫路駅から神姫バス書写ロープウェイ行きで30分、終点下車し、山麓駅からロープウェイで4分。

の浦には、兵庫の島から三艘の舟が迎えにきていた。

兵庫の島は、平清盛《たいらのきよもり》が築いた港で有名なところである。一遍と時衆の一行が入った観音堂は光明福寺《こうみょうふくじ》の境内にあり、現在の時宗真光寺のある場所と考えられる。

一遍は正応二年八月二十三日、禅定《ぜんじょう》に入るように静かに往生した。五十一歳の生涯であった。一遍は、「私の死後は、門弟たちは葬礼の儀式を行ってはならない。死骸は野に捨てて獣に施しなさい。ただし在家の人たちが仏縁を結ぼう（葬式を行う）という志をさまたげてはならない」と言い残した。

一遍は、土地の人々によって、観音堂のそばの松の木の下で荼毘《だび》（火葬）に付され、墓所が造られた。『一遍聖絵』第十二の最後の絵には、御影堂《みえいどう》と五輪塔の墓と松が描かれている。

『一遍聖絵』は一遍が入滅《にゅうめつ》して十年目の正安元年（一二九九）に完成しているので、そのときまでに、この絵のような御影堂と墓所ができていたのであろう。御影堂の前でお参りをしている二人は、『一遍聖絵』の編者聖戒《しょうかい》と絵師円伊《えんい》であろうか。

現在、真光寺の一画に一遍の「御廟所《ごびょうしょ》」がある。本堂左手にある「御廟所」の門をくぐると、正面に荼毘所跡碑があり、右奥に、墓所がある。花崗岩《かこうがん》で造られた五輪塔は高さ百九十五センチメートルで、その様式は

一遍の墓所

鎌倉時代後期から南北朝時代のものと推定されている。この五輪塔は、平成七年（一九九五）一月十七日の阪神・淡路大震災によって倒壊し、水輪の部分から上がくずれ落ち、その際、水輪上部の丸い穴の中に納められていた壺が割れ、骨と灰が散乱した。これはまさしく一遍の舎利（骨）であると考えられる。一九九八年六月六日、この舎利は新しい備前焼の壺に移され、五輪塔の水輪に納められた。

なお、御影堂と堂内にあった一遍の木像は、昭和二十年（一九四五）三月の神戸大空襲で焼失してしまった。

（長島尚道・岡本貞雄・長澤昌幸）

真光寺（地図13）
兵庫県神戸市兵庫区松原通1－1－62。JR山陽本線兵庫駅から徒歩15分。

九州

太宰府《だざいふ》

建長三年（一二五一）春頃、一遍は、善入《ぜんにゅう》に伴われ、生まれ故郷の伊予《いよ》を離れ、太宰府を目指した。おそらく舟を利用しての旅であったろう。ちなみに大分県別府市の上人ヶ浜《しょうにんがはま》は、九州で一遍が初めて上陸した場所と伝えられている。

一遍が太宰府に向かったのは、浄土宗西山派《せいざんは》の祖証空《しょうくう》の門下である聖達《しょうだつ》に入門するためである。聖達は、一遍の父河野通広《こうのみちひろ》（法名如仏《にょぶつ》）と旧知の仲であったと考えられる。一遍はすぐに肥前国清水（筑紫《つくし》とする説もある）の華台《けだい》のもとに行き、一年間学んだ。このとき一遍は、華台によって名を随縁《ずいえん》から智真《ちしん》に改められた。建長四年（一二五二）春頃、一遍は聖達のもとに戻って修学するが、これは十二年に及んだ。浄土教の基礎的な教理は華台が詳しく、西山派の教義については聖達が優れていたため、一遍は両者に学ぶことになったのであろう。

太宰府
『一遍聖絵』

聖達と一遍が過ごした太宰府原山《はらやま》は、中世には原山無量寺《むりょうじ》という大寺院が存在していた。天台宗円珍《えんちん》の門下八名がこの地に寺を創建したことに始まるといい、そのため原八坊とも呼ばれていた。聖達はこのうちの一坊に居住していたのではないだろうか。

遊行《ゆぎょう》を続けていた一遍は、建治二年（一二七六）、聖達を訪ね、念仏の真意について風呂場で法談したことが、『一遍聖絵《いっぺんひじりえ》』に記されている。一遍が修学した当時の太宰府は、大陸の玄関口にあたり、新たな文化や情報がもたらされていた。

原山無量寺はすでになく、往時をしのぶことはできないが、発掘調査によって発見された遺構から、大寺院であったことが知られている。

原山無量寺跡（地図14）
福岡県太宰府市連歌屋・三条付近。西鉄太宰府線太宰府駅から徒歩15分。

大隅正八幡宮《おおすみしょうはちまんぐう》・鹿児島神宮《かごしまじんぐう》

『一遍聖絵』によれば、建治二年（一二七六）、九州を遊行していた一遍は、人々の供養をほとんど受けることができず、衣食にも不自由であったようである。

一遍が大隅正八幡宮に参詣したとき、神が歌を示した。

ととはに南無阿弥陀仏ととなふれば
なもあみだぶにむまれこそすれ

「いつまでも変わらずに南無阿弥陀仏を称《とな》えれば、南無阿弥陀仏になり極楽世界に往生する」というものである。

ちなみに、この歌の「とことはに」が「十言葉」「十念《じゅうねん》」と理解され、時宗の教えの根幹である「一気十念」の根拠にもなっている。

この大隅正八幡宮は、熊野《くまの》の証誠殿《しょうじょうでん》とともに、現在も宗門鎮守（時宗の守護神）として篤い信仰を集めている。その由縁は、一遍自身の思想的な支えとなったことによるものである。

大隅正八幡宮に関する史料の初出は、醍醐《だいご》天皇の時代の史料の「大隅国桑原郡鹿児嶋神社」という記述とされている。平安時代、九州各地に宇佐《うさ》八幡の別宮が創建されたのに伴い、当社を正八幡宮・大隅八幡宮・国分《こくぶ》八幡宮などと呼ぶようになった。明治時代以降は、鹿児島神宮を正式な名称としている。

（長澤昌幸）

鹿児島神宮

鹿児島神宮（地図15）
鹿児島県霧島市隼人町内２４９６。ＪＲ日豊本線隼人駅から徒歩15分。

中国

厳島神社《いつくしまじんじゃ》

安芸《あき》一宮である厳島神社は、日本三景にも数えられる安芸の宮島《みやじま》に鎮座する。宮島は古来より風光明媚な地として知られていたが、平成八年（一九九六）に世界遺産に登録され、年間三百万人を超える観光客が訪れる。

『一遍聖絵《いっぺんひじりえ》』によると、一遍はこの地を二度訪れている。海に浮かぶ社殿は、平清盛《たいらのきよもり》によって造営されたものである。弘安十年（一二八七）、一遍が二度目に訪れたときに舞われたという舞楽も、そのとき以来のものと思われる。

社殿は何度か損壊しており、現在の社殿は十六世紀に建てられたものである。『一遍聖絵』の絵と比較してみると、現在は鳥居と舞台の間の回廊はなく、鳥居の形も異なっているが、全体としては、おおむね『一遍聖絵』の当時のまま、現在に伝わっているといってよい。

厳島神社の大鳥居

宮島は、島全体が神域とされ、島内では葬儀を遠慮するなどの風習が保たれている。島の中央に位置する弥山《みせん》は、神の宿る山として崇められており、宮島の別名「厳島」も、「神をいつきまつる島」の意味である。一遍は、厳島神社を訪ねたというよりも、厳島神社に象徴される信仰の島を訪ねたというべきであろう。明治時代の神仏分離を経た現在は、島内の神社と寺院は別のものとして運営されているが、かつては神仏の区別はされていなかった。弥山は山岳修行の山として崇められ、厳島神社の本地《ほんじ》は阿弥陀仏とされており、一遍にとっては非常に近しい場所であったと思われる。故郷の伊予《いよ》とも近く、懐かしい島でもあったことであろう。

現在、厳島神社では年間を通じて多くの祭事が催されており、平家納経《へいけのうきょう》などの国宝も多く所蔵されている。

厳島神社（地図16）
広島県廿日市市宮島町。JR山陽本線宮島口駅から徒歩5分で宮島口桟橋、フェリー10分で宮島桟橋に下船。厳島神社までは徒歩5分。弥山頂上まではロープウェイが運行。

福岡の市

弘安元年（一二七八）冬、山陽道《さんようどう》を東に向かった一遍は、備前《びぜん》国藤井（岡山市東区西大寺）で念仏を勧め、「吉備津宮《きびつのみや》」の神主の息子の妻を出家させた。また一遍は、それを知り、怒って福岡の市まで一遍を追ってきた夫まで、たちまち改心させ、出家させたという（『一遍聖絵』第四）。

福岡の市は古来より山陽道の宿場町として栄えたところであり、吉井川の水運にも支えられ、鎌倉時代には西国一の賑わいであった。一遍はこの地で二百八十余人を出家させたという。福岡は、それだけ多くの人が集う地域であった。現在のどかな住宅街となっているが、往時の賑わいを再現すべく、地元生産者が毎月第四日曜日に通りに物産品を並べて市を開催し、辻説法も行われている。四月と十一月には大市が盛大に開かれている。

「吉備津宮」については、吉備津神社ではなく、藤井に鎮座する備後二宮の安仁神社の誤りと考えられている。

天正元年（一五七三）、宇喜多直家《うきたなおいえ》が岡山城を築き、福岡から岡山に居を移し、福岡の商人たちも岡山に移ったため、福岡はさびれていった。

黒田官兵衛孝高《よしたか》の先祖も、この福岡に居住していた。孝高の子長政が慶長五年（一六〇〇）に筑前《ちくぜん》に封じられ、博多の西に築城したとき、先祖の地福岡にちなんで、福岡城と称した。これが九州の福岡の源流である。

美作《みまさか》国一宮・中山神社《なかやまじんじゃ》

中山神社は、古くは中山《ちゅうぜん》神社と称していたようである。

福岡の市跡

福岡の市跡（地図17）
岡山県瀬戸内市長船町福岡。ＪＲ赤穂線長船駅から吉井川へ向かって徒歩10分。

安仁神社（地図17）
岡山市東区西大寺一宮895。ＪＲ赤穂線西大寺駅から車で20分。

中山神社は、慶雲四年（七〇七）に創建されたと伝えられ、貞観六年（八六四）に官社となり、『延喜式神名帳《えんぎしきじんみょうちょう》』では美作国一宮とされている。『今昔物語』には猿神伝説が紹介され、『梁塵秘抄《りょうじんひしょう》』では中国地方三大神社と位置づけられている。

権威のある神社であったためか、一遍や時衆が弘安八年（一二八五）に参詣し、楼門の外に踊り屋を建てて踊り念仏を行った際、穢れた者もいるであろうからと、参内を許さず、楼門外にとどめてしまった。一遍一行が去った後、中山神社の一の禰宜《ねぎ》の夢に神が現れ、一遍を呼び戻すように告げた。一遍らが戻ると、神社の中庭の大釜が鳴り始めた。巫女の口を通じて託宣があり、この釜で煮た粥で一遍ら一行を供養させたという（『一遍聖絵』第八）。

戦国時代に美作は大いに乱れ、二度戦災に遭って社殿が焼失したが、永禄二年（一五五九）に尼子晴久《あまこはるひさ》が社殿を再興し、江戸時代以降は歴代の智山藩主が崇敬し現代に至っている。

江戸時代以降、門前には盛大な市が立ち、多くの産物が売買され、特に中国地方屈指の牛馬市として知られた。

中山神社

中山神社（地図18）
岡山県津山市一宮695。ＪＲ姫神線津山駅から中鉄北部バス西田辺・上横野方面行き20分で「一宮局前」下車し、徒歩10分。

備後《びんご》国一宮・吉備津神社《きびつじんじゃ》

備後国一宮は、吉備《きび》国が備前《びぜん》、備中《びっちゅう》、備後の三国に分けられた後、大同元年（八〇六）に、吉備国の総鎮守であった吉備津神社を備後に分社して創建されたという。京都八坂神社の記録によると、久安四年（一一四八）、備後国一宮は祇園社の法華八講のための料所になっていたとされており、国の中央にも知られた神社になっていたようである。

吉備津神社は武将からの信仰が厚く、永仁五年（一二九七）には六波《ろくは》羅探題《らたんだい》から一万六千貫の寄進を受けるほどであったという。寛喜元年（一二二九）に社殿が焼失したとされているが、弘安十年（一二八七）に一遍が訪れた際には、わざわざ舞台をしつらえ、舞楽を見せたという。唐の太宗が作ったもので秦皇《じんのう》破陣楽《はじんらく》という舞であった。

吉備津神社は、現在、「いっきゅうさん」と呼ばれ、近隣の信仰を集めており、節分には、天下の奇祭とされる「ほら吹き神事」が行われている。十一月には、「市立大祭」が行われる。中世から市が立つ祭りとして知られ、備後国中の人がその年の収穫を持ち寄り、交換していたといわれている。現在でも、各種興行や露店が立ち並び、賑わっている。

（岡本貞雄）

吉備津神社

吉備津神社（地図19）
広島県福山市新市町宮内400。ＪＲ福塩線新市駅から徒歩20分。

中部・関東・東北

善光寺《ぜんこうじ》

善光寺は定額山《じょうがくさん》と号す。無宗派であるが、天台宗と浄土宗の別格本山とされている。

善光寺の本尊である一光三尊の阿弥陀仏は、インドから中国を経て日本に伝わったとされ、ここに参れば必ず浄土へ往生できると信じられていた。欽明《きんめい》天皇のときに百済《くだら》から献上されたともいい、「三国伝来」の霊像であり、日本最初の本尊ともいわれる。一光三尊《いっこうさんぞん》とは、一つの光背《こうはい》の中に三体の仏・菩薩がいることであり、すなわち一つの舟形光背の中に、阿弥陀・観音・勢至の三尊が現れる像を善光寺式と呼ぶ。

一遍は、文永八年（一二七一）の春と、弘安二年（一二七九）八月の二度、善光寺に参詣している。中でも文永八年の春、三十三歳の一遍は、この善光寺において、「二河白道図《にがびゃくどうず》」を描き、念仏一路を決意した。『一遍《いっぺん》聖絵《ひじりえ》』第一は、「参籠《さんろう》日数をかさねて下向《げこう》したまへり。この時、己証《こしょう》の

善光寺

法門を顕《あらわ》し、二河の本尊を図したまへりき」と記している。

一遍は、善光寺で描いた「二河白道図」を伊予《いよ》に持ち帰り、窪寺《くぼでら》の草庵の壁にかけて修行し、さとりを開いた。善光寺はもっとも仏縁の深い寺であり、一遍は指針を求めるために善光寺に参詣した。三国伝来の霊仏、まさに阿弥陀仏に直参して、その教えを請うことにほかならなかったのである。

後の時宗では、遊行上人《ゆぎょうしょうにん》は一代に一度、善光寺に参詣するのが例となった。

善光寺（地図20）
長野市長野元善町491。JR信越本線長野駅からアルピコ交通バス善光寺大門行きほかで10分、「善光寺大門」下車し、徒歩5分。

河野通信墓《こうのみちのぶ》

一遍の祖父河野通信（一一五六〜一二二三）は、鎌倉時代の武将で、源頼朝《みなもとのよりとも》の有力な御家人であった。

元暦二年（一一八五）、兵船を率いて屋島・壇《だん》ノ浦《うら》の戦いで義経《よしつね》を助け、この戦功によって幕府の御家人となり、文治五年、頼朝の奥州征伐にも従軍した。しかし、承久三年（一二二一）の承久《じょうきゅう》の乱《らん》では後鳥羽《ごとば》上皇方に味方して敗れ、奥州江刺《えさし》の極楽寺の塔頭《たっちゅう》安楽寺（岩手県北上市稲瀬町）に預けられたが、貞応二年（一二二三）五月十九日、この地で病死した。六十八歳であった。通信の死から五十七年後の弘安二年（一二七九）、一

河野通信墓

遍はこの地を訪れ、祖父の霊を慰めた。

『一遍聖絵』第五には、ゆるやかな丘陵の一角に土饅頭形の墓があり、それを取り巻くように、一遍ら十二人の僧と八人の尼の姿が描かれている。

昭和四十年（一九六五）、北上市稲瀬町水越《みずこし》の松林の中にある鎌倉時代の墳墓（直径十二メートル）が、通信の墓であると発表された。現地の風景と『一遍聖絵』の絵とが合致すること、「ひじり塚」「ひじり田」などの地名があることなどから、通信の墓と断定され、昭和四十四年（一九六九）に岩手県指定史跡に指定された。『一遍聖絵』の絵が、現地を的確に写生したものと再評価されるに至った記念すべき場所である。なお、現地では、「下門岡《しもかどおか》ひじり塚」の名称で知られている。

河野通信墓（地図21）
岩手県北上市稲瀬町水越。JR東北本線北上駅から車で25分。

片瀬の浜の地蔵堂

『一遍聖絵』第五によると、弘安五年（一二八二）春、念仏勧進が存続するかどうかを見定めようと決意し、鎌倉に入ろうとした一遍と時衆は、三月一日に巨福呂坂《こぶくろざか》（小袋坂。神奈川県鎌倉市山ノ内）に入ったが、この日、山ノ内へ向かう執権北条時宗《ほうじょうときむね》の一行と行きあい、鎌倉入りを阻止された。

鎌倉入りを果せなかった一遍と時衆は、その夜は郊外の山あいに野宿をして、翌三月二日には片瀬に移った。その後、片瀬の浜の地蔵堂に滞在して念仏を勧めた。すると、数日のうちに貴賤雨のごとくに参詣し、「道俗雲のごとくに群集」したという（『一遍聖絵』第六）。

片瀬から伊豆《いず》の三島明神に向けて出発したのは、同年七月十六日である。このように一か所に四か月半もの長期間滞在したのは、一遍の十六年間の遊行で、ここだけであり、この地での念仏勧進の成功を示すものである。

片瀬の浜の地蔵堂は、現在の神奈川県藤沢市片瀬にあったとされている。「小字地蔵面」という地目があり、「片瀬浜の地蔵堂」「浜の地蔵堂」の跡と伝えられている。

現在、地蔵堂はなく、住宅地の一画が小さな公園（片瀬三丁目まちかど公園）となっていて、史跡の説明板が立っている。

三嶋大社《みしまたいしゃ》

一遍と時衆は、弘安五年（一二八二）七月十六日に片瀬の浜の地蔵堂を発ち、やがて伊豆《いず》の三嶋大社に到着した。このとき、日中から日没まで、紫雲が立ち続けたという。旅の疲れからか、時衆の七、八人が相次いで亡くなったが、神官はこれを忌み嫌うことなく一遍と結縁《けちえん》し、神の

片瀬の浜の地蔵堂跡

片瀬の浜の地蔵堂跡（**地図22**）
神奈川県藤沢市片瀬3－7－24。江ノ島電鉄線湘南海岸公園駅から徒歩5分。

祟りもなかったという（『一遍聖絵』第六）。

仁治三年（一二四二）成立と見られる紀行文『東関紀行《とうかんきこう》』によると、鎌倉時代、三嶋大社は伊予大三島《いよおおみしま》の大山祇神《おおやまづみ》社を分社したものと信じられていた。そのため、一遍は、伊予と同様、伊豆の三嶋大社を崇敬したのである。

三嶋大社は、『延喜式神名帳《えんぎしきじんみょうちょう》』には「伊豆国賀茂郡 伊豆三島神社」として記されている。三島大明神《みしまだいみょうじん》とも呼ばれ、その祭神は、古くは大山《おおやま》祇神《づみのかみ》とされていたが、明治時代に事代主神《ことしろぬしのかみ》に改められた。しかし、戦後は、これら二神同座に改められている。現在の三嶋大社は、大山祇命《みこと》、積羽八重《つみはやえ》事代主神を祭神とし、大山祇命を山林農業の守護神、事代主神（恵比寿）を商工漁業を司る福神と位置づけている。

三嶋大社
『一遍聖絵』

三嶋大社（地図23）
静岡県三島市大宮町2−1−5。伊豆箱根鉄道駿豆線三島田町駅から徒歩5分。またはJR三島駅から徒歩10分。

甚目寺《じもくじ》

鳳凰山《ほうおうざん》と号する真言宗智山派の寺で、甚目寺観音とも呼ばれる。

文永元年（一二六四）の縁起によると、推古《すいこ》天皇のとき、漁夫の甚目《はだめ》龍麻呂《たつまろ》が海中から得た黄金の観音像を安置したのに始まるという。天智《てんじ》、天武《てんむ》両天皇の信仰を得、平安時代の後期には七堂伽藍《がらん》をそなえたという。

現在、境内にある重要文化財の仁王門（南大門）は、鎌倉時代初期の建久七年（一一九六）の再建であり、一遍もの時代の面影を伝えている。

一遍がこの地で行をしたところ、毘沙門天《びしゃもんてん》の奇瑞があった。一遍と時衆は甚目寺の僧からの招請で、七日間の念仏の法要を始めた。しかし、人数が多かったため、寺が用意した食物が尽きてしまった。その夜、萱《かや》津《づ》の宿の二人が夢のお告げを受けた。本尊脇の毘沙門天が、「一遍は大切な客。必ず供養せよ」と示したのである。二人が一遍に会い、この話をして供養したところ、毘沙門天が台座から降りて立っていたという（『一遍聖絵』第六）。

（高野　修）

甚目寺
『一遍聖絵』

甚目寺（地図24）
愛知県あま市甚目寺東門前24。名鉄津島線甚目寺駅から徒歩5分。

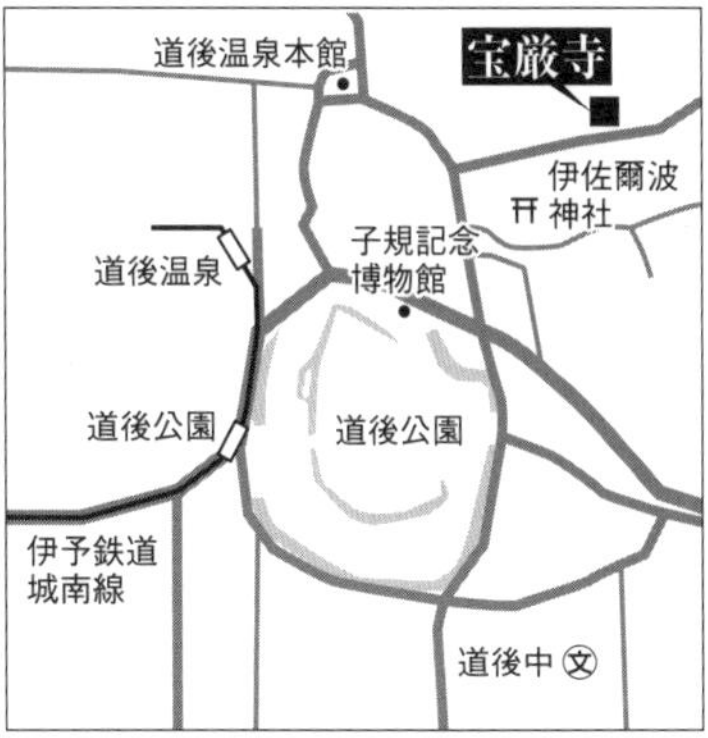

1　宝厳寺

2　岩屋寺

3　大山祇神社

4　四天王寺

5　高野山

6　熊野三山（本宮・新宮・那智）

7　長安寺

8　當麻寺

9　穴太寺

10　石清水八幡宮

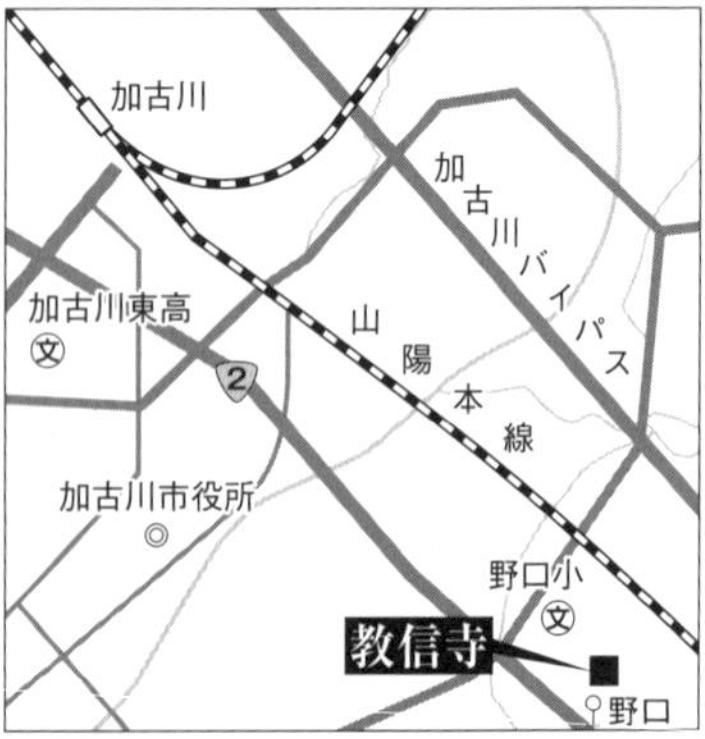

11　教信寺

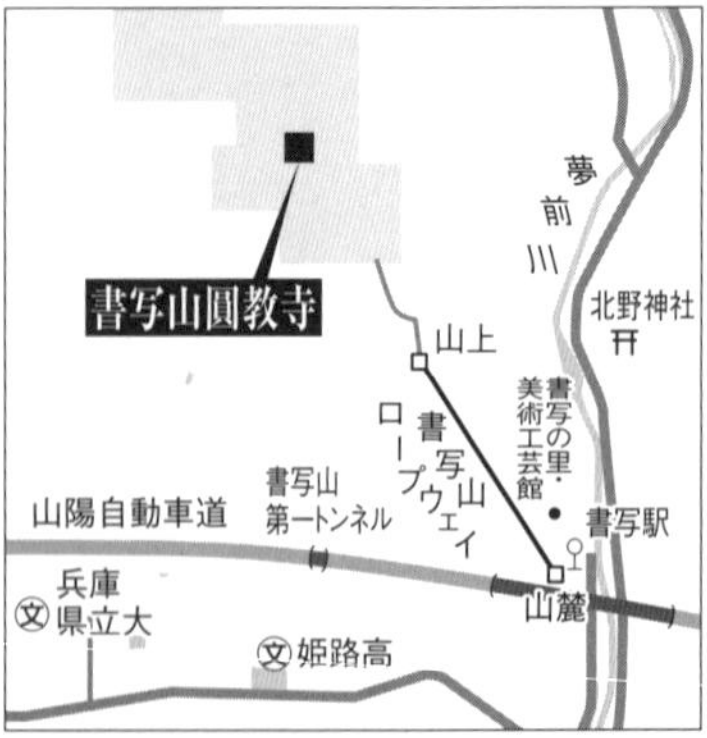

12　書写山圓教寺

14　原山無量寺跡

13　真光寺

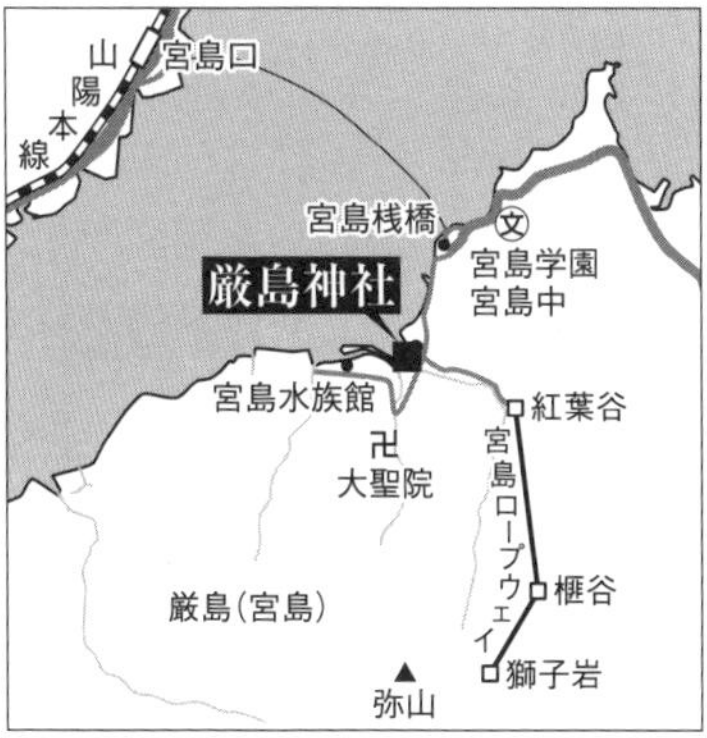

16　厳島神社

15　鹿児島神宮

18　中山神社

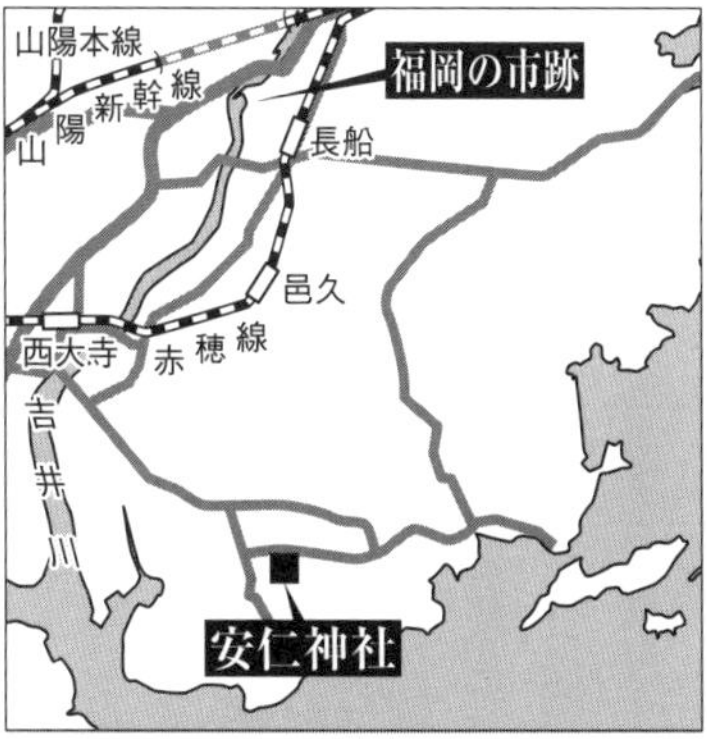

17　福岡の市跡・安仁神社

20　善光寺

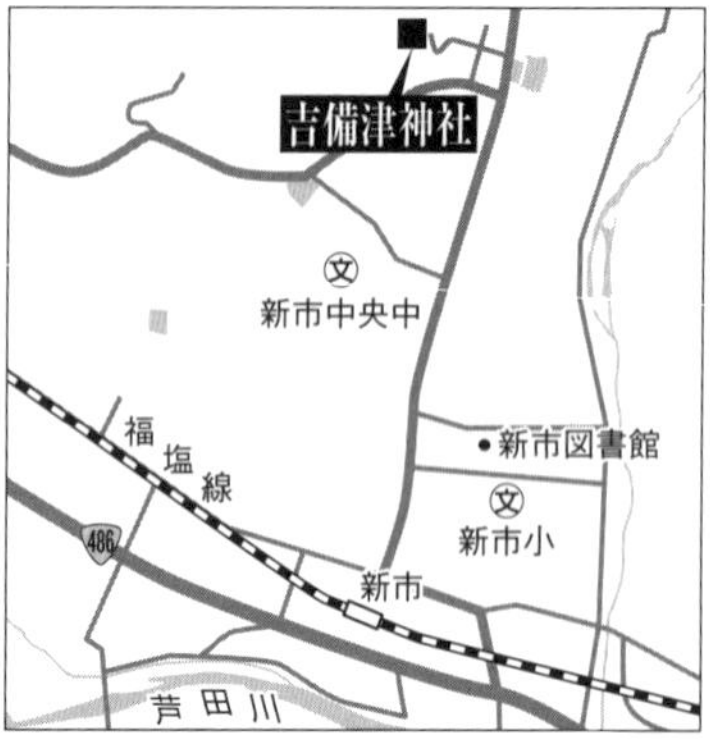

19　吉備津神社

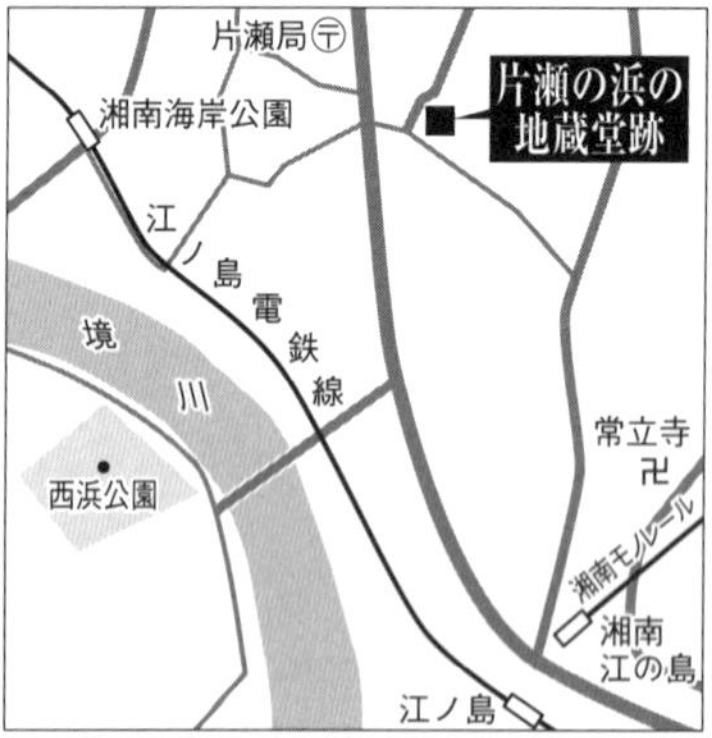

22　片瀬の浜の地蔵堂跡

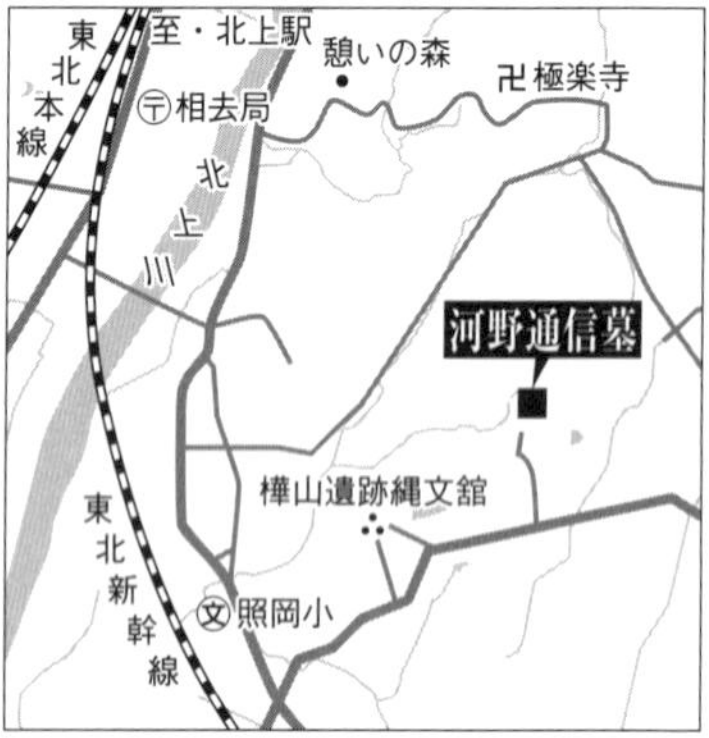

21　河野通信墓

24　甚目寺

23　三嶋大社

第4部

一遍の世界

時《じ》衆《しゅう》と文芸

角川源義《かどかわげんよし》による研究成果

時衆と文芸との関わりについては、時衆と法語、時衆と和讃《わさん》、時衆と和歌、時衆と語り物、時衆と芸能というように、五つの分野に分けられるが、ここでは、時衆と軍記物語・語り物の関係について述べる。

時衆が戦語《いくさがた》りの管理者として、軍記物語の成立に深く関わったことを最初に説いたのは、角川書店の創業者で、国文学者でもあった角川源義である。最晩年の一九七五年に刊行された『語り物文芸の発生』は、角川が戦前、戦後にかけて執筆した語り物文芸論の集大成である。

一九四三年十二月に発表された「語り物と管理者」において、角川は次の点を指摘した。

・三井寺《みいでら》の実叡《じつえい》が編纂した『地蔵菩薩霊験記《じぞうぼさつれいげんき》』に収められた曾我《そが》供養譚《たん》が、三河《みかわ》大浜称名寺《しょうみょうじ》や甲斐《かい》一条一蓮寺《いちれんじ》、さらには信濃善光寺妻戸《しなのぜんこうじつまど》時衆らの管理した語りによるものであること。

・真字本《まなぼん》『曾我物語《そがものがたり》』にも時衆の念仏供養譚が取り込まれていること。
・応永七年(一四〇〇)の信濃守護小笠原長秀《おがさわらながひで》の入部と、これを阻止しようとする国人一揆《こくじんいっき》の合戦の顚末を記す『大塔物語《だいとうものがたり》』が、善光寺妻戸時衆と十念寺聖《じゅうねんじひじり》の管理下にあったこと。
・『義経記《ぎけいき》』の上野国板鼻《こうづけいたばな》における義経と伊勢三郎の邂逅《かいこう》譚は、板鼻の時衆道場聞名寺《もんみょうじ》が管理したものであること。

そして、鎌倉時代末期から南北朝、室町時代の時衆が、語り物文芸の主たる管理者であったことを説いた(『国語国文』一九四三年十二月号。『語り物文芸の発生』に再録)。また、右の論稿とほぼ同じ時期に書かれた「語り物の成立」の中で、角川は次の点を指摘している。

明徳二年(一三九一)の山名氏清《やまなうじきよ》・満幸《みつゆき》の反乱の次第を記した『明徳記《めいとくき》』について、一遍と同時期に遊行《ゆぎょう》した一向俊聖《いっこうしゅんしょう》を宗祖とし、近江《おうみ》番場蓮華寺を本寺とする一向派時衆の間で口の端《は》にのぼった山名一族の亡霊供養譚が、その初期の形であったと想定した。すなわち、『明徳記』の成立に、時衆の管理する語りがあったこと、さらには『太平記』のいくつかの挿話にも時衆の管理する念仏供養譚があることを示唆したのである(『語り物文芸の発生』)。

一九六一年、この延長線上に角川は、『太平記』成立の基盤に、天王寺《てんのうじ》の念仏聖や近江番場、越前《えちぜん》長崎称念寺《しょうねんじ》、京都七条道場の時衆などが管理した説話のあったことを主張した(「『太平記』の成立」〈『國學院雑誌』一九六一年十月号〉。『語り物文芸の発生』に再録)。

そして一九六九年三月、角川はライフワークの『曾我物語』研究を結実させることになる。大著『妙本寺本曾我物語』の刊行である。索引を含めて全五百七十六ページ。前半が本文の翻刻とその関連事項、後半が百三十五ページにも及ぶ論文「妙本寺曾我物語攷《こう》」と索引である。論考の内容は、「Ⅰ　妙本寺本書誌」「Ⅱ　曾我物語の成立」「Ⅲ　北関東の唱導《しょうどう》文芸」に大きく分けられる。

「Ⅱ　曾我物語の成立」の「六　曾我物語の管理者」の項では、時期は不明ながら、前記の『地蔵菩薩霊験記』の曾我供養譚に見られるように、時衆教団が、富士の裾野において悲劇的な最後をとげた曾我十郎・五郎兄弟の御霊《ごりょう》の鎮魂に参与したこと、曾我御霊を救う仏として地蔵菩薩を主張したことをまず明らかにした。次に、箱根山や相模《さがみ》など曾我兄弟やその関係者ゆかりの地に時衆寺院が点在し、箱根山の石仏群には曾我兄弟や十郎の恋人大磯《おおいそ》の虎《とら》の供養仏や地蔵菩薩像などがあり、かつてこの地に地蔵菩薩の霊験を唱導するかたわら、兄弟の物語を語る風《ふう》のあったことなどを指摘する。

「Ⅲ　北関東の唱導文芸」では、上野・下野《しもつけ》などの寺社縁起を収載する『神道《しんとう》集《しゅう》』本文が、『妙本寺本曾我物語』と共通することをまず押さえる。その上で、『妙本寺本曾我物語』において、源頼朝《みなもとのよりとも》が狩座《かりくら》のために通った道と大磯の虎の回国経路が、遊行上人の遊行経路と同じであることを指摘した。そして、この経路に多数の時衆寺院や時衆に縁のある修験道場、阿号を有する板碑《いたび》などが存在することを視野に入れて、『妙本寺曾我物語』が曾我兄弟の御霊の鎮魂を意図した物語であり、時衆教団が管理したもの、と結論づけた。

この研究は、角川自らが箱根山から伊豆《いず》、相模、上野、下野を歩き、その地に残る石造物などを丹念に調査し、『時宗末寺帳』などの史料も参照して立論したもので、実証という点では、戦前の角川自身の『曾我物語』研究よりも質的に深まっている。

このように角川は、若い頃から一貫して「管理」「管理者」という自ら創出した学術用語を駆使し、これを掘削機として『曾我物語』などの語り物や『太平記』などの軍記物語の成立基盤を掘り起こすことに成功したのである。だがそれは、必ずしも角川個人の手柄ではないことを記憶にとどめておくべきであろう。若き日に、柳田國男《やなぎたくにお》や折口信夫《おりくちしのぶ》に師事し、民俗学を修めたことが滋養となり養分となったのである。

たとえば柳田は、角川の「語り物と管理者」に先立つ三年前の一九四〇年一月、雑誌『文学』に不朽の論文「有王《ありおう》と俊寛《しゅんかん》僧都」(『物語と語り物』)を発表し、各地に残る有王、俊寛伝承を踏まえた上で、『平家物語』が成立する以前に、有王・俊寛物語があり、その一つの供給源が高野山《こうやさん》蓮華谷《れんげだに》で、「有王」を自称する高野の聖たちが盛んに語ったものだと想定した。また、一九三二年には『女性と民間伝承』を発表し、そこで「文芸の主管者」「芸術はもと女の主管」などといった表現を使っていたのである。角川がこれに直接、間接の影響を受けたことは疑問の余地がない。

その意味で、角川は柳田の学問の忠実な後継者だといってよかろう。

それにしても「管理」「管理者」とは、いったいいかなる意味内容を有する学術用語なのか。

この点について明確に規定したのは、文献学的研究と民俗芸能（民間芸能）研究の二つを駆使して中世猿楽能研究に新局面を開いた金井清光《かないきよみつ》である。

金井は、『語り物文芸の発生』を精読し、「管理」「管理者」について、「語り物や芸能などをすこしずつ改めながら地域的に伝播し、時間的に伝承する集団を管理者といい、そうすることを管理ないし管理すると言っていると認められる」と判じた上で、「語り物の管理者」とは、「その語り物文芸がとだえないように伝承する任務をもち、できるだけ大ぜいの人びとに聞かせるために伝播する役割を引き受け、さらにその語り物を文芸としていっそう望ましい状態に改良する仕事をおこなう人びとのこと（「時衆の語りと中世文学」〈『時衆文芸と一遍法語』〉）」であり、つまるところ「伝承・伝播・改良の三つを実行する集団」だと明快に説いた。

金井の説明は過不足がなく、これに尽きる。

さて、若き日の角川は、柳田の強い影響のもとに「管理」「管理者」なる学術用語を創出し、語り物や軍記物語の成立基盤の解明に着手したのだが、それにしても、どうして時衆の存在に目をつけ得たのであろうか。

この点は、「語り物と管理者」で取り上げられた『地蔵菩薩霊験記』所収の曾我供養譚を熟読すればよくわかる。そこには、富士山麓において曾我兄弟の怨霊の示現を目の当たりにし、その供養にしたがったのが善光寺参詣を志す三河大浜の時衆道場称名寺の念仏聖であったこと、また彼が善光寺参詣の途中に立ち寄った甲斐一条の地蔵堂が時衆道場一蓮寺であったことなどが、明記されている。角川はここに着目したのである。

さらに、同じく『語り物文芸の発生』中のほかの論文でも、千早赤坂《ちはやあかさか》合戦で討ち死にした人見恩阿《ひとみおんな》と本間資貞《ほんますけさだ》・資忠《すけただ》父子（『太平記』）、山名氏清《やまなうじきよ》夫妻と家臣の家喜《やぎ》九《く》郎《ろう》（『明徳記』）、大塔合戦で討ち死にした国衆（『大塔物語』）たちのかたわらに時衆がいて、最後の十念《じゅうねん》を勧め、埋葬や供養にしたがい、最期の有様を遺族に語ったとあることに注意を払い、物語の成立基盤に時衆の戦語りがあったことを想定している。

こうした想定の根幹には、これらの挿話の中で、等しく時衆がことの次第の目撃者として、語り手の役割を担いつつ、あわせて死者の亡霊供養にしたがっていることがある。

そこから角川は、話中に登場し、事件の初めから終わりまで深く関わる人物こそが物語の語り手、すなわち「管理者」であるとの発想を得たのである。しかしそれは、物語を支える骨組みから帰納されたもので、いわば実態を伴わない概念的な仮説であった。これをどこまで外部資料（史料）によって実証できるかが課題であったが、角川自身は先の『妙本寺本曾我物語』の研究で一定程度めどをつけることができたと考えたのであろう。

一方、一九四〇年十月、岡見正雄は、「遁世者――時宗と連歌師」で、念仏踊りと連歌が四条道場金蓮寺《こんれんじ》で催されることが多いことに注目し、連歌師に時宗出身者が多いこと、時宗が「芸能の徒を輩下《はいか》に持っていた」ことを指摘した。角川の一連の研究は、この岡見の論文とともに、この国の文学研究に「時衆文芸」という新たなジャンルを切り開いたものとして高く評価されなければならない。

金井清光《かないきよみつ》による研究成果

「時衆文芸」の研究者として、角川源義《かどかわげんよし》や岡見正雄にも勝る業績を上げたのが、金井清光である（その生涯にわたる研究業績をまとめたものとしては、砂川博の「金井清光先生の人と学問」〈『一遍聖絵と時衆』〉がある）。

金井は、一九六一年十二月、「時衆と文芸の研究序説」において、「時衆文芸」の研究領域を法語・和讃《わさん》・和歌・連歌・語り物・芸能の六分野に分かち、それぞれの分野の研究史を概観し、その到達点を後学の道標として整理した（『鳥取大学学芸学部研究報告』十二。『時衆文芸研究』に再録）。

この論文を収めた『時衆文芸研究』の「あとがき」で、金井は、鎌倉新仏教の中で中世文学・芸能に影響を与えたのは禅宗と時宗だけであり、禅宗が漢詩文を中心に公家や武家の貴族階級に独自の文化を築いたのに対し、時宗が和讃《わさん》や踊り念仏を中心に庶民階級の中に幅広く文化の基礎を固めていったと指摘した。その上で、時衆関係の文学・芸能、すなわち時衆文芸を無視しては中世史・中世文化の正しい認識と理解は不可能だと主張した。

実はこの時期、金井の主たる専攻テーマは中世猿楽能であり、時衆文芸研究は「余技」にすぎなかった。しかし歳月を経るうちに、いつしかそれは余技ではなく、生涯の研究テーマへと変貌していく（「金井清光先生の人と学問」『一遍聖絵と時衆』）。

金井の、時衆と軍記物語の関わりを説いた論文は、「平家物語の灯籠堂と時衆」「太平記と時衆」（『時衆文芸研究』）など多数あるが、その研究の特徴について一つ、二つ留意しておかねばならないことがある。

それは、角川にもまして実証への志向が強いことである。それは、金井の著書をひもとけば一目瞭然、金井は、「論文は脚で書くものである」と口癖のようにいっていた。その言葉どおりに、晩年に至るまで各地の時宗寺院や図書館、資（史）料館を精力的に訪ね、残された少ない資料（史料）を発見、紹介することに努めた（『一遍の宗教とその変容』）。

たとえば、『太平記』と時衆の関わりについて、金井も角川と同様、『太平記』における時衆教団の語りの比重の大きさを認めてはいる。しかしさらに、推断に至る過程においては、角川が触れ得なかった「楠《くすの》木《き》合戦注文《かっせんちゅうもん》」や応永六年十一月廿五日付け他阿弥陀仏書状などを援用し、時衆が従軍したことや（後の時代の「陣僧《じんそう》」）、人見氏が時衆に帰依《きえ》していた事実を『他阿上人法語《たあしょうにんほうご》』や『新編武蔵国風土記稿《しんぺんむさしのくにふどきこう》』などにより、史実としての裏づけを得ようとしている。

これは、『時衆過去帳』や在地の寺院資料（史料）などにより、山名氏が四条派か遊行派のいずれかに帰依したことを証明した『明徳記《めいとくき》』と伯耆三明寺《ほうきさんみょうじ》」（『時衆と中世文学』）でも同様である。金井は、約四百か寺に上る全国の時宗寺院の半数以上を調査、探訪するなど（『時衆教団の地方展開』「あとがき」）、民俗学者顔負けのフィールドワーカーであったから、論文内容が机上の推論ではなく、きちんとした資料（史料）の裏づけを得た実証に向かうのは自然であった。

さらにもう一つ注意しておかなければならないのは、金井のいう「時衆」が、狭義、広義二つの意味合いをもって使用されていることである。むろん金井は、この二つを峻別して使用している。

金井は、観阿弥陀仏《かんなみだぶつ》や世阿弥陀仏《ぜあみだぶつ》の阿弥陀仏号が時衆の法名だとしながらも、中世においては、時衆といっても必ずしも一遍の門流とは限らず、その信仰は現代の宗教学でいう民間信仰と見なしてよい要素が非常に多いとする。そして、浄土宗や浄土真宗などの「専修的浄土教理論のわく外にあったわが国古来の宗教観念にもとづく神祇崇拝や御霊《ごりょう》信仰や融通念仏や踊り念仏などを行っていた念仏者の総体が中世における時衆の実態」だったと規定する（「世阿・世阿弥陀仏という名前は何を意味するか」〈『時衆文芸研究』〉）。

こうした規定は、一遍にしたがう、あるいはそれ以後の遊行上人に随伴、帰依する僧尼集団を「時衆」とするのと比べれば、かなり幅が広い。それゆえ、これを広義の時衆と呼ぶのである。むろん狭義の時衆とは、時衆教団に属した僧尼のことをいう。

このような広義の「時衆」の軍記物語への関与を述べた論文の代表は、「長門本《ながとぼん》平家物語の厳島《いつくしま》縁起」（『時衆と中世文学』）である。そこで金井は、巻五の大隅正八幡宮《おおすみしょうはちまんぐう》、善光寺、厳島などの縁起が、厳島による善光寺聖《ひじり》＝「厳島善光寺聖」の管理唱導《しょうどう》した語りを素材としたもので、巻五全体が彼らの管理下にあり、「厳島善光寺聖」とは、鎌倉中期以降、実質的に時衆であったと述べた。こうした主張は、「『平家物語』の義仲説話と善光寺聖」（『時衆文芸と一遍法語』）や、「時衆の文芸五　軍記物語」（『時衆の美術と文芸』）などにおいても繰り返されている。

しかし、金井がいつも広義の「時衆」の関与ばかりを主張したわけでないことは、義仲説話の生成を論じた「『平家物語』の義仲説話と善光寺聖」、同じく能「実盛《さねもり》」「安宅《あたか》」の生成基盤を解明した「能『実盛』『安宅』と時衆」（『一遍法語と時衆文芸』）を熟読すればおのずとわかる。

広義の「時衆」の存在を認めるかどうかはともかく、広狭二類の「時衆」の存在を想定したことにより、角川源義の探索にも増して、軍記物語と「時衆」の関係の実態が明らかになったことは多とすべきであろう。

新たな課題

以上、「時衆文芸」研究の先達角川源義《かどかわげんよし》と金井清光《かないきよみつ》が切り開いた地平線をのぞいてみた。むろん、これですべてが解明されたかといえば、必ずしもそうとはいえない。むしろ新たな問題を抱えこんだといった方が正確であろう。

その一つは、軍記物語や語り物の成立基盤に時衆の戦語《いくさ》りがあったということを前提として、その実態、あるいは輪郭、痕跡を、現存のテキスト中にどう見定めるかということであり、もう一つは、戦語りを提供した時衆を、そのまま文芸作品の作者と断じ得るかどうか、ということである。

前者の問題、すなわちテキスト中の時衆の戦語りについては、砂川が両先達の後を追って、『平家物語』『太平記』『明徳記《めいとくき》』『大塔物語《だいとうものがたり》』『鎌倉殿物語』『清水冠者《しみずのかじゃ》物語《ものがたり》』などの作品に即して解明を試みたが、率直にいってその作業は必ずしも容易ではないとの結論に達している（『平家物語新考』『軍記物語の研究』『中世遊行聖の図像学』『軍記物語新考』）。

後者の問題、すなわち戦語りを提供した時衆はそれぞれの作品の作者なのかということについては、梅谷繁樹が「法師原としての時衆」（『中世遊行聖と文学』）の中で、確定することが困難であると説いているとおりである。加えて、時衆がいわゆる素材としての戦語りを提供したとして、作者とどこで接したのか、またその関与をどのように見定めるのか、その実態を解き明かすには、なお障壁は高い。まことに角川、金井両先達がともに登攀を極めようとした岩峰は険しいものがある。

ここで、これらの問題について、『太平記』所載の人見《ひとみ》、本間《ほんま》父子の最期譚を俎上《そじょう》に乗せ、問題のありかだけでも示して後学の礎の一つとしたい。

人見・本間父子が赤坂合戦で討ち死にしたこと、ともに時衆に帰依《きえ》し、所領内に時衆寺院があったこと、この戦場に二百余人の時衆が同道したことなどは、すでに金井清光「太平記と時衆」(『時衆文芸研究』)、橘俊道「太平記にあらわれた時衆の活躍」(『時宗史論考』)、湯山学「時宗と相模武士」「時宗と武蔵武士」(『中世南関東の武士と時宗』)によって明らかにされている。これらによって、『太平記』の人見・本間父子の物語が、「付き従うて最後の十念《じゅうねん》を勧めつる聖《ひじり》」、すなわち時衆の「はじめよりの有様を語」ったものを素材としていることは疑いのないものとなったが、この合戦の次第を伝える「楠木《くすのき》合戦注文《かっせんちゅうもん》」と突き合わせると、依然として難しい問題が残ることに気づかされる。

その問題とは、第一に人見と本間が先駆けを争い、同時に討ち死にしたこと、第二に本間父子は父、次いで子が討ち死にしたこと、第三に聖がその有様を目撃し、見聞したことなどの記事が、「楠木合戦注文」にまったく見えないことである。

それのみならず、第一の点については、後藤丹治が『平家物語』巻九「一二之《いちにの》懸《かけ》」にある熊谷直実《くまがいなおざね》・平山季重《ひらやますえしげ》の先陣争いが素材となったと主張したように(『太平記の研究』)、物語作者による虚構説さえあるのだ。

『太平記』と「楠木合戦注文」の記事のはなはだしい相違や乖離をみると、随伴した聖=時衆が語ったという「はじめよりの有様」の実態は、いよいよつかみどころのないものになってくる。むろん、人見や本間が時衆に帰依し、時衆を随伴したことはあったに違いない。だが、彼らが主の遺骨を胸に抱いて帰郷し、何を遺族に伝えたかは定かではない。ましてやそれがいかなる内容、輪郭を持ったものなのか、現存の『太平記』本文からは容易に摘出することはできないのである。

『太平記』編纂に深く関与した法勝寺《ほっしょうじ》の恵鎮円観《えちんえんかん》は戒律保持を第一義とする天台宗の律僧であったし、同じく作者と目される小島法師《こじまほうし》もその可能性がある（『軍記物語の研究』）。一遍、あるいは他阿弥陀仏《たあみだぶつ》の時代には、時衆と大和西大寺《やまとさいだいじ》系の律僧とは競合関係にあったようであるが（『一遍聖絵』と『一遍上人絵詞伝』『中世遊行聖の図像学』）、時衆と律僧がどこで、どのように関わったのか。これもまた解きほぐすことは難しい。

かつて金井清光は、次のように述べている。

> 昭和時代にあれほど盛んであった軍記物語の時衆管理者論は、いまや完全に停滞し行き詰まり、もはや前世紀の遺物のようにしか見えない。二十一世紀は「IT革命」といわれる情報通信技術の革命的変革裡《り》にスタートした。軍記物語研究は情報通信手段としての時衆管理者の語り論を止揚して、全く新しい「軍記IT論」を切り開くことができるかどうか。若手研究者の新鮮で柔軟な頭脳による革命的新概念と新論理の発見・育成に期待を表明して、この書評のペンをおく（「書評　砂川博氏著『平家物語の形成と琵琶法師』」〈『一遍聖絵新考』〉）。

金井はこのように締めくくったが、残念ながらこの提言に即した研究はいまだ着手されていない。若手研究者による時衆学研究への参入により、新たな研究方法が発見、確立されることを願ってやまない。

（砂川　博）

参考文献

梅谷繁樹『中世遊行聖と文学』桜楓社、一九八七年
岡見正雄「遁世者――時宗と連歌師」(『国文学論究』一九四〇年十月。『室町文芸の世界』〈岩波書店、一九九六年〉に再録)
角川源義『妙本寺本曾我物語』角川書店、一九六九年
角川源義『語り物文芸の発生』東京堂出版、一九七五年
金井清光『時衆文芸研究』風間書房、一九六七年
金井清光『時衆と中世文学』東京美術、一九七五年
金井清光『時衆教団の地方展開』東京美術、一九八三年
金井清光「時衆の語りと中世文学」(『時衆文芸と一遍法語』東京美術、一九八七年)
金井清光『時衆文芸と一遍法語』東京美術、一九八七年
金井清光「時衆の文芸」(時衆の美術と文芸展実行委員会編『時衆の美術と文芸』東京美術、一九九五年)
金井清光『一遍の宗教とその変容』岩田書院、二〇〇〇年
金井清光『一遍聖絵新考』岩田書院、二〇〇五年
後藤丹治『太平記の研究』大学堂書店、一九七三年
砂川博『平家物語新考』東京美術、一九八二年
砂川博『軍記物語の研究』桜楓社、一九九〇年
砂川博『中世遊行聖の図像学』岩田書院、一九九九年

砂川博『平家物語の形成と琵琶法師』おうふう、二〇〇一年
砂川博編『一遍聖絵と時衆』岩田書院、二〇〇九年
砂川博『軍記物語新考』おうふう、二〇一一年
橘俊道『時宗史論考』法藏館、一九七五年
柳田國男『物語と語り物』（『柳田國男全集』九、ちくま文庫、一九九〇年）
柳田國男『女性と民間伝承』（『柳田國男全集』十、ちくま文庫、一九九〇年）
湯山学『中世南関東の武士と時宗』岩田書院、二〇一二年

時《じ》衆《しゅう》と芸能

時衆と能「実盛《さねもり》」

時衆と芸能の関係全般について、もっとも深く、かつ幅広く研究したのは金井清《かないきよ》光《みつ》である。金井は、中世において最大の信者数を持っていた時衆教団を無視しては中世史・中世文化の正しい認識は得られないという立場から、一九六一年十二月、「時衆と文芸の研究序説」(『時衆文芸研究』)を発表した。そこで金井は、時衆文芸の領域を法語・和讃《わさん》・和歌・連歌・語り物・芸能に分類し、それぞれの研究史を整理し、その後の研究の方向を展望した。

右の論考中に挙げられた芸能の種類は、踊り念仏、猿楽能、早歌《そうが》(宴曲)、立花《りっか》であったが、一九九五年に発表した「時衆の芸能」(『時衆の美術と文芸——遊行聖の世界』)では、声明《しょうみょう》、踊り念仏、能、狂言を挙げている。

従来の研究では見過ごされてきた時衆と琵琶法師との関係については、新出資料も踏まえた砂川博の『平家物語の形成と琵琶法師』『軍記物語新考』などがある。

ここでは、こうした芸能の中で、能、それも世阿《ぜあ》の「実盛《さねもり》」に絞り、その成立基盤を分析し、金井清光の提唱になる世阿＝時衆説（「世阿・世阿弥陀仏という名前について」〈『時衆文芸研究』『能の研究』〉）の是非を検証する。ちなみにこれに関連して参照すべき考察に、金井清光に「能『実盛』『安宅《あたか》』と時衆」（『時衆文芸と一遍法語』）、中村格に「能『実盛』の周辺」（『室町能楽論考』）などの優れた成果があることもつけ加えておく。

なお、ここでは「世阿弥」ではなく「世阿」と記す。「世阿」の書いたものには「世阿弥」と署名したものが一つもなく、「世阿弥」という呼称は後世のもので、文献上、「世阿弥陀仏」か、その略称の「世阿」が正しいとする金井清光の主張（『能の研究』『風姿花伝詳解』）が学問的には正しいと考えられるからである。浮世絵師の安藤広重が歌川広重と改められたように、呼称にも修正が必要となることがある。

足利義持《あしかがよしもち》と世阿《ぜあ》

能「実盛《さねもり》」成立の背景に、応永二十一年（一四一四）三月十一日の加賀《かが》篠原における十四代遊行上人太空《ゆぎょうしょうにんたいくう》の実盛亡霊供養があることは、疑問の余地がない。

砂川は、供養の事実と、二年後の応永二十三年四月、四代将軍足利義持が、遊行上人と時衆の人馬の諸国往来を「勘過《かんか》すべし」とする御教書《みぎょうしょ》を管領細川満元《かんれいほそかわみつもと》の名で下したこととを結びつけた。その上で、その真の理由が、遊行上人による源平合戦の敗者の怨霊鎮魂への期待にあり、源氏の正嫡たる足利幕府にとって時衆教団による亡霊慰撫《いぶ》（つまりは天下安穏）という具体的な利益がなければ、このような厚遇を与えることはなかったことを指摘した。そしてその裏側には、加賀篠原における実盛の亡霊出現、ひいては平家怨霊の出現による幕府の体制および、世上の動揺・混乱を恐れた将軍の護持僧満済《まんさい》の深慮遠謀があったと推断した（「尼崎大覚寺文書・琵琶法師・中世律院」『平家物語の形成と琵琶法師』）。

現時点でこの主張を支持している能楽研究者は唯一、金井清光《かないきよみつ》だけだが、金井は「実盛」を、「平家の怨霊を恐れ、その鎮魂を願う室町政権の意向を世阿が正しく汲みとって作成したもの」だとの見解を示した（「能・狂言レポート」『能・狂言の新論考』）。金井の「正しく汲みとって」という指摘は、以下に述べるように見過ごしがたい重要な観点である。

『世子六十以後申楽談儀《ぜしろくじゅういごさるがくだんぎ》』（以下『申楽談儀』）には、世阿自作の能が二十二曲あったと記されている。その最初に掲げられているのが、八幡大菩薩のお告げを得て現れた老翁＝高良明神《こうらみょうじん》が君の聖徳を讃え天下安穏を守ることを誓うという「弓八《ゆみや》幡《わた》」である。その「弓八幡」について、世阿は『申楽談儀』の中で、「当御代のはじめのためにかきたる能なればひじもなし」と述べている。

ここにいう「当御代」とは、四代将軍足利義持のことである（『申楽談儀』補注四二）。義持は極めて信心深い将軍で、八月十五日執行の石清水《いわしみず》八幡宮放生会《ほうじょうえ》の上卿《しょうけい》（儀式や政務を主管する公卿《くぎょう》）勤仕を、応永十九年（一四一二）、二十四年、二十六年と都合三度も務めている。これは室町将軍としては類例のない行為で、源氏の棟梁たるこ

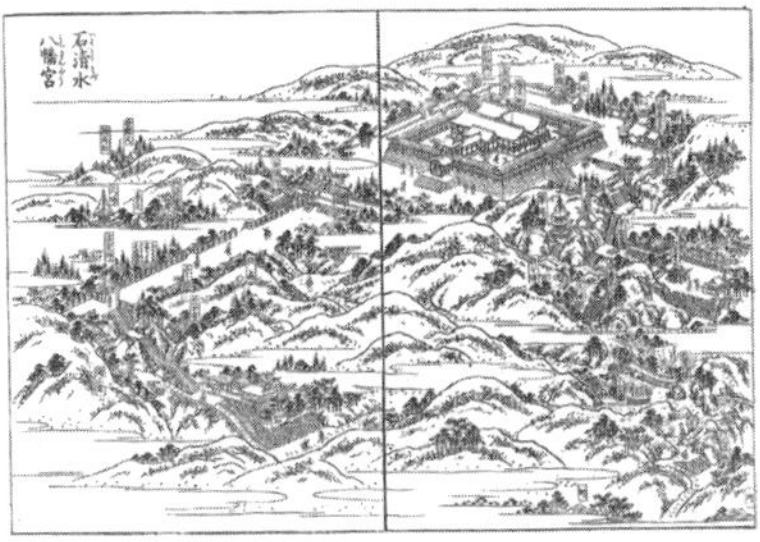

石清水八幡宮
『都名所図会』

とを意識したものだという（『足利義持』）。当然ながら、その信心の背景にあるものは天下安穏の希求である。同時にその芯に足利氏による天下一統の永続祈願が存していたことは間違いない。とすれば、「弓八幡」が、そうした義持の意向を世阿が「正しく汲みとって」作った作品であることは明らかであろう。八幡神は源氏の守護神でもあった。応永十五年五月には、世阿が長年にわたり保護を受けてきた義満が死んでいる。代替わりにあたり、世阿が新たな御代を言祝《ことほ》ぐべく「弓八幡」を作ったのは、おそらく自己保身のためであろう。「衆人愛敬《しゅじんあいぎょう》」、ひいきあっての猿楽役者である以上、当然の所為といわざるを得ない。

世阿が新たな保護者として期待した義持の意思に忠実であったことは、ほかにも証拠がある。同じ『申楽談儀』の中に、「神の御前、はれのさるがくに、道もりしたき也と存れ共、うへのげちにて、さねもり・山うばを、当御前にてせられし也」とあり、歴然としている。世阿としては「通盛《みちもり》」を演じたかったが、義持の命令で、「実盛」と「山姥」に代えたというのである。

義持は、応永二十年頃から三十年頃までは、田楽新座の増阿弥《ぞうあみ》をひいきにしていた。世阿が醍醐寺《だいごじ》清滝宮《きよたきぐう》楽頭職《がくとうしき》にふたたび補任《ぶにん》されたのは応永三十一年のことである。この間、世阿は義持の意を迎えることに意をそそいだはずである。その意味で、応永二十一年の加賀篠原における実盛亡霊出現は、増阿弥に奪われた地位を奪い返す、またとない機会に映ったに違いない。

以上、将軍義持の信仰や当時の世阿の置かれた立場について詳しく見てきた。そ

醍醐寺
『都名所図会』

れは、実盛の亡霊が出現し、これを遊行上人が救済したという出来事が、義持と世阿双方にとっていかに重大な意味を持ったか、そのことを改めて確認する必要があったからである。

もう一つ付言すべきことがある。それは、義持がさして長いともいえぬ生涯（享年四十三歳）のうちで、もっとも頻繁に参籠《さんろう》したのが北野天満宮であったという事実である（『破産者たちの中世』『足利義持』）。義持は参籠のたびごとに猿楽や連歌を奉納していたという。これはいわゆる「法楽の芸能」のことだが、北野天満宮の祭神に思いいたせば、その意図はおのずと明白であろう。数多《あまた》の怨霊の中でももっとも強く畏怖《いふ》された菅原道真《すがわらのみちざね》を手厚く祀ることで、天下太平、安穏を期待したに違いない。

それにしてもなぜ、北野天満宮なのか。ここで思い起こすべきは、父義満の代に起きた山名氏清《やまなうじきよ》・満幸《みつゆき》を首謀者とする明徳《めいとく》の乱《らん》（明徳二年〈一三九一〉十二月）のことである。当時、義持は六歳。ことのすべてではないにしても、事件の記憶は幼い義持にも鮮明であったに違いない。ましてや乱後、内野大宮の地（現在の京都市上京区）に戦死者たちの亡霊が絶え間なく出現したというのであれば（『明徳記《めいとくき》』）、なおさらである。内野大宮は、ほかならぬ北野天満宮の東、至近の距離にあった。義持は北野天満宮に参籠し、菅原道真の怨霊を供養することで、その力によりまず内野大宮の亡霊を鎮圧することを祈ったのではなかろうか。いわば、暴をもって暴を制し、夷をもって夷を制する類である。義持は水墨画に玄人はだしの才能を持っていたらしいが（『足利義持』）、単におのれの画業発展のためにのみ北野天満宮に参籠したのではあるまい。北野天満宮の祭神が何たるかを知った上での参籠であったに違いない。

いずれにしても、極めて信心深い将軍とされた義持が遊行上人の諸国自由往来を許可し、他方で遊行上人の実盛亡霊救済の話を耳にした世阿が「実盛」を創作したという事実を、もっと重く受けとめる必要がある。世阿はあだやおろそかな気持ちで「実盛」を創作したわけではない。増阿弥に奪われた地位を回復する機会と見たのではないか。現に、実盛の亡霊供養の二年後に、時衆教団は厚遇を得ているのである。世阿は義持の保護を期待して乾坤一擲《けんこんいってき》の思いで能「実盛」を創作したのではなかろうか。

能「実盛《さねもり》」の成立基盤

金井清光《かないきよみつ》によれば、「実盛」の制作時期は応永二十一年（一四一四）五月十一日以降から同二十九年（一四二二）十二月以前であり、その制作の原動力となったのは加賀篠原の実盛塚を管理していた加賀潮津《うしおづ》道場西光寺《さいこうじ》で、十一代遊行上人自空《ゆぎょうしょうにんじくう》、十四代太空《たいくう》の実盛供養の「評判」や「うわさ」に基づき創作されたということになる（「能『実盛』『安宅《あたか》』と時衆」）。自空のそれは認められないと考えるが、おおむね的を射た推断といえよう。金井は、詞章に一遍の和歌や時衆和讃《わさん》が取り込まれていることも併せて指摘しており、この点については異論ない。

以下、金井のいう「評判」や「うわさ」の中身、あるいは輪郭について考察し、世阿《ぜあ》と時衆教団の緊密な関係を明らかにしたい。もっとも、この点についての新資料が出現したわけではない。『満済准后日記《まんさいじゅごうにっき》』応永二十一年五月十一日条と、大橋俊雄によって紹介、翻刻された『遊行縁起《ゆぎょうえんぎ》』（『時宗の成立と展開』）を念入りに読み込むしかない。

斎藤別当真盛《べっとうさねもり》ノ霊、加州篠原ニ於《おい》テ出現シ、遊行上人ニ逢《あ》ヒテ十念《じゅうねん》ヲ受《う》クト云々《うんぬん》。去ル三月十一日ノ事歟《か》。卒都婆《そとば》ノ銘《めい》一見《いっけん》セシメ了《おわ》ンヌ、実事ナラハ希代ノ事也。

（『満済准后日記』）

もっとも注目すべきところは、傍線部である。加州篠原に出現した実盛の霊が遊行上人に「逢」ったというのだが、具体的にいかなる状況であったのか。

この点で、参考になるのが、鎌倉幕府滅亡時の北部九州の情勢を記した『博多日記』である（『太平記』二）。

正慶二年（元弘三年〈一三三三〉）四月四日、「或人《ある》ノ従女《じゅうじょ》」が鎮西探題北条英時《ちんぜいたんだいほうじょうひでとき》に敵対して博多犬射馬場《いぬいのばば》で討ち死にした肥後《ひご》の菊池武時《きくちたけとき》らの懸首《かけくび》を見に行き、そのまま「労《いたわ》」り「付《つ》」く（病気になる）ことがあった。治療のために「一両人」の僧侶が枕元に招かれると、突然「従女」は「ヲキアガリ（起き上がり）、男ノ風情シテ、アフギ（扇）取ナヲシ」「色代《しきだい》」（挨拶）したという。僧侶が「何《いか》ナ人ニテ御坐《おわ》スルゾ」と尋ねると、「我ハ菊池入道ノ甥ニ左衛門三郎」と答え、出陣の際に交わした新妻との会話や、戦死せざるを得なかった悲しみ、敵将北条英時を討てなかった口惜しさ、出陣前夜の深酒による喉の渇き、上戸《じょうご》ゆえの酒への執着を、次から次へと語った。

　このとき、菊池三郎の死霊は一人の「従女」の口を通じて現れたが、これは、日本における死霊示現の一つの型であった。横死《おうし》をとげた死霊は、有縁、無縁の人の口を通じて顕現する（「楠木正成譚と中世律僧」『軍記物語の研究』）。

　注目すべきは、当初、だれ一人として何者が「従女」に憑依《ひょうい》したのかわからず、招かれた僧侶のみがその正体を知り得たことである。そしてここがもっとも肝腎な点だが、僧侶の目の前にいるのは「従女」であって実は「従女」ではなく、まぎれもない「菊池三郎」なる人物であることだ。ここが重要な点である。

　ひるがえって、この事実をもって『満済准后日記』の記事を照射するとどうなるのか。「真盛」の霊が出現して遊行上人に「逢」ったということは、すなわち、土地の某人に憑依した「真盛」の霊を太空上人のみが感得できたということを意味する。

　このことは、次に引く『遊行縁起』を読めば、さらに明瞭となる。

> （他阿）加州潮津道場にして、応永廿一年三月五日より七日七夜の別時《べつじ》あり。中日にあたりて、白髪なるもの来て算《ふだ》を取る。世のつねの人ともおぼえぬものかなと思はれけれども、諸人群集の砌《みぎり》なれば、まぎれて見えざりけり。翌日に篠原の地下《じげ》より斎藤別当遊行へ参て、算を給《たまわり》たれと風聞せり。是則《これすなわち》天に口なし、

人を以てさへづるといふ謂歟《いふか》。同十日地下より申様《もうす》は斎藤別当の為に卒都婆をあそばして給候《たまひそうら》へ、立《たて》候はんと十四五尋《ひろ》ばかりの木を削て進じたり。さらばとてかゝれぬ。其文云《いわく》、

南無阿弥陀仏　三世諸仏出世本懐為説阿弥陀仏名号云云《うんぬん》

加賀《かが》篠原から実盛がおもむき、遊行上人の賦算《ふさん》にあずかったとの「風聞」が三月七日に広まったというのだが、だれがその「風聞」を広めたのか。先の菊池三郎のように、憑依した亡霊はおのれが何者であるかを常人には明かさない。常人が知り得たのは「一両人の僧侶」の来訪を待ってのことであった。その伝にしたがうならば、ここで「白髪なるもの」の正体を感得し得たのは唯一、遊行上人太空だけとなる。実際『遊行縁起』は、このとき、太空がこの人物を「世のつね人ともおぼえぬものかな」と看破し、賦算札を与えたとする。これは要するに、太空が、自ら実盛と名乗る人物、実際には「白髪なる」某人に憑依した実盛に「逢」ったことを意味するはずだ。そうであれば、「風聞」の出所は太空以外にはなく、それが会下《えげ》の時衆や潮津道場の時衆の口を通じて「地下」（地域）に広まったということになる。

『遊行縁起』は、「白髪なるもの」は賦算札をもらった後、たちまち諸人群集にまぎれて見えなくなったと記す。だが、実際のところはどうであったか。『博多日記』では、「従女」に憑依した菊地三郎は「一両人」の僧侶としばし会話を交わしていた。それからすれば、太空と実盛の亡霊の間にも同様のことがあったことになろう。一目見ただけで「世のつね人ともおぼえぬものかな」と思ったというのは、いかに

も奇跡や奇瑞《きずい》を現ぜしめる遊行上人にふさわしい受け取り方だが、現実には土地の老人に憑依した亡霊と話を交わしたに違いない。

いずれにしても『満済准后日記』にいう、実盛の霊が出現して遊行上人に「逢」い、十念を受けたということの真相は、太空上人が、ある白髪の老人に憑依した実盛の霊をそれと見抜き、しばし会話した後、賦算した、ということであったと推断される。

ところで、能「実盛」では、第三者への憑依という形はとらず、実盛の幽霊がそのまま遊行上人の前に現れている。それは、『満済准后日記』が記すような内容の世間流布の噂話から着想、創作されたかのような印象があるが、果たしてそうであろうか。

「実盛」の詞章を読むと、まず篠原の者が、遊行上人が「日中の前後に独言」を仰せになるので、今日はぜひともその理由を尋ねるといって現れ、次にワキの上人とツレの従僧、さらにシテの翁が名号を称えながら登場し、上人が翁に次のように語る。「いかに翁。さても毎日の称名に怠る事なし。されば志の者と見るところに、おことの姿余人の見ることなし」。

ここで翁の姿をそれと見ることのできた者が、唯一上人だけだとするのは重要である。このことは、名を明らかにしない翁に対して執拗に名乗りを迫る上人の詞《ことば》、「もとより翁の姿、余人の見る事はなけれども、所望ならば人を退くべし。近《ちこ》う寄りて名のり候へ」でも再言されているが、この霊出現の形は、博多の「従女」に憑依した菊地三郎の霊が「一両人」の僧侶の来訪を待って初めておのが名を明らかにしたこと、換言すれば「一両人」の僧侶の前に菊地三郎の霊が顕現したことと軌を一にする。

これはまさに、遊行上人だけが白髪の老人に憑依した実盛の霊と「逢」い、親しく話を交わしたという、『遊行縁起』の記事を踏まえた着想、脚色ではなかろうか。少なくともこうした趣向は、満済准后の得た情報からは決して生まれない。世阿は、加賀篠原で起きた希代の「実事」についての真相を、時衆教団から得ていたのではなかろうか。

世阿《ぜあ》と時衆

世阿は、どこで遊行上人太空《ゆぎょうしょうにんたいくう》の実盛《さねもり》亡霊供養の情報に接したのか。京の世阿がはるばる篠原の潮津《うしおづ》道場西光寺《さいこうじ》まで出向いたとは考えられない。だとすれば、その情報はどこから得たか。京の時衆道場、それもその中心たる七条道場金光寺《こんこうじ》をおいてほかにないであろう。

実は、応永十二年(一四〇五)、三年の両年、「是阿」なる人物が「仏照寺七条室町琴ノ道場」に土地を寄進したことを示す史料がある。それが「七条金光寺領屋地田畠目録」(『史籍集覧　三十二』所収)である(『中世遊行聖と文学』)。

「是阿」とはだれのことか。たとえば香西精『世阿弥新考』(一九六二年)など能楽研究者の多くは、「補巌寺《ふがんじ》納帳」記載の「至翁禅門」が永享四年（一四三二）九月の「夢跡一紙《むせきいっし》」の「至翁《しおう》」、すなわち世阿だと断じている。法名が同じであることで同一人と判ずるのであれば、年代的にみてこの「是阿」を世阿と断じても差し支えはあるまい。「世阿」を「是阿」と表記した例はほかにもある（『満済准后日記』永享四年四月廿四日条）。

記述が後先になったが、前記の文書を時衆との関係がある史料として最初に紹介したのは梅谷繁樹である（『中世遊行聖と文学』）。梅谷は、世阿の「阿号」に関しては南都重源流《なんとちょうげんりゅう》であり、かつ『実盛』の時衆色は時代色に過ぎないと解釈するなど慎重である。確かに観阿、世阿父子はともに醍醐寺清滝宮《だいごじきよたきぐう》の楽頭職《がくとうしき》を得ていた。その醍醐寺が重源流真言念仏の一大拠点であったことからすれば、その法名が南都重源流の阿号、阿弥陀仏号であったとする梅谷の推断は認められてしかるべきかもしれない。しかし同時に、ほかならぬ梅谷が、観世父子が「時衆を広く中世の融通念《ゆうずう》*仏ないし大念仏の一として親近していたはず」とすることにも留意したい。

実際、梅谷は、前記の「仏照寺七条室町琴ノ道場」へ都合三か所の土地を寄進した「是阿」を、この文書の前の「七条金光寺領屋地田畠等事」に海老名《えびな》の南阿弥陀《なあみだ》仏《ぶつ》と思われる南阿、同じく犬王道阿《いぬおうどうあ》と目される道阿なる名前が記されている事実をよりどころとして、この是阿を世阿だと断じているのである。卓見であろう。

この史料は世阿の時衆に対する「親近」以上のもの、すなわち、世阿が時衆であったことを証明するに足り得るものといってよい（「書評　梅谷繁樹著『中世遊行聖と文学』」）。

＊中世には「ゆづう」と読んだ。

史料によれば、是阿（世阿）が寄進した土地は、七条室町の「口四丈五尺、奥十丈」と「口三丈七尺、奥十丈」の土地、八条坊門河原の「荒所田三反」。前者の二つが宅地だとすれば、合わせておよそ二百三十坪。下京の場末とはいえ、決して狭小の土地ではない。後者は「荒所」とはいえ、それでも田圃には変わらない。しかも三反だ。補巌寺に寄進した土地は「至翁禅門」が一反、もし寿椿禅尼が「至翁禅門」の妻であればやはり一反（『補巌寺納帳』）。この補巌寺への寄進をもって禅への帰依をいうなら、七条室町琴ノ道場仏照寺への寄進をもって時衆への帰依をいって何が誤りなのか。一方だけを是とし他方を非とするのは公正さを欠いている。いずれにしても、これだけの土地を寄進することが単なる「親近」の現れだとは考えられない。

実際、『時衆過去帳』（遊行十五代尊恵上人の項）には、

　来阿弥陀仏（観世三郎）
　声阿弥陀仏（観世四郎）

と並んでおり、来阿弥陀仏こと観世三郎は、年代的に世阿弥陀仏と見ることができる（「書評　梅谷繁樹著『中世遊行聖と文学』」。「時衆研究の動向と問題点」『中世芸能と仏教』）。

さらにまた「実盛」における世阿の時衆教義の理解は、単なる時代色、あるいは影響のせいだとは思われない。世阿の時衆についての知識は半端ではない。そのことは時衆研究の泰斗金井清光《かないきよみつ》が、「能『実盛』と『安宅《あたか》』と時衆」の中で詳しく検証しているとおりである。

世阿は実盛の怨霊出現の応永二十一年（一四一四）以前に、七条室町琴ノ道場を介して七条道場金光寺とつながっていたものと推断できる。この時期の世阿が時衆に帰依《きえ》していたことはまぎれもない事実である。

確かに世阿弥陀仏の阿弥陀仏号は、梅谷繁樹《うめたにしげき》のいうように、もともとは父観阿のそれと同じく南都重源流真言念仏の阿弥陀仏号に由来するものであったかもしれない。だが重源の念仏は融通念仏であり（『高野聖』）、一遍の念仏もまた融通念仏（『一遍聖絵』）であった。当時の習慣・感覚では、一方から他方へ移ることに世阿はさほどの苦痛、抵抗はなかったに違いない。高野山の萱堂《かやどう》の聖が「時宗化」した例もある（『高野聖』）。そういう意味でいえば、かつて金井清光が一連の論稿で説いたように（『能の研究』）、世阿弥陀仏の阿弥陀仏号を時衆の法名とし、時衆教団に属していたものと判じてよいことになる。能「実盛」は、時衆に帰依していた世阿が、源氏将軍足利氏による天下泰平、あるいはその支配の永続を願う義持の意を迎え、おのれの猿楽役者としての地位を保全すべく創作した作品なのである。

以上、金井清光の仕事の驥尾《きび》に付し、時衆と芸能に関わる、残された重要な問題の一部に光をあて、中世芸能史の隠れた重要な史実を掘り起こしてみた。

（砂川　博）

参考文献

伊藤喜良『足利義持』吉川弘文館、二〇〇八年

梅谷繁樹「中世の阿号・阿弥陀仏号について」(『中世遊行聖と文学』桜楓社、一九八八年)
表章『世阿弥申楽談儀』岩波文庫、一九六〇年
大橋俊雄『時宗の成立と展開』吉川弘文館、一九七三年
岡見正雄「博多日記」(『太平記』一、角川文庫、一九七五年)
金井清光「時衆と文芸の研究序説」(『時衆文芸研究』風間書房、一九六七年)
金井清光「世阿弥という名前をめぐって」「世阿弥という名前再考」「観阿・世阿」「世阿とその宗教的背景」「世阿・世阿弥陀仏という名前について」「中世芸能者の名前について」「補巌寺納帳の疑問点」(『能の研究』桜楓社、一九六九年)
金井清光「能『実盛』『安宅』と時衆」(『時衆文芸と一遍法語』東京美術、一九八七年)
金井清光「時衆研究の動向と問題点」(『中世芸能と仏教』新典社、一九九一年)
金井清光「時衆の芸能」(時衆の美術と文芸展実行委員会編『時衆の美術と文芸――遊行聖の世界』東京美術、一九九五年)
金井清光「能・狂言レポート」(『能・狂言の新論考』新典社、一九九六年)
香西精『世阿弥新考』わんや書店、一九六二年
五来重『高野聖』角川書店、一九六五年
桜井英治『破産者たちの中世』山川出版社、二〇〇五年
砂川博「楠木正成譚と中世律僧」(『軍記物語の研究』桜楓社、一九九〇年)
砂川博「他阿弥陀仏真教の丹生山入山・淡河逗留・越前遊行」「書評　梅谷繁樹著『中世遊行聖と文学』」(『中世遊行聖の図像学』岩田書院、一九九九年)

砂川博「尼崎大覚寺文書・琵琶法師・中世律院」「琵琶法師と時衆」「長門本平家物語と琵琶法師」（『平家物語の形成と琵琶法師』おうふう、二〇〇一年）
砂川博「阿弥陀寺院主四代・時衆・平家物語」「琵琶法師と時衆――安養寺旧蔵『寺中行事』をめぐって」（『軍記物語新考』おうふう、二〇一一年）
中村格「能『実盛』の周辺」（『室町能楽論考』わんや書店、一九九四年）
『新訂増補史籍集覧三十二　宗教部雑部補遺二』臨川書店、一九六八年

近現代における一遍と時衆《じしゅう》・時宗の研究

日本の浄土教の法然《ほうねん》・親鸞《しんらん》・一遍という祖師の中では、文献史料などが少ないものの、一遍は、ほかの祖師たちよりも人々に大きなインパクトを与えているのではないだろうか。一遍には、宗門内に限らず、歴史、文学、美術、芸能など多方面からの研究成果があり、しばしば小説の題材にも取り上げられている。

ここでは、近代における一遍と時衆・時宗の研究について概観したい。

戦前の研究

初めに、近世における動向を述べておく必要がある。

時宗における僧侶養成機関は、藤沢道場の清浄光寺《しょうじょうこうじ》と京都七条道場の金光寺《こんこうじ》に設置された学寮であった。学寮では、僧侶は、五軒《ごけん》（萬生軒《ばんしょうけん》→文峯軒《ぶんぽうけん》→臥龍軒《がりゅうけん》→慈照《じしょう》軒《けん》）から二庵《にあん》（等覚庵《とうがくあん》→常住庵《じょうしゅうあん》）へ、二庵から四院《しいん》（東陽院《とうよういん》→興徳院《こうとくいん》→洞雲院《とううんにん》→桂光院《けいこういん》）へと、昇進していった。僧侶が昇進のための一定の条件をそなえた場合、その者に席講《せきこう》を課した。席講とは、典籍を一つ選び、講師や聴衆の前でそれを講義するもので、その内容が評価されて合格に値すると、昇進が認められたのである。

学寮の在籍者は、「大衆帳《だいしゅちょう》」に記載されている。その「大衆帳」には席講で講じられた典籍名が記載されており、どのような典籍が講じられていたかがわかる。

それらの典籍の一部として、『浄土十疑論《じょうどじゅうぎろん》』『阿弥陀経』『大原問答《おおはらもんどう》』『称讃護念《しょうさんごねん》経合讃《ぎょうがっさん》』『法界無差別論《ほっかいむしゃべつろん》』『往生論註《おうじょうろんちゅう》』『誘蒙』『教戒律儀《きょうかいりつぎ》』『唯識二十論述記《ゆいしきにじゅろんじゅつき》』『観《かん》無量寿経疏《むりょうじゅきょうしょ》』「玄義分《げんぎぶん》」『安楽集《あんらくしゅう》』『天台菩薩戒疏講述《てんだいぼさつかいしょこうじゅつ》』『願往生礼讃偈《がんおうじょうらいさんげ》』『法事《ほうじ》讃《さん》』『華厳原人論《けごんげんにんろん》』『法蔵心経略疏《ほうぞうしんぎょうりゃくしょ》』『仏遺教経論疏節要《ぶつゆいきょうぎょうろんしょせつよう》』『略論浄土義《りゃくろんじょうどぎ》』『天台四《てんだいし》教義集註《きょうぎしゅうちゅう》』『大乗起信義記《だいじょうきしんぎき》』『選択本願念仏集《せんちゃくほんがんねんぶつしゅう》』などが挙げられる。このように、時宗宗典が席講で講じられた記載はないのである。

そして、大教院《だいきょういん》時代を迎えた明治九年（一八七六）に発布された『時宗規則《じしゅうきそく》』には、第三条「階臈《かいろう》昇進ノ事」が規定されている。そこでは、近世同様に二庵・四院に昇進する際に学業試験が課せられているが、その内容は席講と同様であった。また、第四条には「学課正則」が規定されている。それには、第一課から第四課および学課雑則があり、それぞれに典籍が定められている。これらは、学識人望のある宗門人を育成するねらいがあったと思われる。

翌年の明治十年（一八七七）には、「時宗公試験課程」が発布されている。これらの試験に使用された典籍として、時宗宗典のうち『遊行上人絵詞伝直談抄《ゆぎょうしょうにんえしでんじきだんしょう》』『三大《さんだい》祖師法語《そしほうご》』『播州問答《ばんしゅうもんどう》』『器朴論《きぼくろん》』が挙げられている。これらの宗典は、近世の席講には見られないが、『遊行《ゆぎょう》・在京日鑑《ざいきょうにっかん》』『藤沢山日鑑《とうたくさんにっかん》』には講義されていたことが記されている。このことから、おそらく講義科目としてはあったものの、席講には用いられなかったと考えられる。

さて、明治二十三年（一八九〇）八月に、兵庫県神戸市兵庫の真光寺《しんこうじ》住職であった河野往阿《こうのおうあ》（生善《しょうぜん》）は、『時宗綱要《じしゅうこうよう》』を著している。当時、真光寺は、七条道場金光寺が明治維新前後の混乱や焼失により学寮の機能が果たせない中、多くの門弟を養育していた。河野の『時宗綱要』は、宗史を時系列で略述し、特に宗祖一遍、二祖真教《しんきょう》、中興尊観《そんかん》法親王について、その生涯を取り上げている。それとともに、所《しょ》依《え》の経典・宗名論・教判・宗意・仏身仏土・安心など、まとまった形で宗義を述べている。

この『時宗綱要』は、河野往阿の七回忌にあたる明治四十五年（一九一二）三月にも、遺弟により再版されている。その後、真光寺は、関西における教学の拠点として繁栄し、多くの学僧を輩出しているが、その礎を築いたのが河野往阿であったのである。

大正四年（一九一五）には、時宗宗学林《じしゅうしゅうがくりん》編纂の『時宗聖典』全四巻が刊行された。これ以前、時宗教団では、安永年間（一七七二〜八一）に多数の宗典が遊行五十三代尊如《そんにょ》の命により刊行されている。しかし、この『時宗聖典』により、長らく版本のみでしか時宗宗典を学べない状況から脱却し、広く時宗宗典を活字で学ぶことができるようになった。

加藤実法《じっぽう》は、昭和四年（一九二九）に島根県安来市の向陽寺から『時宗概説』を

『時宗綱要』

発刊している（東方書院から昭和十年に再版）。この『時宗概説』は、宗史と宗義について、宗典をはじめとした資料を列挙しまとめているため、後継の者にとっては容易に資料の探索がしやすい。

昭和八年（一九三三）には、仏教年鑑社より寺沼琢明《たくみょう》（時宗宗学林学頭。後の遊行七十二代一心《いっしん》）の『時宗綱要』が刊行された（改訂増補され、『時宗の歴史と教理』として昭和四十六年〈一九七一〉四月に時宗宗学林より発刊されている）。『時宗綱要』は時代区分し、相承・宗名論・所依の経論・教判・仏身・仏土・宗要などについて、教理を体系的にまとめている。

これまで取り上げた宗学者である河野往阿・加藤実法・寺沼琢明の著作は、いずれも時宗遊行派中心史観であるため、伝統的な宗史の羅列であり、宗義も近世宗学を踏襲し、客観視に欠けている。しかし、この三者の著作は、各時代における時宗教団の伝統的な歴史認識と伝統宗学のあり方を今日に伝える貴重な文献といえよう。

一方、時宗宗門内では、『妙好華《みょうこうげ》』（時宗青年会本部、一九〇二年）、『聖衆之友《しょうじゅのとも》』（遊行登霊会本部、一九一五年発刊）、『遊行』（遊行青年同志会平田諦善《たいぜん》）などの冊子が発行されていた。いずれも時宗教学に関する小論や時宗教団の動向を示す記事が多く掲載されている。「安心」に関しても対論がなされるなど、大正時代から昭和初期にかけて時宗教学に関する議論が盛んであったことを示す資料といえよう。

昭和十三年（一九三八）以前、京都在住の時宗教師や時宗寺院関係学生らによって、京都時宗青年同盟が結成されていた。ここでは、平田諦善、吉川賢善《よしかわけんぜん》らが中心とな

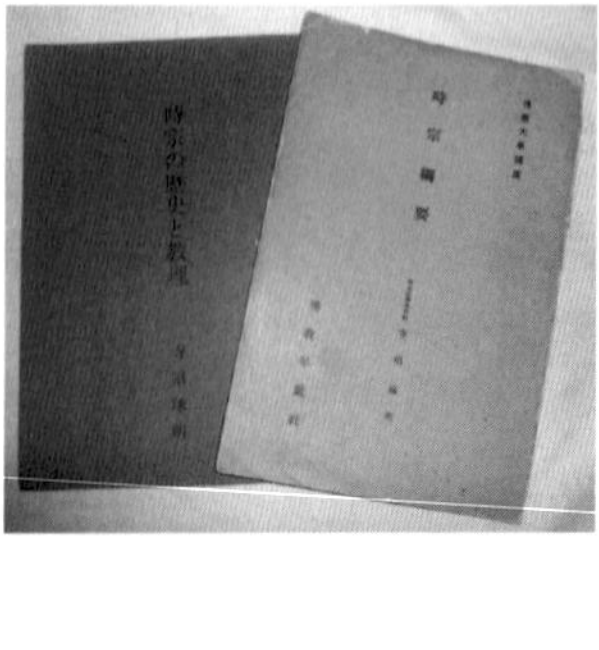

『時宗綱要』と『時宗の歴史と教理』

り、毎月研究集会が開かれていた。昭和十三年には宗祖六百五十年遠忌記念として恩賜京都博物館で一遍上人絵巻展覧会が開催され、京都時宗青年同盟の記念論文集として『一遍上人の研究』が刊行された。

この論文集には、宗門内から吉川賢善・下村凛然《しもむらりんねん》・織田正雄《しょうゆう》・福島邦祥《ほうしょう》・橘俊《たちばなしゅん》道《どう》・平田諦善が投稿し、宗門外からは望月信成《しんじょう》・多屋頼俊《たやらいしゅん》・高千穂徹乗《たかちほてつじょう》・山口光圓《こうえん》ら著名な研究者が論文を寄せている。ここに平田諦善は「一遍上人語録の研究」を投稿しているが、この論文により、『一遍上人語録』に宝暦版・明和版・文化版が存在することを世に知らしめたのである。

このように、時宗の内外で一遍・時衆・時宗の研究が盛んになる契機は、宗祖一遍の六百五十年遠忌にあたる昭和十年（一九三五）であったようである。しかし、戦前の時宗教団で一遍や時宗に関する研究が行われたのはその数年後までであった。日中戦争や太平洋戦争へ向かっていく中、そのような状況になかったのであろう。

戦後の研究

戦後、一般の人々に一遍の存在を広めた人物に、宗教哲学者である柳宗悦《やなぎむねよし》がいる。特に柳宗悦の『南無阿弥陀仏』（大法輪閣、一九五五年）の影響は大きかった。この著作を通じて一遍に興味をもった人物は数知れない。柳宗悦は、『南無阿弥陀仏』の中で一遍を浄土思想史上において極めて高く評価すべきであるとし、「日本浄土

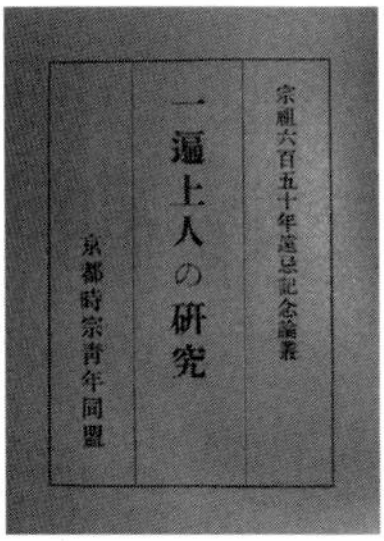

『一遍上人の研究』

教大成の結末」と位置づけている。

　時宗内の望月華山《もちづきけざん》（時宗宗学林学頭、兵庫県神戸市真光寺住職）は、様々な時宗関連の史料の記述を収集し、『時衆年表』（角川書店、一九七〇年）を編集した。

　吉川清《よしかわきよし》（喜善《きぜん》）は、時衆と民衆や文芸などとの接点を研究し、『時衆阿弥教団の研究』（池田書店、一九五六年）を著した。

　平田諦善《ひらたたいぜん》が、布教師として活躍するかたわら、社会事業を通じて人々と関わりながら、時宗宗典を読破し、まとめた著作が『時宗教学の研究』（時宗史研究会、一九六五年。改訂増補版、山喜房仏書林、一九七七年）である。伝統的な宗学研究の域を脱するものではないが、時宗宗典を講読する際に便利である。

　昭和四十年（一九六五）代には、宗内では河野憲善《こうのけんぜん》、浅山円祥《あさやまえんしょう》、橘俊道《たちばなしゅんどう》が、宗外では大橋俊雄《おおはししゅんのう》、金井清光《かないきよみつ》、角川源義《かどかわげんよし》が一遍・時衆・時宗の研究を盛んにした。

　宗内では、島根大学名誉教授の河野憲善（後の遊行七十三代一雲《いちうん》）が、哲学の分野から一遍教学をはじめとする時宗教学を考察しており、『印度学仏教学研究』を中心にまとめた『一遍教学と時衆史の研究』（東洋文化出版、一九八一年）がある。時宗教学の本格的な研究書としては初めてであろう。

　時宗宗学林学頭・時宗教学研究所長を歴任した橘俊道は、昭和五十年（一九七五）三月に『時宗史論考』を著している。主に歴史学の分野から考察し、特にそれまで宗内に伝承されていた「佐竹騒動」「板割浅太郎伝説」などの逸話を、様々な史料を駆使して、虚構であると喝破した。

宗外の研究者では、大橋俊雄が、浄土宗学を修学した豊富な知識を駆使し時宗史の研究を中心としていた。そのため、法然以降の浄土宗教団の動向と比較しつつ考察を進めていた。また、時宗一向派の歴史的展開については、『番場時衆のあゆみ』（浄土宗史研究会　一九六三年）があり、この分野の研究では評価が高い。

金井清光は、昭和四十二年（一九六七）からガリ版刷りの『時衆研究』を五十五号まで発行し、大橋俊雄に後を託した。この『時衆研究』は、百号まで継続された。この『時衆研究』発行こそが戦後の一遍・時衆・時宗研究を盛んにした大きな原動力であったといえる（『時衆研究』は途中から編集を大橋俊雄が担当した。また、この雑誌の後継誌が、砂川博らが編集した『時衆文化』である）。

昭和四十七年（一九七二）十二月に第一回実行委員会が行われ、宗祖開宗七百年記念事業の一環として『定本時宗宗典』の編纂が企画された。この記念事業を実行すべく、編集委員会が発足した。その編集委員長に就任したのが河野憲善である。編集委員には、星徹心《ほしてつじょう》・木本教乗《きもときょうじょう》・橘俊道・川崎玄海・清水昭善・石岡信一《いしおかしんいち》・牧《まき》野《の》素山《そざん》・梅谷繁樹《うめたにしげき》・竹内明正《たけうちめいしょう》・石田文昭・浅山円祥らが就任し、七年後に上下二巻の『定本時宗宗典』が上梓された。

宗内では、教学を研究し次世代を担う若手の育成のために、時宗教学研究所が昭和二十七年（一九五二）に創設され、初代所長に浅山円祥が就任した。時宗教学研究所では、若手の研究者育成とともに年一回『時宗教学年報』を発行している（平成二十六年〈二〇一四〉で四十二号を数える）。この時宗教学研究所では、橘俊道・石岡信一・長島尚道・梅谷繁樹・竹内明正・髙野修を委員とし、宗祖一遍上人御入滅七百年御遠忌記念事業の一環として、『時宗辞典』を編集し、平成元年（一九八九）に刊行している。

（長澤昌幸）

第5部

一遍関係用語集

あ行

安食問答【あじきもんどう】　正和三年（一三一四）九月、二祖真教《しんきょう》は、熊野《くまの》参詣の途次、近江《おうみ》国安食（滋賀県犬上郡豊郷町）にて安食九郎左衛門入道実阿《じつあ》より、四十八か条の問いを受けた。これはこのときの問答を記したもの。『他阿上人法語《たあしょうにんほうご》』（『時宗宗典』上巻）に収録されている。

あぢさかの入道【あじさかのにゅうどう】　生没年不詳。武蔵《むさし》国の人。弘安五年（一二八二）、時衆に入ろうとしたが許しを得られず、一遍から往生の心構えを聞き、富士川にて十念《じゅうねん》合掌し、入水《じゅすい》往生をとげた。『一遍聖絵』第六、『一遍上人縁起絵《いっぺんしょうにんえんぎえ》』第二に収録。

阿弥陀経【あみだきょう】　『小無量寿経《しょうむりょうじゅきょう》』『小経《しょうきょう》』ともいう。鳩摩羅什《くまらじゅう》訳。一巻。『無量寿経《むりょうじゅきょう》』『観無量寿経《かんむりょうじゅきょう》』とともに「浄土三部経《じょうどさんぶきょう》」の一つ。「浄土三部経」の中でもっとも簡潔で、読誦《どくじゅ》されることが多い。阿弥陀仏とその西方浄土の荘厳《しょうごん》を説き、浄土に往生するときには弥陀の名号をもっぱら称《とな》えることを勧める。弟子の質問に答える形ではなく、釈尊自ら説く形の「無問自説経《むもんじせっきょう》」である。漢訳の異訳には求那跋陀《ぐなばだ》羅の『小無量寿経』一巻と玄奘《げんじょう》訳の『称讃浄土《しょうさんじょうど》仏摂受経《ぶっしょうじゅきょう》』一巻がある。『一遍聖絵』第十一には、一遍は常に「我化導《わがけどう》は一期《いちご》ばかりぞ」と語っており、入滅《にゅうめつ》を前に、『阿弥陀経』を読みながら所持していた書籍を焼き捨てたことが記されている。時宗は、この『阿弥陀経』を正所依《しょうしょえ》の経典としている。

阿弥陀仏【あみだぶつ】　阿弥陀如来。無量寿如来《むりょうじゅにょらい》、無《む》量光仏《りょうこうぶつ》などとも呼ばれる。一人の国王が出家し、法蔵《ほうぞう》と名乗り、極楽世界を建立するために四十八の誓願を立てた。法蔵は、行に励んで誓願を成就し、自ら阿弥陀仏となり、西方極楽世界が完成したという。浄土教では、この阿弥陀仏を信仰の中心に置いている。

粟河殿【あわかわどの】　淡河殿《おうごどの》とも。生没年不詳。播磨《はりま》国淡河庄（兵庫県神戸市）の領主。一遍入滅《にゅうめつ》後、丹《たん》生山《じょうさん》にて二祖真教《しんきょう》が初めて念仏札を渡した人物で、その妻は一遍最後の念仏札を受けていた。『一遍聖絵』第十二、『一遍上人縁起絵《いっぺんしょうにんえんぎえ》』第五に収録。

淡路国二宮【あわじのくににのみや】　兵庫県南あわじ市榎列上幡多にある大和大圀魂命《やまとおおくにたまのみこと》を祀る大和大国魂《やまとおおくにたま》神社のこと。一遍は、正応二年（一二八九）七月初めに参詣した際、歌を木札に書き、社殿正面に打ち付けた。『一遍聖絵』第十一に収録。

安心【あんじん】　浄土教では、阿弥陀仏の本願の救いを信じて、その浄土に往生したいと願う心、仏道修行によって得られる安定した心の状態をいう。

伊勢大神宮【いせだいじんぐう】　三重県伊勢市にある神宮のこと。皇大神宮《こうたいじんぐう》である内宮《ないくう》（天照坐皇大御神《あまてらしますすめおおみかみ》）と豊受大神宮《とようけだいじんぐう》である外宮《げくう》（豊受大御神《とようけのおおみかみ》）の二宮によって構成される。中世においては、石清水《いわしみず》八幡宮とともに二所宗廟《にしょそうびょう》（皇室の祖先霊を祀る神社）とされ、神《しん》仏習合《ぶっしゅうごう》説における最高神であり、日本国全体の鎮守として武家より崇敬された。正安三年（一三〇一）二祖真教《しんきょう》は病の者を連れて参詣しようとしたが、禁制のために宮川のほとりにとどめられた。『一遍上《いっぺんしょう》人縁起絵《にんえんぎえ》』第九に収録。

弌房号【いちぼうごう】　時宗教団に入ると帰命戒《きみょうかい》を受け、女性は「〇弌」「〇一」（「弌」とする例が多い）という法名を持つ。まれに「〇仏房」などの仏房号《ぶつぼうごう》もある。一方、男性には阿弥陀仏号（阿号）をつける。一向派では、女性の法名に阿号をつける伝統がある。弌房号とは一仏乗《いちぶつじょう》（すべての人が平等で、成仏できる）の意味であることが、託何《たくが》『条条行儀法則《じょうじょうぎょうぎほうそく》』に記されている。

市屋派【いちやは】　時宗十二派のうちの一派。その名は、本山である金光寺《こんこうじ》が市屋道場と呼ばれたことに由来する。金光寺は、もとは七条大路北の堀川西の東市にあり、市中山《しちゅうざん》と号した（京都市下京区本塩竈町に移転）。その起こりは、承平年中（九三一〜九三八）に空也《くうや》が建立した堂にあるという。その後、弘安七年（一二八四）、唐橋法印印承《からはしほういんいんしょう》が一遍に帰依《きえ》して作阿《さあ》となり、天台宗から時宗に改宗したと伝える。市屋派は空也を元祖、一遍を二祖、作阿を三祖とする。中世においては末寺八寺、塔頭《たっちゅう》五軒などがあった。

このうち、現在は金光寺と西七条の西市屋西蓮寺《さいれんじ》のみが宗内に残っている。室町時代には、市屋派は東《とう》寺《じ》の葬送に関与した。享保二十年（一七三五）七月、二十三代敬空《けいくう》の後、浄土宗西山派《せいざんは》の僧が住持《じゅうじ》となったが、安永九年（一七八〇）十二月にもとの市屋派に復した。

一蓮寺【いちれんじ】　山梨県甲府市にある稲久山福応《とうきゅうさんふくおう》院《いん》一蓮寺のこと。一条道場。甲斐《かい》百八霊場五十三番。甲斐源氏である武田信義《たけだのぶよし》の嫡男一条《いちじょう》次郎忠頼《ただより》の居城を仏堂とし、尼となった妻が菩提を弔ったことに始まるとされる。忠頼の子孫である一条時信《ときのぶ》が、甲斐守護であった正和元年（一三一二）に、二祖真教《しんきょう》に帰依《きえ》した。弟の宗信は、真教の弟子となり、法阿《ほうあ》と称して、仏堂を一条道場とした。文禄二年（一五九三）、一条小山に甲府城が築城されたため、現在地に移転。遊行《ゆぎょう》三十五代法爾《ほうに》が寛永十七年（一六四〇）入寂した。藤沢二十世信碩《しんせき》以降、代々の遊行《ゆぎょう》上人《しょうにん》は、一蓮寺住職を継いだ後に藤沢上人《ふじさわしょうにん》となっている。

厳島神社【いつくしまじんじゃ】　広島県廿日市市の宮島（厳島）にある安芸国一宮のこと。宗像《むなかた》三女神（市杵島《いちきしま》姫命《ひめのみこと》・田心姫命《たごりひめのみこと》・湍津姫命《たきつひめのみこと》）を祀る。もとは伊都岐島神社と表記された。かつての官幣中社で、現在は神社本庁の別表神社。全国厳島神社の総本社とされる。平成八年（一九九六）、世界文化遺産に登録された。弘安十年（一二八七）秋、一遍が参詣したとき、臨時の祭が催され、舞が奏された。『一遍聖絵』第十に収録。

一向派【いっこうは】　時宗十二派のうちの一派。一向《いっこう》俊聖《しゅんしょう》を派祖とし、八葉山蓮華寺《はちようざんれんげじ》（滋賀県米原市番場）とその末寺百七十四か寺を含む。自らを時衆と名乗り、一向衆と呼ばれたことから、一遍の時衆や浄土真宗と混同された。一向俊聖は暦仁二年（一二三九）正月、草野永泰《ながやす》の二男として筑後国《ちくご》（福岡県）に生まれ、書写山圓教寺《しょしゃざんえんぎょうじ》にて受戒した。浄土宗鎮西派《ちんぜいは》三祖良忠《りょうちゅう》のもとで十五年間修学した後、念仏弘法を目的とした遊行《ゆぎょう》に出た。大隅《おおすみ》正八幡宮にて成道《じょうどう》し、踊躍《ゆやく》念仏を修した。弘安十年（一二八七）、念仏しながら往生した。四十九歳であった。二祖は礼智阿《らいちあ》。三祖同阿良向《どうありょうこう》以降、歴代の一向派貫主は、同阿を継承した。踊躍念仏や遊行は一遍の時衆と同様であるが、賦算《ふさん》は行わない。法衣は袖なし編衣《あみえ》（阿弥衣）と、四十八本の未敷蓮華《みふれんげ》が付いた結袈裟《むすびげさ》である。江戸時代には幕府の本末制度により、法系は異なるが宗教儀式に類似点が多いことから、遊行派が主力の時宗教団の傘下となった。明治維新により念願であった時宗からの離脱独立、浄土宗への帰入の機運が高まったが、いずれも実現しなかった。昭和十四年（一九三九）宗教団体法が公布され、一教団一教義一安心として宗制宗憲再編成が求められたことにより、時宗において一向派の教義消滅が確定的となり、また一宗として独立も認可されなかったため、昭和十七年（一九四二）、蓮華寺以下五十七か寺が浄土宗に帰入し、時宗一向派は消滅した。

一遍上人縁起絵【いっぺんしょうにんえんぎえ】　『一遍上人《いっぺんしょうにん》絵詞伝《えしでん》』『遊行上人縁起絵《ゆぎょうしょうにんえんぎえ》』。一遍の伝記を描いた絵巻物。全十巻。編者は宗俊《そうしゅん》。嘉元元年から徳治二年まで（一三〇三〜一三〇七）の間に成立した。全十巻のうち、前半の四巻十七段は一遍の伝記、後半の六巻二十六段は二祖真教《しんきょう》の伝記で構成される。前半の四巻は『一遍聖絵』と類似する点が多く、『一遍聖絵』を参照したと推測される。五巻以降は、真教の、一遍からの法灯の正当性を主張している。真教が熊野本宮《くまのほんぐう》に奉納したという絵巻物は、同名であるがこれとは別のものである。

一遍上人縁起絵【いっぺんしょうにんえんぎえ】　宗俊《そうしゅん》編の同名書とは別のもの。『一遍聖絵』や宗俊編の『一遍上人縁起絵』と同様の一遍の伝記絵巻物とされているが、実体は不明である。二祖真教《しんきょう》が、掃部助《かもんのすけ》入道心性《しんしょう》とその子藤原有重に描かせ、嘉元四年（一三〇六）六月一日に熊野本宮《くまのほんぐう》に奉納したとされる。原本も模本も現存せず、真教が奉納の趣旨を記した『奉納縁起記《ほうのうえんぎき》』の江戸時代の版本のみが残っている。

一遍上人行状【いっぺんしょうにんぎょうじょう】　一遍の伝記。著者は不明。室町時代以降の成立とされているが、室町時代以降に多く見られる法灯《ほっとう》国師覚心《かくしん》の記述や、年記の形式などから、江戸時代の成立とも推測されている。

一遍上人語録【いっぺんしょうにんごろく】　宝暦十三年（一七六三）、遊行《ゆぎょう》五十二代一海《いっかい》の編により出版された。上下二巻。後に俊鳳妙瑞《しゅんぽうみょうずい》が改訂し、明和七年（一七七〇）、文化八年（一八一一）に再版されている。俊鳳妙瑞には、唯一の注釈書である『一遍上人語録諺《げん》釈』がある。

一遍上人年譜略【いっぺんしょうにんねんぷりゃく】　一遍の年代記風の伝記。全一巻。著者は不明で、成立年代は慶長五年（一六〇〇）頃と推定される。主に『一遍聖絵』を参考に書かれたらしい。本書のみに見られる記述には、創作が含まれていると考えられる。

一遍上人法門抜書【いっぺんしょうにんほうもんぬきがき】　一遍の法語集。二本現存しており、一つは滋賀県長浜市木之本町の浄信寺《じょうしんじ》蔵、享保十二年（一七二七）九月三日、長照寺《ちょうしょうじ》四代但阿《たんな》の書写である。もう一つは、同所の春渓寺《しゅんけいじ》蔵で、寛保三年（一七四三）五月永寿庵の善瑞《ぜんずい》が、浄信寺蔵本を書写したものである。

一遍念仏法語【いっぺんねんぶつほうご】　一遍の法語集。高野山金剛三昧院《こうやさんこんごうさんまいいん》蔵。寛正六年（一四六五）六月の筆写で、時期が明確な一遍の法語としては最古の写本。漢文体で、百二の法語が収められている。

一遍聖絵【いっぺんひじりえ】　一遍の伝記を描いた絵巻物。国宝。編者は聖戒《しょうかい》。絵は法眼円伊《ほうげんえんに》。正安元年（一二九九）に成立した。絹本著色、縦三四・五センチメートル。全十二巻で、阿弥陀の本願にちなみ四十八段からなる。正安元年、一遍入滅《にゅうめつ》後十年を機に制作された、一遍の生涯を詳細に述べた伝記で、もっとも早く成立し、かつ信頼のおけるものである。編者の聖戒は一遍の弟といわれる。一遍が十三歳で九州へ発つところに始まり、全国を遊行《ゆぎょう》した後、五十一歳の入滅までが描かれている。その絵は実際の風景を写生したものとも考えられ、当時の風俗を知る資料として貴重である。一遍の伝記絵巻物としては、『一遍聖絵』のほか、『一遍上人縁起絵《いっぺんしょうにんえんぎえ》』（『一遍上人《いっぺんしょうにん》絵詞伝《えしでん》』『遊行上人縁起絵《ゆぎょうしょうにんえんぎえ》』などとも呼ばれる）や、真教によって熊野本宮《くまのほんぐう》に寄進された『一遍上人縁起絵』(宗俊《そうしゅん》編とは別のもの。現存せず)などが知られている。

因幡堂【いなばどう】 京都市下京区にある真言宗智山派の福聚山平等寺《ふくじゅさんびょうどうじ》のこと。長保五年(一〇〇三)、橘《たちばなの》行平《ゆきひら》が、因幡国賀露津《かろのつ》の浦で、天竺祇園精舎《てんじくぎおんしょうじゃ》の東北療病院の本尊であった薬師如来を引き上げ、高辻烏丸の屋敷に祀ったのが始まりという。通称因幡堂、または因幡薬師。洛陽三十三所観音霊場二十七番、京都十三仏霊場七番、京都十二薬師霊場一番。弘安二年(一二七九)、一遍らは、内陣へ入ることを断られるが、その夜、寺の僧へ「大切な客人をもてなすように」との本尊の夢告があり、夜半に内陣に招き入れられた。『一遍聖絵』第四に収録。

雲居寺【うんごじ】 京都市東山区にあった天台宗寺院。承和四年(八三七)菅野真道《すがののまみち》によって創設された。応仁の乱で焼失し、その後、慶長十年(一六〇五)、高台寺《こうだいじ》建立のために撤去され、今出川十念寺《じゅうねんじ》に合併された。通称は八坂東院《やさかとういん》。弘安七年(一二八四)、一遍は、四条京極釈迦堂で賦算《ふさん》した後に、雲居寺に参詣した。『一遍聖絵』第七に収録。

宴聡【えんそう】 比叡山延暦寺《ひえいざんえんりゃくじ》の桜本兵部阿闍梨宴聡《さくらもとひょうぶあじゃりえんそう》。生没年不詳。近江《おうみ》大津の関寺《せきでら》にて一遍と踊り念仏について和歌でやりとりをした後、念仏行者となった。後に小野宿の小泉(滋賀県彦根市)で五穀を断じて名号を称《とな》え、往生を願った。『一遍上人縁起絵《いっぺんしょうにんえんぎえ》』第三に収録。

円頓戒【えんどんかい】 天台宗、浄土宗、時宗などに伝承されている戒法のこと。「円頓」とは円満頓速《えんまんとんそく》の意味であり、「戒」とは宗教的道徳をいう。『法華経』『梵網経《ぼんもうきょう》』『本業瓔珞経《ほんごうようらくきょう》』などの経典や、智顗《ちぎ》『梵網《ぼんもう》菩薩戒経義疏《ぼさつかいきょうぎしょ》』を根拠としている。具体的には、『梵網経』に説く「十重禁戒《じゅうじゅうきんかい》」「四十八軽戒《しじゅうはちきょうかい》」や、『本業瓔珞経』に説かれる「三聚浄戒《さんじゅじょうかい》」や「十波羅《じゅうはら》夷《い》」である。さらに、湛然《たんねん》『受菩薩戒儀《じゅぼさつかいぎ》』を受戒作法の規則としている。「三聚浄戒」について、浄土教一般では「摂律儀戒《しょうりつぎかい》」「摂善法戒《しょうぜんほうかい》」「摂衆生戒《せつしゅじょうかい》」と呼称するが、時宗では「摂衆生戒」を「繞益有《にょうやくう》情戒《じょうかい》」と呼称している。日本における円頓戒は、最澄《さいちょう》が唐において道邃《どうずい》から授けられ、伝承したものである。時宗教団では、良忍《りょうにん》・叡空《えいくう》・法然《ほうねん》・證空《しょうくう》・聖達《しょうだつ》・一遍へと伝承されたと考えられる。また、宝暦十二年（一七六二）に清浄光寺《しょうじょうこうじ》夏安居《げあんご》で西山派《せいざんは》の俊鳳妙瑞《しゅんぼうみょうずい》が『播州問答集《ばんしゅうもんどうしゅう》』の講義に続き、円頓戒相承を行っている。この行では、円頓戒を時宗の僧二十人が受戒をしている。

琰魔堂【えんまどう】　滋賀県守山市焰魔堂町にある浄土宗鎮西派《ちんぜいは》の五道山十王寺《ごどうさんじゅうおうじ》に祀られていた焰魔堂のこと。現在は焰魔堂町自治会館となっている。一遍が逗留《とうりゅう》したとき、延暦寺東塔《えんりゃくじとうとう》桜本の兵部竪者重豪《ひょうぶじゅしゃじゅうごう》が、踊りながら念仏をすることはけしからんと意見すると、一遍は「はねばはねよをどらばをどれはるこまの、のりのみちをばしる人ぞしる」と歌を詠んだ。その後、重豪は発心《ほっしん》し、念仏行者となっている。『一遍聖絵』第四に収録。

往生【おうじょう】　この世で命を終わって、他の世界で生を受けること。この語は、もともと広い意味で用いられており、菩薩が衆生《しゅじょう》を救うために、浄土から娑婆（この世）に生まれる場合も往生という。菩薩が一仏国から一仏国へとめぐって諸仏を供養し、教化することにも用いられるが、現在では多くの場合、娑婆で死して後、阿弥陀仏の極楽浄土に生まれる意味に用いられる。『観無量寿経《かんむりょうじゅきょう》』「かの国に生ぜんと願じて三種の心を発《ほっ》さば即便（すなわち）往生す」と説いている。法然《ほうねん》は、『往生要集釈《おうじょうようしゅうしゃく》』に「往生というは此《ここ》を捨て彼《かしこ》に往き蓮華に化生《けしょう》するなり」と述べている。

往生礼讃【おうじょうらいさん】　『願往生礼讃偈《がんおうじょうらいさんげ》』『六時《ろくじ》礼讃偈《らいさんげ》』のこと。一巻。善導《ぜんどう》が著した五部九巻の一つ。すべての衆生《しゅじょう》が西方極楽世界の阿弥陀仏国に往生したいと願うための行儀が、記されている。一日を日没《にちもつ》、初夜《しょや》、中夜《ちゅうや》、後夜《ごや》、晨朝《じんじょう》、日中《にっちゅう》の六時に分け、それぞれの偈文《げもん》を称《とな》え、懺悔《さんげ》礼拝することを勧めたものである。一遍が念仏とともに六時礼讃を重要視したことが、時宗という宗名にもつながっている。現在も、古流の博士《ふし》（音の長短を示すもの）で称える礼讃が伝承されている。

大井太郎【おおいたろう】　生没年不詳。信濃《しなの》国佐久郡の武士。野沢城主伴野《ともの》太郎時信《ときのぶ》、または大井太郎朝光《ともみつ》。姉が一遍を夢で見て信心を起こし、一遍に三日三夜供養をしてもらったが、数百人が踊り念仏をしたため、板敷を踏み落としてしまった。それを記念して、板敷を修繕せずに残したという。『一遍聖絵』第五に収録。

大炊御門の二品禅門【おおいみかどのにほんぜんもん】（一二三六～一三一一）　藤原冬忠《ふゆただ》の子信嗣《のぶつぐ》か。淀の「うえの」で、柄が汚れた団扇を持ち、一遍を訪ねた人物。一遍は団扇を何気なく受け取り、小刀で柄を削って返した。『一遍聖絵』第九に収録。

大隅正八幡宮【おおすみしょうはちまんぐう】　鹿児島県霧島市隼人町内にある鹿児島神宮《かごしまじんぐう》のこと。大隅国一宮。官幣大社。天津日高彦穂穂出見尊《あまつひこひこほほでみのみこと》（山幸彦《やまさちひこ》）を祀る。平安時代、八幡神が合祀されて以降、大隅正八幡宮、大隅八幡宮と称される。本地《ほんじ》は阿弥陀。建治二年（一二七六）、一遍が参詣したとき、八幡神から歌一首を示された。『一遍聖絵』第四に収録。

大友兵庫頭頼泰【おおともひょうごのかみよりやす】（一二二二～一三〇〇）　豊後《ぶんご》国の有力御家人。大友能直《よしなお》の孫。九州を回った一遍が四国へ渡ろうとしていたとき、一遍に帰依《きえ》した。一遍が頼泰のもとに逗留《とうりゅう》し、法門などを談じ合っているうちに、二祖真教《しんきょう》ら七、八人が一遍の同行となった。『一遍聖絵』第四に収録。

奥谷派【おくたには】　「おくだには」ともいう。時宗十二派のうちの一派。本寺は宝厳寺《ほうごんじ》（愛媛県松山市道後湯月町）。派名は宝厳寺の所在地の地名による。宝厳寺は天智天皇四年（六六五）に越智守興《おちもりおき》によって法相宗《ほっそう》の道場として創建されたが、天長七年（八三〇）に天台宗に改宗したという。その後、建治元年（一二七五）に一遍を中興として時宗に改め、一遍没後の正応五年（一二九二）に同寺二世仙阿《せんな》が奥谷派を開いたという。しかし、その後、尼僧珍一房は康永三年（一三四四）、遊行《ゆぎょう》七代託何《たくが》の当地遊行に際し、託何に帰依《きえ》した。珍一房没後、その遺志により奥谷派を解消して遊行派に帰した。奥谷派はわずか半世紀で消滅した。

小田切の里【おだぎりのさと】　長野市中西部の地域。弘安二年（一二七九）一遍が踊り念仏を始めた場所。『一遍聖絵』には、道俗が多く集まり、鉢などを叩き、踊りながら結縁《けちえん》する様子が描かれている。『一遍聖絵』第四に収録。

踊り念仏【おどりねんぶつ】　『一遍聖絵』によれば、踊り念仏を一遍が初めて行ったのは、四十一歳の弘安二年（一二七九）、信濃《しなの》国佐久郡小田切の里（長野県佐久市）で、法悦歓喜のあまり自然に踊り始めたという。絵を見ると、一遍は武士の館の縁側に立って鉢を叩いて念仏の音頭を取り、前の庭に二人の僧と尼を中心に十数人の僧俗が円陣を作って、裸足ではね踊っている。歓喜踊躍《ゆやく》は空也の先例がある。踊り念仏に人々が大勢集まって、念仏札をもらう者が激増したので、以後、踊り念仏を行っている。弘安五年（一二八二）の春、相模片瀬の浜の踊り念仏の絵を見ると、板屋根で四方吹きぬけの粗末な踊り屋を、まわりの見物人より一段高くしつらえ、胸に鉦《かね》をつけた時衆が数十人、足を高く上げて床を踏み鳴らし、右回りに踊っている。これまでに、見物人に見せるための踊りの形式ができていたと考えられる。以後、『一遍聖絵』によると、見物人の少ない田舎では、地面に丸太や角材を打ち込んで踊り屋を設け、京都のような大群衆が取り囲む都会では、遠くからも見えるように床を地面より一・五メートル以上も高くしてある。いずれも板屋根で上をおおっている。踊り方はすべて右回りで、踊り屋に充満した時衆がゆるやかに動く場合と、猛烈な勢いで熱狂的にはねる場合とがあった。踊り念仏は、現代の盆踊りをはじめ各地の民俗芸能のもとになったといわれ、能や狂言、歌舞伎などにも大きな影響を与えた。

小野寺【おのでら】　中世における下野《しもつけ》国小野寺。『一遍聖絵』に楼門や堂舎が描かれているのは、栃木県下都賀郡岩舟町にある小野寺山大慈寺《おのでらさんだいじじ》（天台宗）。弘安二年（一二七九）、にわか雨のために、一遍らが軒を借りた。その際、一遍は、あわてる尼法師をたしなめる歌を詠んでいる。『一遍聖絵』第五に収録。

園城寺【おんじょうじ】　三井寺《みいでら》とも呼ばれる。滋賀県大津市にある天台寺門《じもん》宗の総本山。長等山《ながらさん》と号する。大友氏の氏寺として草創され、第五代天台座主智《ち》証大師円珍《しょうだいしえんちん》により天台別院として中興された。弘安七年（一二八四）、一遍らは関寺《せきでら》に入るのを園城寺から制止され、関寺のほとりにある草堂に入った。後に許され、関寺にて七日間行法を行う。後に智徳らとの法談により、続けて二七日（十四日）間逗留《とうりゅう》する。『一遍聖絵』第七に収録。

か行

覚心【かくしん】（一二〇七～一二九八）心地《しんち》覚心。法灯《ほっとう》円明《えんみょう》国師。法灯禅師。鎌倉時代の僧。臨済宗法灯派の開祖。普化宗《ふけしゅう》の祖。無本《むほん》とも号した。東大寺と高野山《こうやさん》で修行し、中国に渡って径山寺《きんざんじ》（金山寺）味噌や尺八を日本にもたらした。晩年は西方寺《さいほうじ》（後の臨済宗法灯派《ほっとうは》本山興国寺《こうこくじ》）を中心に活動した。一遍が覚心に参禅して手巾《しゅきん》と薬籠をもらい、禅修行がなったとする印可《いんか》を受けたというが、事実かどうかは不明である。『一遍上人語録《いっぺんしょうにんごろく》』『一遍上人行状《いっぺんしょうにんぎょうじょう》』『一《いっ》遍上人年譜略《ぺんしょうにんねんぷりゃく》』などに収録。

学寮【がくりょう】僧侶の養成機関。時宗では、延享五年（一七四八）に藤沢二十六世快存《かいぞん》・遊行《ゆぎょう》五十一代賦存《ふぞん》の連名で『学寮条目《じょうもく》』『両本山条目』が出されている。この頃、藤沢清浄光寺《しょうじょうこうじ》と京都金光寺《こんこうじ》の境内に学寮が設置され、その後、浅草日輪寺《にちりんじ》境内にも学寮が設けられた。学寮在籍者は、「大衆帳《だいしゅちょう》」に登録され、年数に応じて出世昇進のための席講《せきこう》が課された。席講とは、典籍を講義し、その評価を得るものである。この席講では、経典や注釈書などの典籍が使用されている。明治九年（一八七六）には、「時宗規則」が制定され、修学内容が規定された。明治十九年（一八八六）、稲葉覚道《いなばかくどう》（遊行六十三代尊純《そんじゅん》）を学頭《がくとう》として西部大学林が京都金光寺に、明治二十二年（一八八九）には東部大学林が藤沢に設けられ、明治に入って途絶えていた学寮が復興した。その後、東西両学林を合併し、藤沢の時宗宗学林《じしゅうしゅうがくりん》に一本化された。時宗宗学林は、大正五年（一九一六）藤嶺《とうれい》学園藤沢中学（藤嶺藤沢中学・高等学校の前身）を併設して一般市民に門戸を広げた。さらに昭和六年（一九三一）に藤沢商業学校（藤沢翔陵《しょうりょう》高等学校の前身）が併設され、昭和二十年（一九四五）には相模女子商業学校（鵠沼《くげぬま》高等学校の前身）を系列化するなど発展をとげ、現在に至っている。時宗宗学林は、「時宗宗制」に基づき、僧侶養成機関として学頭および教授・講師で運営され、その伝統ある名称を現在まで継承している。

卍山実弁【かずやまじつべん】（一八二〇～一八八七）備後《びんご》（広島県）に生まれ、十三歳で尾道の常称寺《じょうしょうじ》恵空について得度し、恵弁と称する。十七歳にして大和長《は》谷《せ》寺《でら》学寮で華厳《けごん》を学ぶ。その後、滋賀高宮寺《こうぐうじ》（彦根市高宮町）、鳥取安養寺《あんようじ》（米子市福市）、浅草日輪寺《にちりんじ》（東京都台東区西浅草）で管長代理などを歴任した。明治初期の混乱の中、宗門の体制維持や焼失した総本山の復興に奔走した。著書には、『略述法相義《りゃくじゅつほっそうぎ》』『十《じゅう》三宗綱要《さんしゅうこうよう》』華厳部《けごんぶ》などがある。高木教順、小林仏眼、大鹿愍成《おおしかみんじょう》、山崎弁栄《やまざきべんね》など宗門内外に多くの有能な弟子を輩出した。

片瀬【かたせ】中世鎌倉の西の入口。境川《さかいがわ》河口の鎌倉側の岸にある湘南砂丘地帯。『一遍上人縁起絵《いっぺんしょうにんえんぎえ》』には「龍口《たつのくち》」として描かれる。弘安五年（一二八二）三月二日、一遍は、「かたせの館の御堂」で断食し、別事《べつじ》念仏を行った。その後、片瀬の浜の地蔵堂に移り、踊り屋を建てて踊り念仏を修した。片瀬には、同年七月十六日まで逗留《とうりゅう》した。『一遍聖絵』第六に収録。

鎌倉【かまくら】鎌倉幕府が所在した場所。七代将軍惟康《これやす》親王の代の弘安五年（一二八二）三月一日、一遍は巨福呂《こぶくろ》坂より鎌倉入りを試みる。しかし大守《たいしゅ》（北条時宗《ほうじょうときむね》）が山内《やまのうち》へ行く道筋であるとして、追い返される。そのとき小舎人《こどねり》が時衆を打擲《ちょうちゃく》し、一遍を叱責した。これに対して、一遍が、仏法毀謗《きぼう》の罪で地獄へ落ちるときには念仏だけが頼りであると答えると、さらに二杖打擲した。『一遍聖絵』第五に収録。

萱津宿【かやつじゅく】愛知県あま市甚目寺付近。一遍は尾張遊行《おわりゆぎょう》中、甚目寺《じもくじ》にとどまり、「七日乃行法」

を修した。それを機に萱津の光明寺《こうみょうじ》が創建されたとされ、光明寺には歴代の遊行上人が逗留《とうりゅう》した記録が残る。『萱津道場参詣記《かやつどうじょうさんけいき》』（文政十年〈一八二七〉）には、寛政十年（一七九八）、遊行五十四代尊祐《そんゆう》が熊野権現《くまのごんげん》の御輿《みこし》を担ぎ、清浄光寺《しょうじょうこうじ》の「かじめの杓子《しゃくし》」の出開帳《でがいちょう》とともに賦算《ふさん》（札くばり）を行う様子が描かれている。『一遍聖絵』第六、『一遍上人縁起絵《いっぺんしょうにんえんぎえ》』第三に収録。

唐橋法印印承【からはしほういんいんしょう】　生没年不詳。弘安七年（一二八四）一遍が市屋に道場を設け、数日を送っていたとき、一遍が勢至菩薩《せいしぼさつ》の化身であるという霊夢の記を持って参上した人物。これを一遍は、念仏こそ真実であると戒めた。『一遍聖絵』第七に収録。

歓喜光寺【かんきこうじ】　「かんぎこうじ」ともいう。京都市山科区大宅奥山田にある。紫苔山河原院《したいさんかわらいん》と号す。もと六条派本山であり、六条道場と呼ばれた。『一遍聖絵』編者として知られる聖戒《しょうかい》が、正応四年（一二九一）、京都石清水《いわしみず》八幡宮（男山《おとこやま》八幡）の南に創建した善導寺《ぜんどうじ》を、永仁七年（一二九九）、六条河原院の旧跡に移転し、旧菅原院殿の天満宮と歓喜寺（神宮寺《じんぐうじ》）を合併し、六条道場河原院歓喜光寺として建立したとされる。天正年間（一五七三〜一五九二）、豊臣秀吉の命で四条京極に移転し、さらに明治四十年（一九〇七）、法国寺《ほうこくじ》と合併して五条通東大路上ルに移転した。その際、天満宮だけが四条京極に残り、現在の錦天満宮《にしきてんまんぐう》となった。昭和五十年（一九七五）、現在地に移転する。なお、国宝『一遍聖絵』はもと歓喜光寺に伝わっていたもので、三十世弥阿輪山《みありんざん》は、その詞書《ことばがき》を集めた『六条縁起』を作成している。

観無量寿経【かんむりょうじゅきょう】　『観経』ともいう。『無量寿経《むりょうじゅきょう》』『阿弥陀経』とともに浄土三部経《じょうどさんぶきょう》の一つ。畺良耶舎《きょうりょうやしゃ》訳。王舎城《おうしゃじょう》の悲劇を主題として、韋提希《いだいけ》夫人が息子阿闍世《あじゃせ》に苦しめられていたとき、釈尊が阿弥陀仏および極楽浄土を観想《かんそう》する十六種の方法を説く。浄土三部経の中で、もっとも発展した思想を示している。この経典の注釈書には浄影寺慧遠《じょうようじえおん》の

『観無量寿経義疏《かんむりょうじゅきょうぎしょ》』二巻、善導《ぜんどう》『観無量寿経疏《かんむりょうじゅきょうしょ》』四巻などがある。道綽《どうしゃく》は綱要書としての『安楽集《あんらくしゅう》』を著した。その弟子善導は、凡夫《ぼんぶ》往生の称名《しょうみょう》念仏が本経の主旨であると強調した。

観無量寿経疏【かんむりょうじゅきょうしょ】　唐の善導《ぜんどう》が著した『観無量寿経』の注釈書。『観無量寿経』は、阿弥陀仏の本願念仏による凡夫《ぼんぶ》往生を説き、称名《しょうみょう》念仏を勧めるところにその本意があるとした。「玄《げん》義分《ぎぶん》」「序分義《じょぶんぎ》」「定善義《じょうぜんぎ》」「散善義《さんぜんぎ》」からなるので『四帖疏《しじょうしょ》』ともいい、また『観経疏《かんぎょうしょ》』と略称される。本書は、従来の説とは異なり、称名念仏を観想《かんそう》念仏よりも強調したところに、浄土教史上、非常に重要な意味を持つ。法然《ほうねん》は、『選択本願念仏集《せんちゃくほんがんねんぶつしゅう》』に「ひとえに善導一師に依る」と記すように、本書に影響を受け、専修《せんじゅ》念仏の道に入った。

起行【きぎょう】　浄土教における実践行で、阿弥陀仏の浄土に往生を願う者が、阿弥陀仏の本願により、身口意《しんくい》の三業《さんごう》の働きから起こす行をいう。善導《ぜんどう》が安《あん》心《じん》、作業《さごう》とともに用いた語である。法然《ほうねん》は、善導の『観無量寿経疏《かんむりょうじゅきょうしょ》』に基づき、読誦など五種の行を立て、第四の称名《しょうみょう》行を正定業《しょうじょうごう》として、その他の行を前三後一の助業《じょごう》とした。一遍は安心、起行作業のすべてが六字名号にあると説いた。

北野天神【きたのてんじん】　菅原道真《すがわらのみちざね》を祀る神社のことで、一般的には京都市上京区にある北野天満宮をいう。『一遍聖絵』には、淡路《あわじ》志築《しづき》に北野天神を勧請《かんじょう》（分社）した志築《しづき》天神として登場する。一遍が天神に詣でた理由として、「天神は阿弥陀を補佐する観音菩薩である。菩薩が我が国に天神として現れ、安らかな世にするように守っている」としている。そのため、時宗宗門内には多数の天神像が伝わっている。『一遍聖絵』第十一に収録。

吉備津宮【きびつのみや】　岡山市北区にある大吉備津彦《おおきびつひこの》命《みこと》を祀る吉備津神社のこと。吉備国の総鎮守から備《びっ》中《ちゅう》国一宮となる。吉備津彦神社とも呼ばれた。弘安元年（一二七八）冬、備前《びぜん》国藤井にて吉備津宮神主の子息の妻が一遍に帰依して、剃髪《ていはつ》出家した。夫はこれを怒り、一遍を追い、福岡の市にて斬ろうとするが、逆に一遍の徳に感じ、自ら剃髪出家する。『一遍聖絵』第四に収録。

機法一体【きほういったい】 時宗教学を表す用語。「機」とは衆生《しゅじょう》の機根をいい、「法」とは阿弥陀仏をいう。衆生と阿弥陀仏が、南無阿弥陀仏の六字名号において一体であることを表す。西山派《せいざんは》や真宗で使用され、西山教義の流れを汲む時宗教学でも、教義を表現する重要な語として使用されている。西山教義では、阿弥陀仏による衆生救済のいわれが南無阿弥陀仏に込められていることを表した用語で、「機」の南無（迷いの衆生が仏に頼むこと）と「法」である阿弥陀仏（衆生を救わんとする阿弥陀仏の働き）が相応し一体となることをいう。一遍の法語に見られる用例からは、衆生を救済する概念を表す用語として使用され、阿弥陀仏と衆生との関係を六字名号の中に見出している。すなわち、時宗教学では、六字名号の中に阿弥陀仏も衆生も内包され、その存在が超越したものであることを表している。

器朴論【きぼくろん】 全三巻。遊行《ゆぎょう》七代託何《たくが》撰述。文和年間（一三五二〜五六）の成立とされる。それまで根幹となる宗典のなかった時宗教団の教学を、体系的にまとめたものである。一遍の教えを論理的に位置づけ、さらに展開させ、時宗教学の基礎を築いている。託何は『器朴論』で、仏教の所説が「念仏一《ねんぶついち》行《ぎょう》」を説くためのものであるとし、「念仏一行」が諸教の帰結であることを説く。また、『器朴論』は、当時盛んに行われていた善導《ぜんどう》に関する研究書でもある。「器」は仏界つまり浄土を意味し、「朴」は衆《しゅ》生《じょう》界を表している。このことから、器朴とは機法《きほう》一体《いったい》とも通じ、名号を意味する。

帰命戒【きみょうかい】 帰命誓戒ともいい、時宗教団に入門する際に誓われる時宗独特の戒をいう。時宗教団では、知識《ちしき》（遊行《ゆぎょう》上人）を生きた阿弥陀仏と仰ぎ、その知識に身命を、後生に至るまで譲ることを誓う。入門した証拠として、最後に誓いの鉦《かね》を打つ。過酷な遊行をするために一遍の代にも行っていたと考えられるが、知識帰命の儀礼として重要視されるようになったのは二祖真教《しんきょう》の代からである。教団の結束を堅固にする目的に合っていたためである。

教願【きょうがん】　生没年不詳。「花のもとの教願」と呼ばれる。弘安十年（一二八六）、備中《びっちゅう》国軽部の宿（岡山県総社市）にて、四十八日間の縁を結び、迷わず正しく念仏を称《とな》えて往生をとげた人物。「花のもと」とは「花下連歌《はなのもとれんが》」（桜の木の下で行う連歌）のこと。『一遍聖絵』第十に収録。

教信【きょうしん】（七八一〜八六七）　平安時代の念仏僧。弘安九年（一二八五）、一遍は印南野《いなみの》の教信寺《きょうしんじ》（兵庫県加古川市野口町野口）に参詣した。後に、一遍は印南野で臨終したいと語り、教信のように遺体は野に捨てて獣に施すようにと遺言した。一遍が尊敬していた人物。『一遍聖絵』第九、第十一に収録。

空海【くうかい】（七七四〜八三四）　平安時代前期の僧。真言宗の開祖。弘法大師《こうぼうだいし》。延暦二十三年（八〇四）、遣唐使の船で唐に入り、恵果《けいか》より密教を伝授され、遍照金剛《へんじょうこんごう》号を与えられた。その後、高野山《こうやさん》に金剛《こんごう》峯寺《ぶじ》を建立し、東寺《とうじ》を真言密教の根本道場とした。能書家としても知られ、嵯峨《さが》天皇、橘逸勢《たちばなのはやなり》とともに三筆の一人に数えられる。文永十一年（一二七四）、一遍が参籠《さんろう》した伊予《いよ》国浮穴郡《うけなぐん》菅生《すごう》の岩屋《いわや》は、空海作とされる不動が安置された空海の修行の旧跡であった。この地で一遍は遁世《とんせい》の素意を祈り、半年に及ぶ修行を経て、遊行《ゆぎょう》を始めた。『一遍聖絵』第二に収録。

空也【くうや】（九〇三〜九七二）　平安時代の念仏僧。市聖《いちのひじり》。阿弥陀聖《あみだのひじり》などと呼ばれた。一遍が尊敬し、先達と仰いだ人物。踊り念仏を京都市屋《いちや》あるいは四条の辻において始めたのは、空也であると考えられていた。『一遍聖絵』第四、第七に収録。

窪寺【くぼでら】　愛媛県松山市窪野町の北谷周辺とされる。文永八年（一二七一）秋、一遍はこの地に「閑室《かんしつ》」を設け、信濃善光寺《しなのぜんこうじ》参詣の際に書き写した「二河白道図《にがびゃくどうず》」を東壁にかけ、修行する。三年の後に「十一不二頌《じゅういちふにじゅ》」を完成させ、衆生《しゅじょう》を利益《りやく》しなければならないと決心する。『一遍聖絵』第一に収録。

熊野【くまの】　紀伊半島南部、和歌山県南部と三重県南部からなる地域。熊野三山と呼ばれる熊野本宮《ほんぐう》大社《たいしゃ》、熊野速玉大社《はやたまたいしゃ》、熊野那智大社《なちたいしゃ》を中心とした霊場である。巡礼地としても知られ、死者の霊が籠る場所としても知られる。古来より修験道修行の地とされ、浄土信仰が盛んになると浄土と見なされ、皇族や女院の参詣が相次いだ。文永十一年（一二七四）夏、一遍は熊野本宮にて熊野権現《ごんげん》から神勅《しんちょく》を受け、他力本願の深意を悟り、「六十万人頌《ろくじゅうまんにんじゅ》」を作った。時宗では、このときを立教開宗としている。『一遍聖絵』第三に収録。

くみ【くみ】 弘安八年（一二八五）、一遍は但馬《たじま》国の「くみ」から一町ほどのところに念仏道場を設け、修行している。現在の兵庫県豊岡市竹野町にある興長《こうちょう》寺《じ》にあたるものであろう。『一遍聖絵』第八に収録。

久美の浜【くみのはま】 京都府北部、兵庫県境の丹後《たんご》地方にあった旧熊野郡久美浜町（現在は京丹後市に合併）周辺。弘安八年（一二八五）五月、念仏修行中、龍が顕現した様子が『一遍聖絵』に描かれている。『一遍聖絵』第八に収録。

軍勢相伴僧【ぐんぜいしょうばんそう】 陣僧《じんそう》ともいう。戦陣で武将のそばにいて、往生覚悟の錬成や、刀傷の療治、戦死者の供養を務めとし、また、諸芸に奉仕した僧をいう。鎌倉時代末期から南北朝時代にかけては、時衆には陣僧が多く、戦場に頻繁に出入りした。最後の十念《じゅうねん》を勧めている様が、『太平記』『明徳《めいとく》記《き》』『大塔物語《だいとうものがたり》』などの軍記物によく記されている。遊行《ゆぎょう》十一代自空《じくう》は、陣僧を、「軍勢に相伴《とも》ふ時衆」と称し、その心得五か条を定めている（『時宗宗典』上巻に収録）。なお、時宗関係の史料には「陣僧」の語は見えない。

解意派【げいは】 時宗十二派のうちの一派。派名は派祖である解意阿観鏡《げいあかんきょう》に由来する。解意阿は、二祖真教の弟子とされているが、諸説ある。派の中興である尊重《そんちょう》が、応永十九年（一四一二）に後小松《ごこまつ》天皇に拝謁し、定阿《じょうあ》上人号と紫衣着服の勅許《ちょっきょ》を得た。本寺は、常陸国真壁郡海老ケ島郷新善光寺《しんぜんこうじ》（江戸時代に現在の茨城県筑西市松原に移転）であり、水戸彰考館所蔵の末寺帳によれば、末寺七か寺が茨城に存在した。近代に入り、遊行派に帰入した。解意派の信仰は、浄土宗西山派《せいざんは》や鎮西派《ちんぜいは》、善光寺《ぜんこうじ》などと関連があると考えられている。

華台【けだい】　生没年不詳。浄土宗西山派《せいざんは》の僧。西山派の祖證空《しょうくう》の弟子。證空のもとで一遍の父如仏《にょぶつ》とは兄弟弟子の関係であったが、如仏の師であったこともある。華台は、一遍の法名随縁《ずいえん》を智真《ちしん》と改め、一遍は華台のもとで浄土教の書物について学んだ。『一遍聖絵』第一に収録。

玄秀【げんしゅう】　（一六六一～一七〇二）　覚阿《かくあ》。遠江国《とおとうみ》見付《みつけ》（静岡県磐田市見付）で生まれた。宗学に精通していた見付の省光寺《しょうこうじ》二十二世玄道《げんどう》（遊行《ゆぎょう》四十七代唯《ゆい》称《しょう》）の弟子。西念寺《さいねんじ》（山梨県富士吉田市）住職であったが、寺務などで宗学研鑽ができないことを嘆き、ついに、玄道が元禄五年（一六九五）、山形光明寺《こうみょうじ》（山形市七日町）へ転住した際、西念寺住職を辞して山形におもむき、六年間随逐した。この期間に執筆したのが『時宗統要篇《じしゅうとうようへん》』である。玄秀は、玄道が遊行上人となった後、間もなく入寂し、光明寺二十六世を贈位された。

見性【けんしょう】　生没年不詳。十三世紀中頃の人。長《なが》門《と》の人で、「長門の顕性房《けんしょうぼう》」ともいわれる。西山派《せいざんは》証入《しょうにゅう》、覚入《かくにゅう》の弟子。備後《びんご》の蓮台院で修学した。「半《はん》自力半他力三心処廃義《じりきはんたりきさんじんしょはいぎ》」を立てた。一遍が尊敬していた人物。

顕意【けんに】　（生年不詳～一三〇四）　道教《どうきょう》ともいう。浄土宗西山派深草義《せいざんはふかくさぎ》の大成者。薩摩《さつま》の人。『法水分《ほっすいぶん》流記《るき》』によれば、聖達《しょうだつ》の継子であり、聖達のもとで出家している。一遍とは同門で、同時期に学んでいる。その後、上洛して證空《しょうくう》門下で深草義の祖にあたる円空立信《えんくうりゅうしん》に師事し、西山教義の奥義を究めた。善導《ぜんどう》の著作の講席を行い、多くの門弟を集めた。また、注釈書を著し、その解釈をめぐって、ほかの浄土教学者と論議を重ねた。著作には、『観経疏楷定《かんぎょうしょかいじょう》記《き》』三十六巻、『浄土疑端《じょうどぎたん》』三巻、『浄土宗要集《じょうどしゅうようしゅう》』三巻、『竹林鈔《ちくりんしょう》』二巻などがある。

河野往阿【こうのおうあ】　（一八三九～一九〇六）　京都に生まれた。生善《しょうぜん》、一雨と号す。八歳で神戸真光寺《しんこうじ》十七世院代其阿広善《ごあこうぜん》について得度。法兄である浅草学《がく》寮《りょう》主河野覚阿《かくあ》（遊行《ゆぎょう》六十一代尊覚《そんがく》）に修学、大和《やまと》長《は》谷寺《せでら》で華厳《けごん》を、西部学寮で宗学を、比叡山《ひえいざん》で天台教学を修学した。明治十年（一八七七）、真光寺二十世院代に就任。著書には『時宗要義俚言抄《じしゅうようぎりげんしょう》』『時宗綱《じしゅうこう》要《よう》』などがある。明治二十一年（一八八八）に大悲学校を設置し、明治二十二年（一八八九）に愛友社を結成して、『大悲之友』を発行する。河野頼善《らいぜん》（遊行《ゆぎょう》六十五代尊光《そんこう》）ほか多くの弟子を育てた。

河野氏【こうのし】　伊予《いよ》国の豪族で、一遍の出身一族。越智《おち》氏の流れを汲み、有名な村上水軍は河野氏の配下であるとされる。鎌倉時代、承久《じょうきゅう》の乱《らん》にて後鳥羽《ごとば》上皇に味方したため一時的に衰退。その後、元寇・弘安《こうあん》の役《えき》において活躍し、最盛期を迎えた。なお、河野の家紋折敷《おしき》三文字は、時宗の角切三《すみきりさん》（隅切り角に三）に酷似している。

河野通有【こうのみちあり】（生年不詳～一三一一）　鎌倉時代後期、伊予《いよ》の武将。河野氏の正系。通信《みちのぶ》の孫。通継《みちつぐ》の子。一遍にとって従兄弟にあたる。承久《じょうきょう》の乱以降衰退した河野氏は、元寇・弘安《こうあん》の役《えき》での通有の活躍により功を上げ、一族の勢力回復をとげた。

河野通信【こうのみちのぶ】（一一五六～一二二三）　平安時代後期から鎌倉時代前期の武将。一遍の祖父。承久の乱にて後鳥羽《ごとば》上皇に味方したが、子の通久《みちひさ》が幕府側で戦功を上げたために死罪を免れ、奥州江刺《おうしゅうえさし》（岩手県北上市）に流され、その地で没した。

河野通広【こうのみちひろ】（生年不詳～一二六三）　河野通信《みちのぶ》の子。一遍の父。出家して如仏《にょぶつ》と称す。京都で浄土宗西山派《せいざんは》の證空《しょうくう》へ入門した。兄弟弟子に聖達《しょうだつ》・華台《けだい》がいる。後に、伊予《いよ》国道後《どうご》の宝厳寺《ほうごんじ》別院で半俗半僧の生活を送った。『一遍聖絵』第一に収録。

光明福寺【こうみょうふくじ】　兵庫の輪田先島にあったとされる寺院で、現在の神戸市兵庫区松原通の真光《しんこう》寺《じ》の前身とされる。『一遍聖絵』第十一に収録。

高野山【こうやさん】　和歌山県北部の伊都郡高野町にある、真言宗の総本山金剛峯寺《こんごうぶじ》を中心とする聖地。弘仁十年（八一九）頃、弘法大師空海《こうぼうだいしくうかい》が開山した、壇《だん》上伽藍《じょうがらん》と呼ばれる宗教空間である。文永十一年（一二七四）一遍は、四天王寺から高野山に入り、弘法大師垂迹《すいじゃく》の地として訪ねている。『一遍聖絵』第二に収録。

国阿派【こくあは】　時宗十二派のうちの一派。本寺は雙林寺《そうりんじ》（京都市東山区下河原鷲尾町）。国阿随心《こくあずいしん》を派祖とする。国阿は、正和三年（一三一四）二月、播磨《はりま》国に石塔四郎頼茂《いしどうよりしげ》の子として生まれた。母は安倍氏。俗名を国明と称した。正中元年（一三二四）、書写山《しょしゃざん》に登り、源栄に師事し、天台の法門を学んで随心と号した。貞和三年（一三四七）、諸国修行の旅に出て、遊行《ゆぎょう》七代託何《たくが》に会い、念仏の安心《あんじん》を聞いて時宗となり、名を国阿と改めた。永徳三年（一三八三）に入洛、九月に東山の霊山寺《りょうぜんじ》を光英から、至徳元年（一三八四）十月に雙林寺を勝行房から譲り受けて、時宗寺院とする。雙林寺はもと天台宗の寺院で、唐から帰朝した最澄が、延暦二十四年（八〇五）、霊鷲《りょうじゅ》山沙羅雙林寺《せんさらそうりんじ》として開基した、比叡山《ひえいざん》の別院であった。建武三年（一三三六）正月、全山焼失した。至徳年間（一三八四〜八六）、国阿が再建して時宗に改め、時宗東山道場と呼ばれ、国阿派の本寺となった。明治維新後、時宗から天台宗に復帰した。

金光寺（市屋）【こんこうじ・いちや】　京都市下京区六条通河原町西入本塩竈町にある時宗寺院。中世より市《いち》姫神《ひめのかみ》に対する信仰があることから、市姫金光寺《いちひめこんこうじ》とも称する。もと市屋派本山で、空也《くうや》が東市（七条堀川）に建立した市堂が始まりとされ、市屋道場、一夜道場と呼ばれた。

金光寺（七条）【こんこうじ・しちじょう】　京都市下京区七条大路南・東洞院大路東にあった時宗寺院。七条道場、七条河原口道場と呼ばれた、京都における遊《ゆ》行派《ぎょうは》の拠点。正安三年（一三〇一）、二祖真教《しんきょう》が七条仏所の大仏師康弁《こうべん》より仏師定朝《じょうちょう》の邸跡を寄進され、遊行四代呑海《どんかい》によって建立された。中世においては、足利《あしかが》将軍家の外護を受けた。応永三十一年（一四二四）八月、足利義量《よしかず》は、当寺を四条道場の本寺とした。天正十九年（一五九一）、豊臣秀吉から寺領百九十七石の朱印を受けた。江戸幕府からは、寺領として百八十八石（乙訓郡物集女村）と九石（葛野郡西院村）の朱印を与えられた。寛延二年（一七四九）五月には、西の学寮《がくりょう》が開設されている。しかし、安政五年（一八五八）六月と、元治元年（一八六四）七月に、火災に遭遇し、さらに明治八年（一八七五）の火災が引き金となって、明治四十一年（一九〇八）、東山の長楽寺《ちょうらくじ》（京都市東山区八坂鳥居前東入円山町）に吸収合併された。

金蓮寺【こんれんじ】 京都市北区鷹峯藤林町にある時宗寺院。錦綾山豊国院《きんりょうざんほうこくいん》と号する。もと四条派本山。応長元年（一三一一）、二祖真教《しんきょう》の弟子浄阿真観《じょうあしんかん》が、四条京極祇陀林寺《ぎだりんじ》釈迦堂に身を寄せていたとき、後《ご》伏見《ふしみ》上皇の女院広義門院藤原寧子《にょいんこうぎもんいんふじわらのねいし》の難産にあたって護符《ごふ》を与え、皇子（光厳《こうげん》天皇）を出産した。その功績により後伏見上皇から土地を賜り、太平興国金蓮寺を建立したと伝える。応永三十一年（一四二四）、足利義量《あしかがよしかず》が七条道場金光寺《こんこうじ》を本寺とし、四条道場金蓮寺を末寺としたため、信徒が怒り、浄阿を高野山《こうやさん》に追放し、寺に火を放ち焼失させた。昭和三年（一九二八）一月、現在地へ移転した。

さ行

在京日鑑【ざいきょうにっかん】 遊行《ゆぎょう》上人が京都の七条道場金光寺《こんこうじ》に滞在したときの公用記録。遊行日鑑のうち、在京にあたる部分で、十七冊に及ぶ。七条道場金光寺は、遊行上人が住持《じゅうじ》する寺とされており、通常は大炊御門《おおいみかど》道場聞名寺《もんみょうじ》、吉水《よしみず》道場法国寺《ほうこくじ》が院代として寺務を管理していた。『在京日鑑』には、遊行上人の金光寺滞在中の動向が記されているほか、京極誓願寺《せいがんじ》（浄土宗西山深草派《せいざんふかくさは》総本山）参拝の様子や、宮中に参内し、綸旨《りんじ》を受ける様子なども記されている。

蔡州和伝要【さいしゅうわでんよう】 全一巻。遊行《ゆぎょう》七代託《たく》何《が》の撰述。跋《ばつ》から暦応二年（一三三九）成立とわかる。蔡州は中国周代の国名、和は日本を指しており、日中浄土教史を意味する。聖徳太子を観音の垂迹《すいじゃく》であるとし、空海《くうかい》、最澄《さいちょう》、円仁《えんにん》など祖師たちがすべて阿弥陀仏に帰依《きえ》したことを説いている。『三大祖師法語』

に収録。

歳末別時念仏【さいんまつべつじねんぶつ】 → **別時念仏**【べつじねんぶつ】

三心【さんじん】 浄土教において、浄土へ往生を願う者が、念仏を称《とな》えるときにそなえるべき三種の心をいう。また、『観無量寿経《かんむりょうじゅきょう》』に説かれる三心とは、往生の正因として説かれる至誠心・深心・回向発願《えこうほつがん》心である。一遍は、自力我執《がしゅう》の心と煩悩具足《ぼんのうぐそく》の身を捨てて阿弥陀仏に帰し、能帰《のうき》（衆生《しゅじょう》）と所帰《しょき》（仏）とが一体になって念仏するところに三心があるとする。

山王【さんのう】 滋賀県大津市坂本にある日吉大社《ひえたいしゃ》のこと。大己貴神《おおなむちのかみ》（西本宮、かつての大宮の祭神）、大山《おおやま》咋神《くいのかみ》（東本宮、かつての二宮の祭神）を祀る。全国三千八百余の日吉神社・日枝神社・山王神社の総本社。最澄《さいちょう》が比叡山《ひえいざん》の地主神《じぬしがみ》である当社を延暦寺《えんりゃくじ》の守護神として崇敬したことから、山王権現《ごんげん》と称される。『一遍聖絵』第七に収録。

時衆【じしゅう】 一遍も二祖真教《しんきょう》も、同行の僧尼を「時衆」と呼んでいる。この語は中国の善導《ぜんどう》の著『観無《かんむ》量寿経疏《りょうじゅきょうしょ》』「玄義分《げんぎぶん》」の「道俗時衆等各発無上心」によっている。法然《ほうねん》も證空《しょうくう》も、不断《ふだん》念仏を修行するとき、交替して奉仕する者を定め、これを時衆と呼んだ。すなわち、昼夜六時の勤行や不断念仏など、長時間あるいは数日に及ぶ法要のときは、交替の時間と人数が定められる。その次第書を「結番《けちばん》」あるいは「番帳」といい、その要員を時衆といった。遊《ゆ》行寺《ぎょうじ》宝物館の「一期不断念仏結番《いちごふだんねんぶつけちばん》」という番帳は、一遍と同行した班別の団員名簿である。一遍はこうした僧尼を時衆と呼んでいるのである。後に「時衆」の語を他の宗派が使わなくなり、遊行教団の名称として通用するようになった。江戸時代に入ると、「衆」が「宗」に代わり、「時宗」が宗派の名として確定した。一遍・真教の系統の教団を呼ぶときに、江戸時代以前は「時衆」、江戸時代以後は「時宗」と区別している。

時衆過去帳【じしゅうかこちょう】『往古過去帳《おうごのかこちょう》』ともいう。一遍が在世中の弘安二年（一二七九）六月から書き始められ、代々の遊行《ゆぎょう》上人が所持して、書き継がれた過去帳である。「僧衆」「尼衆」の二巻からなる。その記載は、三十代有三《ゆうざん》の時代まで続き、国の重要文化財に指定されている。当初は、遊行に携帯し、道中で往生した時衆を記したが、後に結縁《けちえん》者も記されるようになった。ここに収録されることが往生の証拠と信じられたからである。

時宗十二派【じしゅうじゅうには】　初期の時衆教団には、後世に十二派と呼ばれるいくつかの中心道場があり、それぞれ独自に活動していた。これは教理の差異によるものでなく、派祖、中心道場の開基、伝法、相承などの違いによるものであった。元禄十年（一六九七）浅草日輪寺《にちりんじ》其阿呑了《ごあどんりょう》（遊行《ゆぎょう》四十八代賦国《ふこく》）の著『時宗要略譜《じしゅうようりゃくふ》』「宗義立派之事」は、時宗に十二派があるとしている。以下、各派の名称と派祖名、本寺名を掲げる。①遊行派《ゆぎょうは》、真教《しんきょう》、京都七条道場金《こん》光寺《こうじ》（明治時代に京都市東山区の長楽寺《ちょうらくじ》に統合）、②一《いっ》向派《こうは》、一向、蓮華寺《れんげじ》（滋賀県米原市番場）、③奥谷派《おくたには》、心阿《しんあ》、宝厳寺《ほうごんじ》（愛媛県松山市道後湯月町）、④当麻派《たいまは》、内阿《ないあ》、無量光寺《むりょうこうじ》（神奈川県相模原市南区当麻）、⑤四《し》条派《じょうは》、浄阿《じょうあ》、金蓮寺《こんれんじ》（京都市北区鷹峯藤林町）、⑥六《ろく》条派《じょうは》、聖戒《しょうかい》、歓喜光寺《かんきこうじ》（京都市山科区大宅奥山田）、⑦解意派《げいは》、解意阿《げいあ》、新善光寺《しんぜんこうじ》（茨城県筑西市松原）、⑧霊山派《りょうぜんは》、国阿《こくあ》、正法寺《しょうぼうじ》（京都市東山区清閑寺霊山町）、⑨国阿派《こくあは》、国阿、雙林寺《そうりんじ》（京都市東山区下河原鷲尾町）、⑩市屋派《いちやは》、作阿《さあ》、金光寺《こんこうじ》（京都市下京区本塩竈町）、⑪天童派《てんどうは》、一向、仏向寺《ぶっこうじ》（山形県天童市小路）、⑫御影《みえい》堂派《どうは》、王阿《おうあ》、新善光寺《しんぜんこうじ》（滋賀県長浜市西上坂町）。そもそも一遍は、自分の入滅《にゅうめつ》後に教団が組織されるなど予期しなかった。近世に入って、時宗各派を十二光仏になぞらえて十二派としたものと考えられる。時宗十二派に数えられながら、一向派や天童派は本来は浄土宗系である。時宗十二派のほかにも、信濃《しなの》の善光寺《ぜんこうじ》には妻戸《つまど》の時衆がいた。近世になって浄土宗に帰入させられたが、宿坊にかつての時衆の寺院が残っている。中世の高野山《こうやさん》にも、法灯国師覚心《ほっとうこくしかくしん》が金剛三昧院《こんごうさんまいいん》にいた。高野山には千手院谷《せんじゅいんだに》を中心とした時衆の念仏聖がいたが、近世に入って真言宗に編入されている。また、「式阿弥《しきあみ》」の道場は西興寺《さいこうじ》といって、三条坊門油小路《さんじょうぼうもんあぶらのこうじ》にあったが、近世に入って消滅している。時宗十二派は、すべてが同時期に同等に存在したわけではなく、現在ではこうした派名は存在していない。

時宗統要篇【じしゅうとうようへん】　全七巻。玄秀《げんしゅう》（一六六一〜一七〇三）の著作。元禄十五年（一七〇二）に脱稿していたが、玄秀の没後、元文五年（一七四〇）になって岩松の青蓮寺《しょうれんじ》（群馬県太田市岩松町）の玄加《げんか》が浄書し、清浄光寺《しょうじょうこうじ》に納めた。寛延三年（一七五〇）になって、遊行《ゆぎょう》五十一代賦存《ふぞん》の命により校訂・刊行された。一遍の履歴のほか、念仏三昧、即便当得、時宗誓戒などの時宗教学について述べている。

時宗要義集【じしゅうようぎしゅう】　『所謂如海上人集記《いわゆるにょかいしょうにんじっき》』ともいう。上・下二巻。越前丸岡の称念寺《しょうねんじ》（福井県坂井市）其阿如海《ごあにょかい》（一六七二〜一七四七）の著。正徳三年（一七一三）成立。時宗の宗名が神勅《しんちょく》念仏宗、あるいは臨命終時宗であるべきことや、「総依三経別依一経」すなわち一経とは『阿弥陀経』であること。他力に帰する念仏であることは離三業《りさんどう》の念仏であり、離三業即成三業《そくじょうさんどう》であることなど、時宗の教義について細部にわたり、まとめたものである。

時宗要略譜【じしゅうようりゃくふ】　全一巻。浅草日輪寺《にちりんじ》其阿呑了《ごあどんりょう》（遊行《ゆぎょう》四十八代賦国《ふこく》）の著。元禄十年（一六九七）成立。この当時、浅草日輪寺は江戸幕府との折衝役である総触頭《そうふれがしら》であり、柳沢保明（吉保《よしやす》）の要請により著したものである。一遍のこと、熊野神勅《くまのしんちょく》、時宗名義、所依《しょえ》の経典、時宗十二派などを記し、特に時宗の南朝や徳川家との関連を強調している。この『時宗要略譜』によって、近世における遊行派《ゆぎょうは》による時宗教団の統一が推進された。

四条派【しじょうは】　時宗十二派のうちの一派。本寺は金蓮寺《こんれんじ》（京都市北区鷹峯藤林町）。金蓮寺は、錦綾山《きんりょうざん》豊国院《ほうこくいん》と号し、かつては京都四条大路北・東京極大路東（京都市中京区中之町）にあって、四条道場と称した。派祖は浄阿真観《じょうあしんかん》（一二六八〜一三四一）であり、その生涯は『浄阿上人伝』『浄阿上人行状』『浄阿上人絵詞伝《えしでん》』などからうかがえる。それによると、真観は諸国を念仏勧進《かんじん》の際、正安二年（一三〇〇）に上野国《こうずけ》を遊行《ゆぎょう》中の二祖真教《しんきょう》と対面し、三日間の法談を経て、名を浄阿と改めた。真教とともに遊行し、嘉元元年（一三〇三）、相模国当麻《たいま》の無量光寺《むりょうこうじ》に真教とともに逗留《とうりゅう》した。延慶二年（一三〇九）、真観は上洛し、四条京極祇陀林寺《しじょうきょうごくぎだりんじ》釈迦堂に寄居した。応長元年（一三一一）春、後伏見《ごふしみ》上皇の女院広義門院《にょいんこうぎもんいん》藤原寧子《ふじわらのねいし》の難産に際し、真観が念仏札を勧めたところ、無事に皇子（後の光厳《こうげん》天皇）を出産したと伝える。それにより、後伏見上皇から上人号を賜り、祇陀林寺の寺号を太平興国金蓮寺と改めた。また、広義門院の依頼により、真観は真教より念仏札の形木《かたぎ》名号と印可《いんか》を受け、洛中の賦算《ふさん》を許された。真観は金蓮寺に居住すること三十一年、暦応四年（一三四一）に入寂した。四条道場は、鎌倉時代末から室町時代にかけて、足利《あしかが》将軍家などの外護のもと隆盛を極めた。応永三十一年（一四二四）、七代浄阿《じょうあ》のとき、足利義量《よしかず》の勧告により、やむを得ず七条道場金光寺《こんこうじ》の末寺となる。四条派の時衆は憤怒し、自ら四条道場に火を放ち、一宇残らず焼失させた。その後、復興するも応仁の乱により焼失し、その後、再建された。江戸時代には、寺域三千五百坪、塔頭《たっちゅう》十六坊、末寺二十五か寺を有した。しかし、天明八年（一七八八）の大火で焼失し、文政八年（一八二五）に再建はされたものの、寺域は縮小し、昭和三年（一九二八）に洛北の鷹峯へ移り、現在に至っている。

四天王寺【してんのうじ】　大阪市天王寺区四天王寺町にある和宗《わしゅう》の総本山。荒陵山敬田院《こうりょうさんきょうでんいん》と号す。天王寺《てんのうじ》・荒陵寺《あらはかでら》・難波大寺《なにわだいじ》・三津寺《みとでら》とも称する。推古天皇元年（五九三）、聖徳太子が、物部守屋《もののべのもりや》と蘇我馬子《そがのうまこ》の合戦の折、蘇我氏が勝利するよう、自ら四天王像を彫って誓願し、勝利した後に建立した。本尊は救《く》世《せ》観音。四天王寺の如一は、一遍の父如仏《にょぶつ》と同門。文永十一年（一二七四）、一遍は参詣して十重禁戒を受けた後、西門（極楽門）において、念仏を称《とな》えた人に、初めて念仏札を渡した。『一遍聖絵』第二、第八に収録。

釈迦堂【しゃかどう】　京都市中京区新京極四条上中之町

にある染殿院《そめどのいん》がこれにあたる。染殿地蔵《そめどのじぞう》とも呼ばれる。染殿后《そめどののきさき》と呼ばれた文徳《もんとく》天皇皇后藤原明子《ふじわらのめいし》は、この地蔵に祈願して皇子（清和《せいわ》天皇）を生んだとされる。東大寺の沙門奝然《しゃもんちょうねん》が、宋から赤栴檀《しゃくせんだん》の釈迦像を持ち帰り、嵯峨野清涼寺《せいりょうじ》に安置した。その後、自ら三尺あまりの釈迦像を造って染殿院に奉納したといい、それ以後は、四条京極釈迦堂と呼ばれる。弘安七年（一二八四）四月十六日、一遍が近江《おうみ》の関寺《せきでら》から入洛し、当地に入ると、多くの人々から結縁を求められた。一遍が肩車されて念仏札を渡す姿が、『一遍聖絵』に描かれている。『一遍聖絵』第七に収録。

従三位基長【じゅさんみもとなが】（生年不詳～一二八九）自分の見た夢の内容を一遍に伝えた公家。藤原基長と推定される。基長はもとは信心もなかったが、霊夢を見て、それを一巻の巻物に記して一遍に渡した。一遍は信心が起きればよいと、その巻物を置いていった。『一遍聖絵』第七に収録。

俊鳳【しゅんぽう】（一七一四～一七八七）浄土宗西山派《せいざんは》西谷義《せいこくぎ》の学僧。諱《いみな》は妙瑞《みょうずい》。智恵光院《ちえこういん》の元実に師事し、西山派西谷義の教義を修学し、禅や密教にも通じていた。時宗国阿《こくあ》派の本寺京都東山雙林寺《そうりんじ》の塔頭蔡華園院《たっちゅうさいけおんいん》に住し、蔡華老人と号していた。宝暦十年（一七六〇）、江戸の小林宗兵衛が俊鳳のために、『一切経』を寄付している。宝暦十二年（一七六二）三月、江戸浅草日輪寺《にちりんじ》落慶の折、『当麻曼荼羅述奨記《たいままんだらじゅつしょうき》』を講義している。宝暦十二年、清浄光寺《しょうじょうこうじ》の夏安居《げあんご》で『播州問答集《ばんしゅうもんどうしゅう》』を講義し、引き続き円頓戒《えんどんかい》相承を行った。その後、明和版『一遍上人語録《いっぺんしょうにんごろく》』を編集し、その唯一の註釈書である『一遍上人語録諺釈《げんしゃく》』を明和四年（一七六七）に著している。これらの資金面を支えたのが小林宗兵衛（円意居士《えんいこじ》）であった。

聖戒【しょうかい】（一二六一～一三二三）弥阿《みあ》。一遍の弟。河野通広《こうのみちひろ》の四男通定《みちさだ》が、聖戒にあたるとされている。文永十一年（一二七四）、一遍と伊予《いよ》桜井にて「再会を終焉の夕にちぎり」として別れ、その後、願成寺《がんじょうじ》（愛媛県喜多郡内子町）に住していたとされる。正応四年（一二九一）、京都石清水《いわしみず》八幡宮（男山《おとこやま》八幡）

の南の善導寺《ぜんどうじ》に入り、正安元年（一二九九）、六条道場歓喜光寺《かんきこうじ》を開山し、同年、『一遍聖絵』十二巻を編纂した。

承久の乱【じょうきゅうのらん】　承久三年（一二二一）、後《ご》鳥羽《とば》上皇とその近臣たちが鎌倉幕府を討滅せんとして挙兵し、逆に大敗して鎮圧された事件。乱後、幕府の処置は厳しく、乱の計画に加わった公卿たちも極刑に処された。また、京方となった武士に重罪が加えられた。一遍の祖父河野通信《こうのみちのぶ》は、早く源義経《みなもとのよしつね》に属して平家追討に功があり、伊予《いよ》の代表的武士となったが、承久の乱で上皇方に加わったために奥州に流罪となり、河野一族は離散した。一遍の父通広《みちひろ》が出家して如仏《にょぶつ》と号し、伊予《いよ》国道後《どうご》の宝厳寺《ほうごんじ》の一隅に隠棲していたのはそのためであった。一遍の出家の要因の一つとも考えられるなど、その影響は無視できない。

證空【しょうくう】（一一七七～一二四七）。浄土宗祖法然《ほうねん》の弟子。浄土宗西山派《せいざんは》の祖。善慧房《ぜんねぼう》と号す。加賀《かが》権守源親季《ごんのかみみなもとのちかすえ》の長男として生まれ、後に久我通親《こがみちちか》の猶子となる（実子とする説もある）。建久元年（一一八九）、十四歳で法然に入門し、以後、法然入滅《にゅうめつ》まで随従する。建久九年（一一九八）、法然が『選択《せんちゃく》本願念仏集《ほんがんねんぶつしゅう》』を撰述するにあたり、勘文役《かんもんやく》（出典を考証する役）および執筆を務めている。その後、法然の勧めにより、天台教学や台密を修学した。法然の流罪とともに證空も処罰の対象になるが、慈円の働きにより許され、西山善峰寺《よしみねでら》の一隅にある往生院（現在の三鈷寺《さんこじ》。京都市西京区大原野石作町）に住し、善《ぜん》導《どう》の研究と布教に努めた。さらには、當麻寺《たいまでら》で曼荼《まんだ》羅《ら》を感得し、その普及にも努めた。浄音《じょうおん》、円空《えんくう》、聖《しょう》達《だつ》など門弟を多く輩出している。著作には、『観経《かんぎょう》疏《しょ》自筆抄』『観経疏他筆抄』『観経疏大意』『述誠《じゅつじょう》』など、二十余部百余巻に及ぶ。

性空【しょうくう】（九一〇～一〇〇七）　平安時代の僧。書写《しょしゃ》上人。弘安十年（一二八七）、一遍は徹底した修行者であった性空を尊敬し、書写山《しょしゃざん》に参詣して四句の偈《げ》と一首の歌を作り、本尊拝観を懇願した。また、正応二年（一二八九）、一遍は持ち歩いていた『称讃《しょうさん》浄土経《じょうどきょう》』などの経典を書写山の僧に渡し、自筆の書物をすべて焼いてしまった。『一遍聖絵』第九、第十一に収録。

称讃浄土仏摂受経【しょうさんじょうどぶっしょうじゅきょう】　称讃浄土教ともいう。玄奘《げんじょう》訳。一巻。『阿弥陀経』の異訳で、内容は『阿弥陀経』と同様である。『一遍聖絵』第八には、「聖参籠《ひじりさんろう》のあひだ寺僧てらの重宝称讃浄土教一巻をたてまつりけり」とある。この経典は當麻寺《たいまでら》の重宝で、中将姫《ちゅうじょうひめ》自筆千巻のうちの一つであるという。一遍はこの経典を遊行《ゆぎょう》に持ち歩き、兵庫観音堂で亡くなる直前に書写山《しょしゃざん》の住僧に渡した。後に、清浄光寺《しょうじょうこうじ》に進上されている。

条条行儀法則【じょうじょうぎょうぎほっそく】　全一巻。遊《ゆ》行《ぎょう》七代託何《たくが》著。興国五年（一三四四）成立。託何が伊予《いよ》遊行中、奥谷《おくたに》派本寺である宝厳寺《ほうごんじ》に逗留《とうりゅう》し、珍一坊の帰依《きえ》を受け、支配下に収めるにあたり、時宗の儀礼や法式に関する心構え九か条を著したもの。本時衆、副時衆、当時衆、十二道具、歳末別時《さいまつべつじ》、踊《ゆ》躍《やく》念仏、衣色ほかの内容である。ここから、中世時衆の儀礼や法式《ほっしき》の様子がわかる。『三大祖師法語《さんだいそしほうご》』に収録。

清浄光寺【しょうじょうこうじ】　藤沢山無量光院《とうたくさんむりょうこういん》と号し、神奈川県藤沢市西富にある。時宗の総本山で、藤沢道場と呼ばれ、俗称を遊行寺《ゆぎょうじ》という。本尊は阿弥陀如来である。正中二年（一三二五）、遊行四代呑海《どんかい》が、兄の相模《さがみ》国俣野《またの》の俣野五郎景平《ごろうかげひら》の援助を受けて建立したとされる。清浄光寺創建以来、遊行上人を退くと、この寺に独住《どくじゅう》して藤沢上人《ふじさわしょうにん》と呼ばれるようになった。室町時代、多くの有力武将の帰依《きえ》を得て、京都の七条道場金光寺《こんこうじ》と並ぶ中心道場の性格を持つに至った。しかし、三浦氏と北条氏の戦乱により、永正十年（一五一三）に全山を焼失した。慶長十二年（一六〇七）にようやく再建され、三十二代普光《ふこう》が清浄光寺に入山した。甲府一蓮寺《いちれんじ》の龍華院法《ほう》阿天順《あてんじゅん》が看主《かんしゅ》として実際の再建に貢献したため、法阿が藤沢山中興と称されている。江戸幕府から、時宗全体を代表する総本山と位置づけられ、遊行廻国にも特権が与えられた。明治維新による既存特権の廃止は、廻国遊行に大きな打撃を与え、宗祖以来の不断の遊行廻国は、随時による遊行廻国へと変わった。明治十八年（一八八五）、遊行六十代一真《いっしん》が上人位を相続して以降、遊行上人・藤沢上人は同一人を意味することとなった。

消息法語【しょうそくほうご】『一遍上人語録《いっぺんしょうにんごろく》』上巻に収められた一遍の手紙集。『一遍聖絵』や『一遍上人縁起絵《いっぺんしょうにんえんぎえ》』を出典とする手紙と、本書にだけ見られる手紙がある。

聖達【しょうだつ】 生没年不詳。浄土宗西山派《せいざんは》の僧。一遍の師。證空《しょうくう》の弟子。建長三年（一二五一）、一遍は父如仏《にょぶつ》の兄弟弟子である聖達のもとに入門し、十年間修行した。熊野権現《くまのごんげん》の神勅《しんちょく》を得た一遍は、建治元年（一二七五）、聖達を訪問し、「十一不二頌《じゅういちふにじゅ》」を詳しく話した。聖達は、西山義で重視される複数称《とな》える十念《じゅうねん》ではなく、一遍の念仏を百回受けたのである。『一遍聖絵』第一、第三に収録。

浄土【じょうど】「浄土」という語は中国仏教で漢訳語として成立したもので、それに相当するサンスクリット語は一定していない。「浄土」の思想は、インドの初期大乗仏教において形成されたもので、そこでは多くの仏についてそれぞれの浄土が説かれていた。阿弥陀仏の浄土に限って説かれたというわけではない。おそらく最初に「浄土」という翻訳語を定着させたのは鳩摩羅什《くまらじゅう》であるが、その鳩摩羅什もまた、阿弥陀仏の極楽世界に特定して用いてはいない。しかし、鳩摩羅什以後、曇鸞《どんらん》、道綽《どうしゃく》、善導《ぜんどう》などの浄土教家の著作に見られるように、阿弥陀仏の極楽世界を「浄土」と呼称することが広く行われるようになった。阿弥陀仏の信仰が盛んになることで、浄土の代表的な存在となったためであろう。浄土教では、阿弥陀仏の浄土は、安楽、極楽、安養、楽邦とも呼ばれている。サンスクリット語のスクハーヴァティの翻訳であり、直訳すると「楽有」（楽のあるところ）という意味である。『無量寿経《むりょうじゅきょう》』では「安楽」といい、『観無量寿経《かんむりょうじゅきょう》』『阿弥陀経』では「極楽」と称している。『無量寿経』では、極楽建立の願を起こした法蔵菩薩《ほうぞう》がこれを具体的に示すために四十八願を起こしている。法蔵菩薩は、「仏国土の清浄の行」を求め、成就するために修行をした。この極楽建立の「願心」が清浄であったから、その結果、成就された「極楽」も清浄であった。このことが、曇鸞が「極楽は浄土である」と主張した有力な根拠となっている。善導は、『観無量寿経疏《しょ》』「玄義分《げんぎぶん》」の中で、四十八願成就の報身《ほうじん》（衆生救済の願と行によって報われた、功徳を持つ仏身）が住するところであるから報土《ほうど》であると理解している。このように、報土は具体的な内容を持ち、西方十万億仏土の彼方にあると説かれている。阿弥陀仏の浄土は、阿弥陀仏の願心から生じたものと解釈されており、法然も善導の説によっている。浄土つまり極楽とは、阿弥陀仏の本願所成の仏土であり、報土である。證空《しょうくう》は、善導、法然の浄土観を継承している。阿弥陀仏が報身であるため、その浄土が報土であることはいうまでもない。浄土は、四十八願によって荘厳《しょうごん》されており、この浄土は広大無辺際の世界であって、凡夫《ぼんぶ》にははかり知ることができない。そのため、浄土には、念仏によってのみ往生することができると、説いている。

聖道門【しょうどうもん】　戒《かい》・定《じょう》・慧《え》の三学を修して煩《ぼん》悩《のう》を断じ、自力でさとりを開くことを求め、修行する教えをいう。

聖徳太子【しょうとくたいし】（五七四〜六二二）　推古《すいこ》天皇の摂政。法隆寺《ほうりゅうじ》・四天王寺《してんのうじ》・中宮寺《ちゅうぐうじ》などを建立した。弘安九年（一二八六）、一遍は、河内《かわち》国磯長《しなが》の太子廟《たいしびょう》に、三日間参籠《さんろう》した。『一遍聖絵』第八に収録。

浄土三部経【じょうどさんぶきょう】　阿弥陀仏と極楽浄土を説く、代表的な三種の経典。『無量寿経《むりょうじゅきょう》』二巻（康僧鎧《こうそうがい》訳）・『観無量寿経《かんむりょうじゅきょう》』一巻（畺良耶舎《きょうりょうやしゃ》訳）・『阿弥陀経』一巻（鳩摩羅什《くまらじゅう》訳）を指す。法然《ほうねん》の『選択《せんちゃく》本願念仏集《ほんがんねんぶつしゅう》』一の私釈段《しじゃくだん》に「ただこれ弥陀の三部なり。故に浄土の三部経と名づくなり、弥陀の三部とはこれ浄土正依《しょうえ》の経なり」と示されている。『一遍聖絵』第十によると、正応元年（一二八八）、一遍は伊予《いよ》国繁多寺《はんたじ》に浄土三部経を奉納している。

浄土門【じょうどもん】　煩悩《ぼんのう》を断ずることもなく、阿弥陀仏の本願の力に乗じて、浄土に往生してこの迷いの世界から救われる教えをいう。

城の禅門【じょうのぜんもん】（一二三一～一二八五） 鎌倉時代中期の武将。安達泰盛《あだちやすもり》か。引付衆・秋田城介・評定衆となり、二十年にわたり幕府の重職を務めた。一遍は因幡《いなば》国にいながら、鎌倉の泰盛の臨終をさとったという。『一遍聖絵』第九に収録。

声明【しょうみょう】 経文などに節（旋律）がつけられたもの。仏教儀式において僧によって称《とな》えられる。仏教の教義とともにインドから中国を経て日本に伝来した。奈良時代には、すでに東大寺大仏開眼で声明を用いた法要がなされた記録がある。さらに平安時代には、空海《くうかい》・円仁《えんにん》らにより中国から伝えられ、それぞれ「真言宗南山進流《なんざんしんりゅう》」「天台宗大原魚山《おおはらぎょざん》声明」へ結実した。時宗の声明は、基本的には天台声明から浄土教諸宗派への流れの上に、独自の発展をとげたとみられ、親しみやすく表情豊かな旋律にその特徴がある。

書写山【しょしゃざん】 兵庫県姫路市にある天台宗の別格本山圓教寺《えんぎょうじ》。西国三十三所二十七番札所。西の比叡山《ひえいざん》とも呼ばれ、康保三年（九六六）、性空《しょうくう》の創建と伝えられる。素戔嗚命《すさのおのみこと》が山頂に降り立ち、一宿したという伝承があり、素戔ノ杣《すさのうやま》とされていた。弘安十年（一二八七）の春、一遍は、圓教寺を参詣した際に、本尊如意輪観音を拝むことを望むが、寺僧以外は許さぬと断られた。そのため一遍は、書写山を讃える四句の偈《げ》と一首の歌を奉納して、寺僧から内陣に入ることを許され、一夜行法した。正応二年（一二八九）八月、一遍は兵庫観音堂において遺誡《ゆいかい》を示した後、わずかの経典を書写山の寺僧へ渡している。『一遍聖絵』第九、第十一に収録。

真縁【しんえん】（一二四〇～一三〇〇）「しんねん」ともいう。比叡山横川《ひえいざんよかわ》の真縁。俗名平輔兼《たいらのすけかね》。後嵯峨《ごさが》天皇の寵臣であった中級貴族。出家して比叡山に入り、後に一遍と出会った。『一遍聖絵』第七、『一遍《いっぺん》上人語録《しょうにんごろく》』などに収録。

真教【しんきょう】（一二三七～一三一九） 二祖。他阿弥《たあみ》陀仏《だぶつ》。略して他阿《たあ》と呼ばれる。出身は京とも豊後《ぶんご》ともいわれるが、はっきりしない。初め浄土宗鎮西派《ちんぜいは》に学び、豊後の大友氏の帰依《きえ》を受け、府中（大分市）に住していたという。一遍の教えを受け継ぎ、時宗教団を確立し、大成させた。真教が一遍に入門したのは建治二年（一二七六）であるという。真教は、豊後《ぶんご》国の大友兵庫頭頼泰《おおともひょうごのかみよりやす》のもとで、一遍と出会い、一遍が入滅《にゅうめつ》するまでの十三年間、一遍にしたがった。一遍が真教に他阿弥陀仏の名を与えて以後、その名は、真教から代々の遊行上人《ゆぎょうしょうにん》に受け継がれている。一遍在世中は、常に調声役《ちょうしょうやく》を務めた。一遍の入滅に際しては、いったんは死を決意し、丹生山《たんじょうさん》（兵庫県神戸市の北部）へ分け入ったが、粟河《あわかわ》の領主に念仏札を所望されたことを機に翻意し、一遍の後継者として教団を率い、十六年間の遊行を続けた。嘉元二年（一三〇四）一月、智得《ちとく》に遊行上人位を譲り、相《さが》模《み》国当麻山無量光寺《たいまさんむりょうこうじ》に独住して後、門下の時衆たちの指導に力を尽くした。文保三年（一三一九）正月二十七日に入滅した。八十三歳であった。十八条にわたる「時衆制誡《じしゅうせいかい》」（「知識帰命《ちしききみょう》」）や『道場制《どうじょうせい》文《もん》』などを定め、教団を確立した。法語集として、『他阿上人法語《たあしょうにんほうご》』八巻などがある。

真光寺【しんこうじ】　兵庫県神戸市兵庫区松原通にある時宗寺院。兵庫道場。恵萼《えがく》が唐から持ち帰った観音を運ぶ途中、和田岬で船が動かなくなり、堂を建てて祀ったのが、真光寺の前身である光明福寺《こうみょうふくじ》の観音堂の起こりとされる。正応二年（一二八九）七月、一遍は印南野《いなみの》の教信寺《きょうしんじ》で臨終を迎えようとするが、兵庫から迎えが来たため、その縁を重んじて観音堂に入る。同年八月二日、一遍は観音堂で法談し、蓮智、光明福寺の方丈とともに同座した聖戒《しょうかい》がそれを書きとめた。その後一遍は、遺誡《ゆいかい》を示し、わずかの経典を書写山《しょしゃざん》の僧に渡し、「我化導《わがけどう》は一期《いちご》ばかりぞ」と、書籍のすべてを焼却した。同年八月二十一日、淡河殿《あわかわどの》の女房に、一遍は最後の札と十念を授けた。同年八月二十三日、辰の始め、早朝の礼讃のとき、一遍は入滅《にゅうめつ》した。一遍は、観音堂前の松のもとで荼《だ》毘《び》に付され、在家の者たちが墓所を営んだ。その後、二祖真教《しんきょう》が寺を建て、伏見《ふしみ》天皇より真光寺の名を賜った。平成七年（一九九五）に発生した阪神・淡路大震災にて五輪塔が倒壊し、一遍のものと思われる遺骨が発見されている。『一遍聖絵』第十一、第十二に収録。

真宗要法記【しんしゅうようほうき】　全二巻。遊行《ゆぎょう》二十一代知蓮《ちれん》の著。成立年不詳。「真宗」とは浄土の真実の教え、「要法記」とは時宗流儀の肝要を述べることを意味している。中世において遊行七代託何《たくが》以後、宗義に関する著作はこの一書のみである。法式作法から教義に至るまで四十三項目にわたり記されている。『真宗要法記』では、「当門立宗の義は、凡《およ》そ浄土宗を観経宗と言い、此《こ》の宗を阿弥陀経宗と云うなり」と、時宗の独自性を示している。

陣僧【じんそう】　→　**軍勢相伴僧**【ぐんぜいしょうばんそう】

随縁【ずいえん】　一遍の最初の法名。善導《ぜんどう》の『法事《ほうじ》讃《さん》』にある「随縁雑善恐難生」（随縁の雑善は恐らくは浄土に生まれ難い）の句により、華台《けだい》が智真《ちしん》と改名させた。『一遍聖絵』第一に収録。

菅生【すごう】　愛媛県上浮穴《かみうけな》郡久万高原《くまこうげん》町にある真言宗豊山派《ぶざんは》の寺院、海岸山岩屋寺《かいがんざんいわやじ》。寺伝では、弘仁六年（八一五）、霊地を探していた弘法大師空海《こうぼうだいしくうかい》が、山中にて神通力を持つ法華仙人から山を献上され、不動を刻み、岩山全体を本尊としたことに始まるとされる。文永十年（一二七三）七月、一遍は菅生の岩屋に参籠《さんろう》した。このとき、聖戒《しょうかい》がしたがい、修行の手助けをしている。『一遍聖絵』第二に収録。

誓願偈文【せいがんげもん】　誓願を起こし、その成就を祈念して書き記す願文。弘安九年（一二八六）、一遍が大和の當麻寺《たいまでら》で作った偈《げ》。『一遍聖絵』第八、『一遍上人縁起絵《いっぺんしょうにんえんぎえ》』第三、『一遍上人語録《いっぺんしょうにんごろく》』上巻に収録。

関寺【せきでら】　かつて滋賀県大津市逢坂《おうさか》付近にあった古寺。同じ場所に逢坂の関があった。「世喜寺」とも書かれる。本尊は五丈の弥勒の仏像であった。『関寺縁起』によれば、『往生要集』を著した恵心僧都《えしんそうず》源信《げんしん》が、荒廃した堂舎の再建、および弥勒仏建造を発願したという。『一遍上人縁起絵《いっぺんしょうにんえんぎえ》』第三には、関寺での一遍と比叡山《ひえいざん》の宴聰《えんそう》という者との問答の場面がある。また、『一遍聖絵』第七には、一遍が関寺で徳の高い人たちに仏法を説き聞かせたことが書かれている。現在の時宗長安寺《ちょうあんじ》が、関寺の後身とされる。

関明神【せきみょうじん】 現在の福島県白河市旗宿の関の森と推定される。白河の関を守護する神祠。『一遍聖絵』第五に、弘安三年（一二八〇）、関明神の小祠に祈る一遍が描かれており、「ゆく人を弥陀のちかひにもらさじと、名をこそとむれしら川の関」と歌を詠んでいる。

善光寺【ぜんこうじ】 長野市長野元善町。定額山《じょうがくさん》善光寺と号す。無宗派であるが、山内寺院は天台宗と浄土宗に属している。本尊は三国伝来の阿弥陀如来像である。『一遍聖絵』第一において、文永八年（一二七一）、一遍は最初の安心《あんじん》（さとり）を得て、「二河白《にがびゃく》道図《どうず》」を描いている。

選択本願念仏集【せんちゃくほんがんねんぶつしゅう】 二巻。建久九年（一一八九）に撰述された法然《ほうねん》の主著であり、浄土宗の根本聖典。略して『選択集』という。法然が九条兼実《くじょうかねざね》の要請に応じて、どのような人間でも阿弥陀仏の本願に説かれる念仏の教えによって往生できるということを、体系的に説いたもの。時宗では、近世後期、七条寮主三光明観道《さんこうみょうかんどう》が終生にわたって本書を研究し、その注釈書として『選択知津《せんちゃくちしん》章《しょう》』などを著した。

善通寺【ぜんつうじ】 香川県善通寺市善通寺町。真言宗善通寺派本山、四国霊場七十五番札所。本尊薬師如来。弘法大師空海《こうぼうだいしくうかい》の誕生地であり、大同二年（八〇七）に空海が創建したという。『一遍聖絵』第十一によると、正応二年（一二八九）、一遍は善通寺に参詣している。

善導【ぜんどう】 （六一三〜六八一） 中国浄土教の大成者。『観無量寿経疏《かんむりょうじゅきょうしょ》』（『観経疏《かんぎょうしょ》』）四巻、『法事讃《ほうじさん》』二巻、『観念法門《かんねんぼうもん》』一巻、『往生礼讃《おうじょうらいさん》』一巻、『般舟讃《はんじゅさん》』一巻の著者。諸経典を探求し、『観無量寿経』を得て念仏往生の確信を得た。古来、念仏とは、観想《かんそう》念仏（心の中に仏を思い描く）のことであったが、善導は称名《しょうみょう》念仏を重要な修行方法とした。『観無量寿経疏』「散善義《さんぜんぎ》」では、『観無量寿経』も最終的に称名念仏を説いていると位置づけた。善導の思想は日本浄土教に大きな影響を与えた。法然《ほうねん》は専修《せんじゅ》念仏を重視した。時宗教学にも、その影響は多く見られる。

善入【ぜんにゅう】 生没年不詳。建長三年（一二五一）、十三歳の一遍を大宰府《だざいふ》の聖達《しょうだつ》のもとへ送り届けた僧。『一遍聖絵』第一に収録。

増命【ぞうみょう】（八四三〜九二七） 平安時代の天台宗の僧。十世天台座主《ざす》。弘安五年（一二八二）、一遍ら時衆の一行の前に紫雲が立ち、花降るという奇跡が起こった際、ほかの瑞相《ずいそう》伝記の一例として、その名が挙げられた。『一遍聖絵』第六に収録。

即便往生【そくべんおうじょう】 当得往生《とうとくおうじょう》の対となる語で、『観無量寿経《かんむりょうじゅきょう》』に記されている。證空《しょうくう》は、即便往生を、平生《へいぜい》に仏の来迎を証得《しょうとく》することととらえた。一遍は、臨終即平生の思想から、即便往生と当得往生とを同一ととらえている。

尊観【そんかん】（一三四九〜一四〇〇） 遊行《ゆぎょう》十二代。皇族出身のため、法親王《ほうしんおう》とも呼ばれた。遊行八代渡《と》船《せん》の弟子。諸説あるが、亀山《かめやま》天皇第七皇子常磐井恒《ときわいつね》明《あきら》の皇子とされている。元中四年（一三九六）に、三島西福寺（静岡県三島市大宮町）で遊行を相続し、応永三年（一三九六）に、京都御所で後小松《ごこまつ》天皇と拝謁した。足利幕府はこれを機に、遊行上人一行が関所を通行する際の関税免除の御教書《みぎょうしょ》を発布している。江戸時代になって、尊観が住職を務めた神戸真光寺、山形光明寺、甲府一蓮寺《いちれんじ》は、後に遊行上人に登位する僧侶が住持《じゅうじ》を務めている。遊行の途中、下関専念寺（山口県下関市南部町）で入寂した。

尊任【そんにん】（一六二五〜一六九一） 佐渡宿根木出身であり、佐渡大願寺（新潟県佐渡市四日町）十九世の弟子。浅草日輪寺二十二世其阿《ごあ》を経て、寛文八年（一六六八）に遊行を相続した。遊行十二代尊観が皇室出身であることを強調して、寛文十一年八月には霊元天皇との対面を果たした。時宗が南朝方の門流であることを理由に、南方門主《なんぽうもんしゅ》を称して、大僧正を賜った。また、貞享四年（一六八九）六月、吉野山で後醍醐《ごだいご》天皇三百五十回忌を厳修し、同年八月に東山天皇に参内して以後、緋衣《ひえ》を着用した。尊任の遊行廻国については、『四十二代尊任上人廻国記』に記されている。生前に造られた像が清浄光寺《しょうじょうこうじ》本堂に安置されている。

た行

他阿上人法語【たあしょうにんほうご】　全八巻。二祖真教《しんきょう》の消息法語や和歌などを集めたもの。成立年代は不明。もとは『大鏡集《だいきょうしゅう》』といわれ、その写本が数編残って伝えられたとされる。安永四年（一七七五）に遊《ゆ》行《ぎょう》五十三代尊如《そんにょ》は、敦賀西方寺《つるがさいほうじ》（福井県敦賀市松島）の長順に命じて諸本を校訂させ、成願寺《じょうがんじ》蔵版として刊行した。第一巻は「道場誓文」「他阿弥陀仏同行用心大綱」「往生浄土和讃《わさん》」「消息法語」二十八編、第二巻は「消息法語」十六編、第三巻は「同」十九編、第四巻は「同」十七編、第五巻は「同」十二編、第六巻は「同」二十八編。第七巻は「安食《あじき》問答」、第八巻は「和歌」二百七十一首を収める。『時宗宗典』上巻に収録。

當麻寺【たいまでら】　奈良県葛城市當麻に所在。真言宗高野派《こうやは》と浄土宗に属し、二上山禅林寺《にじょうさんぜんりんじ》と称する。本堂は曼荼羅《まんだら》堂と呼ばれ、中将姫《ちゅうじょうひめ》の伝説で名高い浄土曼荼羅を安置する。『一遍聖絵』第八によると、一遍は弘安九年（一二八六）、ここに参籠《さんろう》している。

当麻派【たいまは】　時宗十二派のうちの一派。当麻派は、相模《さがみ》国当麻山金光院無量光寺《たいまさんこんこういんむりょうこうじ》（神奈川県相模原市南区当麻）を本山とする。二祖真教《しんきょう》は、遊行《ゆぎょう》十六年の後、遊行三代智得《ちとく》に遊行を相続させた。真教自身は遊行をやめて無量光寺を建立して、独住《どくじゅう》した。真教は遊行を譲った後、大上人と呼ばれ、独住後も『道場制文』を書くなどして、各地の道場の指導統制を行った。真教入滅《にゅうめつ》後、智得が当麻に入り遊行四代呑海《どんかい》が遊行を相続した。智得は、当麻に移り住んでわずか一年で入寂した。当麻の内阿真光《ないあしんこう》と呑海との間に遊行上人位についての後継争いが生じ、呑海は、鎌倉幕府の地頭である兄の俣野景平《またのかげひら》の援助により、相模の藤沢に清浄光寺《しょうじょうこうじ》を建立する。一方、真光は他阿《たあ》を名乗り、独自の行動をとった。これが当麻派である。当麻派はその後、江戸幕府が成立するまで、清浄光寺と絶縁関係にあった。本山無量光寺のほか、相模《さがみ》・武蔵《むさし》・下総《しもうさ》に末寺があった。また、奥州会津若松東明寺《とうみょうじ》（福島県会津若松市）を本寺として、出羽《でわ》米沢領に末寺を有する別派があった。

託何【たくが】（一二八五～一三五四） 遊行《ゆぎょう》三代智得《ちとく》の弟子。宿阿。七条道場金光寺《こんこうじ》四世、二十日《はつか》上人と呼ばれる。上総《かずさ》国の生まれで、矢野氏の出身といい、夢窓疎石《むそうそせき》の甥とする説もある。文保年間（一三一七～一九）に七条道場へおもむき、暦応元年（一三三八）、越前《えちぜん》国往生院（現在の福井県坂井市丸岡町称念寺《しょうねんじ》）で遊行《ゆぎょう》世代を相続する。この往生院は、新田義貞《にったよしさだ》を埋葬した道場である。託何は主として西日本、特に瀬戸内海周辺を遊行した。教学、儀礼、教団組織を確立させた人物である。多くの著作を残しているが、主著『器朴論《きぼくろん》』は、時宗教学を大成した教義書である。託何は七条道場で入滅《にゅうめつ》したとされるが、現在、岩手県北上市藤沢の遊行上人塚が託何の御廟であるという伝承がある。

太宰府【だざいふ】 福岡県太宰府市太宰府。太宰府には、菅原道真《すがわらのみちざね》を祀る太宰府天満宮がある。太宰府天満宮は、京都の北野天満宮とともに全国天満宮の総本社。延喜五年（九〇五）八月、味酒正行《うまさけのやすゆき》が道真の廟《びょう》を建立したのが始まりである。建長三年（一二五一）、一遍は、僧善入《ぜんにゅう》とともに太宰府の聖達《しょうだつ》のもとへ行く。聖達の指示で肥前《ひぜん》国清水の華台《けだい》のもとへ行き、当時の名であった随縁《ずいえん》から智真《ちしん》に改めた。その後、聖達のもとへ戻り、弘長三年（一二六三）まで浄土教学を学んだ。『一遍聖絵』第一に収録。

誓いの鉦【ちかいのかね】 知識《ちしき》（遊行《ゆぎょう》上人）に帰命《きみょう》を誓う入門儀礼の際、誓約をしたことの証明として打つ鉦をいう。中世では、一般に誓約作法の中で、契約・起請などの成立を証明する行為として、鉦を打った。時宗教団の入門儀礼では、入門する者がその身命を今生および後生にわたって知識に譲ることを誓約する際に用いていた。この作法が一遍の時代からあったことは、『他阿上人法語《たあしょうにんほうご》』で知ることができる。

筑前【ちくぜん】 建治二年（一二七六）、一遍は、筑前のある武士の館で賦算《ふさん》をする。家主は酒宴の最中であったが、手を洗い、口をすすぎ、庭に下りて念仏を受けた。狂惑の者からどうして念仏を受けるのかと、周囲の者から問われた家主は、念仏には狂惑はないと、言い切った。『一遍聖絵』の該当場面の一遍は、当初は上半身裸として描かれていたことが確認されている。『一遍聖絵』第四に収録。

中将姫【ちゅうじょうひめ】　蓮糸で極楽の曼荼羅《まんだら》を織ったとされる伝説上の女性。一遍が大和《やまと》の當麻寺《たいまでら》に参《さん》籠《ろう》の際、寺僧から中将姫自筆といわれる重宝『称讃《しょうさん》浄土経《じょうどきょう》』の一巻を譲られ、生涯大切に所持した。『一遍聖絵』第八に収録。

超一【ちょういち】　生没年不詳。文永十一年（一二七四）、一遍が遊行《ゆぎょう》出発の際、超二《ちょうに》、念仏房《ねんぶつぼう》とともに同行した尼姿の女性。その後、熊野《くまの》にて一遍と別れた。一遍の妻とするなど諸説があるが、不明。『一遍聖絵』第二、第三に収録。

重源【ちょうげん】　（一一二一～一二〇六）　俊乗房《しゅんじょうぼう》。東大《とうだい》寺《じ》大勧進《だいかんじん》として知られる勧進聖。「南無阿弥陀仏」とも名乗った。真言宗の醍醐寺《だいごじ》で出家し、後に東大寺の勧進職についた。東大寺造営に伴い、国司に任命されて「国司上人」と称された。

調声【ちょうしょう】　法要において読経《どきょう》・声明《しょうみょう》の先頭の一句を称《とな》える役。必要に応じて音高や遅速を加減しつつ進行を司る。一遍の時代には二祖真教《しんきょう》が務めたとされる。時宗の法要では特に重要な役である。句《く》頭《とう》を発声することから、句頭ともいう。

超二【ちょうに】　生没年不詳。文永十一年（一二七四）、一遍が遊行《ゆぎょう》出発の際、超一《ちょういち》、念仏房《ねんぶつぼう》とともに同行した尼姿の少女。その後、熊野《くまの》にて一遍と別れた。一遍の娘とするなど諸説があるが不明。『一遍聖絵』第二、第三に収録。

知蓮【ちれん】　（一四五九～一五一三）　遊行《ゆぎょう》二十一代上人。上野《こうずけ》岩松新田氏の出で、十五歳で入戒し、文明五年（一四七三）、遊行十八代如象《にょぞう》の弟子となった。七条道場十三世弥阿《みあ》。明応六年（一四九七）、越前《えちぜん》敦《つる》賀《が》の西方寺《さいほうじ》（福井県敦賀市松島）にて三十九歳で遊行を相続した。『遊行系譜』などに収録。『真宗要法記』の著者である。

土御門入道前内大臣【つちみかどにゅうどうさきのないだいじん】 弘安七年（一二八四）、京都因幡堂《いなばどう》にて一遍と結縁《けちえん》した公家。弘安九年（一二八六）、摂津《せっつ》国尼崎にて一遍と手紙をやりとりした。中院通成《なかのいんみちなり》（一二二二～一二八六）と推定される。『一遍聖絵』第七、第九に収録。

天狗草紙【てんぐぞうし】 鎌倉時代末頃の寺院諸宗派僧侶の乱行・慢心の姿を分類し、天狗にたとえて風刺し描いたもの。画中の時衆の表現としては、一遍の尿が万病に効くと信じられ、尿を入れた竹筒を人々がおしいただく様子や、肩を組み手を取り合う尼二人などが、否定的に描かれている。

天童派【てんどうは】 一向俊聖《いっこうしゅんしょう》を派祖とする、山形県天童市の宝樹山仏向寺《ほうじゅさんぶっこうじ》とその末寺四十六か寺の派名。時宗十二派のうちの一派。貞享三年（一六八六）、蓮《れん》華寺《げじ》と仏向寺との本末論の裁許状により、蓮華寺の末寺と裁断され、以後、仏向寺は時宗一向派の中本山となる。昭和十四年（一九三九）に宗教団体法が公布され、一向派の教義消滅が確定的となった昭和十七年（一九四二）、仏向寺は浄土宗に帰入した。以後、天童派の寺院は時宗と浄土宗に分かれた。平成八年（一九九六）には、天童市内の高野坊《こうやぼう》遺跡から墨書礫《れき》百二十七個が発見された。一向俊聖十五戒弟の一人行蓮を大願主に一向俊聖二十七回忌法要が営まれたことを示す資料として、注目を浴びた。毎年十一月十七日の仏向寺開山忌法要で厳修される踊躍《ゆやく》念仏は、一向派の古式を伝えるものとして、昭和三十二年（一九五七）、山形県指定無形文化財（無形民俗文化財）となっている。

東西作用抄【とうざいさゆうしょう】 全一巻。遊行《ゆぎょう》七代託《たく》何《が》の著。康永元年（一三四二）成立。時宗教団統制のための清規《しんき》。全二百五十四か条で、序文と後序があり、その内容は修行時の心構えや教団内の人間関係秩序、儀礼の厳粛保持など多方面にわたる。享保二年（一七一七）、藤沢二十四世転真《てんしん》が、本書から十二か条を抜粋し、『作用抄略標《さゆうしょうりゃくひょう》』を著した。現在、総本山清浄光寺《しょうじょうこうじ》では、こちらを用いている。

道綽【どうしゃく】 （五六二～六四五） 中国浄土教の祖師の一人。西河禅師、綽禅師、綽公。律と禅定《ぜんじょう》の厳格な実践者である慧瓚《えさん》に弟子入りし、その後、玄中《げんちゅう》寺《じ》にて曇鸞《どんらん》の碑文に接して浄土教に帰依《きえ》した。称《しょう》名《みょう》念仏を何万回も称《とな》え、『観無量寿経《かんむりょうじゅきょう》』の教化にも努めた。道綽が称名すると、しばしば空に化仏が現れて天花が降るという、瑞相《ずいしょう》伝記の一つとして記された。善導《ぜんどう》の師でもある。『一遍聖絵』第六に収録。

道場【どうじょう】　道場とは、仏道修行の場であるが、そのほかにも様々な性格を持っている。仏の来臨する場、アジール（避難所）、処刑あるいは自害の場、芸能（声明《しょうみょう》・踊り念仏）の場、葬送儀礼の場などが挙げられる。一遍は、遊行《ゆぎょう》を本命とし、道場を持つことを無用と考えていたが、二祖真教《しんきょう》の代になり各地の信者の要請から道場を建立し、弟子を派遣することが行われた。藤沢道場、当麻《たいま》道場、七条道場、四条道場などのように、地名のついた道場名が多く見られる。

道場制文【どうじょうせいもん】　全一巻。道場誓文ともいう。二祖真教《しんきょう》著。嘉元四年（一三〇六）成立。全国の信者の要請により各地に建立した道場には、それぞれ弟子を派遣し、その道場に宛ててこの道場制文が送られた。真教が時衆を戒めるために著した一文である。入門の際に誓った制戒を破ることなく、称《しょう》名《みょう》念仏をすれば必ず往生できることを説く。また、真教が、この道場制文をしたためるまでに、制戒を破り往生を取り消された「不往生」の時衆がいたことも記されている。現在は、清浄光寺《しょうじょうこうじ》の歳末別時《さいまつべつじ》念仏会《ねんぶつえ》「一ツ火」で遊行《ゆぎょう》上人がこれを奉読している。

藤沢山日鑑【とうたくさんにっかん】　清浄光寺《しょうじょうこうじ》の公式記録。享保八年（一七二三）から明治四十四年（一九一一）までの百十八冊が現存している。清浄光寺の法要や年中行事、日常の出来事、遊行《ゆぎょう》先との連絡、末寺支配、外部との交渉などが記される。総本山の果たしていた機能や組織構成などを知ることができるだけでなく、当時の天候や周辺の歴史事象を知ることができるため、宗史だけでなく地域史にも欠かせない史料とされている。

当得往生【とうとくおうじょう】　即便往生《そくべんおうじょう》の対となる語で、『観無量寿経《かんむりょうじゅきょう》』に記されている。證空《しょうくう》は、当得往生を、臨終に際して仏の来迎をこうむり、西方極楽世界に往生することと位置づけた。一遍は、臨終即平生の思想から、即便往生と当得往生とを同一ととらえている。

曇鸞【どんらん】（四七六～五四二）中国浄土教祖師の一人。浄土教の基本の大成者である。著作には、『往生論註《おうじょうろんちゅう》』一巻、『讃阿弥陀仏偈《さんあみだぶつげ》』がある。曇鸞は、初め四論《しろん》と仏性《ぶっしょう》を専攻した僧であった。一時、不老不死・長生の法を求めて道教に傾倒し、各地を訪ねて、ついに仙経《せんぎょう》を得たとされる。しかし、河北に帰郷する途中、洛陽にてインドから来た菩提流支《ぼだいるし》（生年不詳～五二七）に会い、浄土経典（『無量寿経《むりょうじゅきょう》』あるいは『観無量寿経《かんむりょうじゅきょう》』）を授与され、浄土教に帰入する。その後、多数の浄土教経典を著したが、その中でも世親《せしん》『往生論』に註釈を施した『往生論註』は、中国浄土教確立の原動力となり、教義を体系づけた。曇鸞は、『無量寿経』を中心に阿弥陀仏の本願力による時機相応の教えとして、他力易行の称名《しょうみょう》念仏を強調し、阿弥陀仏の名号を称《とな》えることで、罪滅して往生できると説いた。

な行

西宮【にしのみや】兵庫県西宮市社家町にある西宮神社。えびす大神を祀る。福の神として崇敬されているえびすの総本社であり「西宮のえべっさん」とも称される。弘安十年（一二八七）一遍は四天王寺《してんのうじ》から播《はり》磨《ま》へ向かう途中に参詣《さんけい》し、神主と結縁《けちえん》している。正応二年（一二八九）八月二十一日、一遍は、その日が西宮の祭礼日であると聞かされ、臨終を先延ばしにした。午後、眠っていた一遍が、西宮大明神が結《けち》縁《えん》に訪れる夢告を受けて起きると、西宮の神主が来ていた。神主は一遍の十念《じゅうねん》を受け、数珠を授けられて帰った。『一遍聖絵』第十一に収録。

二尊二教【にそんにきょう】二尊とは釈迦と阿弥陀仏、二尊二教とは二尊一教の対となる語である。證空は、釈迦教は観門《かんもん》を説き、弥陀教は弘願《ぐがん》を説くといい、その上で不二の関係にあると説く。遊行《ゆぎょう》七代託何《たくが》は、

『器朴論《きぼくろん》』で二尊二教を説くが、最後には二尊一教、二教一致を説く。

日輪寺【にちりんじ】　神田山《かんださん》と号す。現在は、東京都台東区西浅草にある。徳治二年（一三〇七）二祖真教《しんきょう》によって創建された。もと江戸芝崎村にあったので芝崎《しばざき》道場という。「二祖上人将門塚化益《まさかどづかけやく》（将門の首塚の供養）」で知られる。何度か移転し、慶長八年（一六〇三）、白銀町から現在地に移る。江戸時代を通じて、幕府と宗門との触頭《ふれがしら》役、つまりは折衝役としての働きがあった。明治十九年（一八八六）に火災に遭い、大正十二年（一九二三）に関東大震災、昭和二十年（一九四五）に戦災に遭遇した。本尊は阿弥陀如来。『一遍上人行状図』の大版木二枚を所蔵する。時宗になじみ深い齋藤茂吉の義父紀一の墓、三代目橘家圓蔵の墓が有名である。

如海【にょかい】（一六七二～一七四九）　遊行《ゆぎょう》四十四代尊通《そんつう》（山形光明寺《こうみょうじ》二十四世其阿量光《ごありょうこう》）の弟子。称念寺《しょうねんじ》（福井県坂井市丸岡町）で『時宗要義集《じしゅうようぎしゅう》』を著す。その後、享保十五年（一七三〇）十二月、山形光明寺三十二世となる。出生については不明であるが、『時宗統要篇《じしゅうとうようへん》』の著者玄秀《げんしゅう》と対面し、宗義について薫陶を受けていたとみられる。両者は、ほかの教義を用いて宗義を理解しようとする者が多いことを嘆き、正しく宗義を学ぶ学寮《がくりょう》の建設を切望していたのであろう。如海の没後、時宗教団では東西両学寮を設置した。

仁和寺【にんなじ】　京都市右京区花園に所在。大内山《おおうちさん》と号す。真言宗御室《おむろ》派大本山。『一遍聖絵』第十一で、一遍が北野天神に参詣する場面に仁和寺が出てくる。仁和寺の僧が極楽に往生できるよう熊野権現《くまのごんげん》に祈ったところ、北野天神に祈るようにと示現した。

念声是一【ねんしょうぜいっ】　阿弥陀仏を心に念ずることと、阿弥陀仏の名を称《とな》えることは同一であるということ。善導《ぜんどう》は、『無量寿経《むりょうじゅきょう》』に説かれる第十八願の「乃至十念」を、『観念法門《かんねんぼうもん》』『往生礼讃《おうじょうらいさん》』で「下至十声」と解釈している。これは、念を声と解釈したものであり、同一であるという意味である。

念仏房【ねんぶつぼう】　生没年不詳。文永十一年（一二七四）、一遍が遊行《ゆぎょう》出発の際、超一《ちょういち》や超二《ちょうに》とともに同行した僧。男の下人とするなど諸説はあるが、不明。『一遍聖絵』第二、第三、第四に収録。

能所一体【のうしょいったい】　一遍や託何《たくが》が多く用いた語。機法《きほう》一体《いったい》と同義である。能（能帰）とは阿弥陀仏にすがる衆生《しゅじょう》、所（所帰）とは阿弥陀仏を意味する。能帰と所帰が一体となることにより、生死をくり返すことなく、六字の南無阿弥陀仏と成就することを表す。

は行

白山大明神【はくさんだいみょうじん】　石川・岐阜・福井の三県にまたがる白山山系の山々に祀られる神。『一遍聖絵』第二の、一遍が岩屋寺《いわやじ》に参籠《さんろう》している場面に、白山大明神が登場する。岩屋寺は安芸《あき》国の猟師が朽ちた木から観音像を発見して安置し、創建された寺で、その鎮守が白山大明神であるという。

八幡宮【はちまんぐう】　京都府八幡市高坊の石清水《いわしみず》八幡宮を指す。『一遍聖絵』第九によると、一遍は弘安九年（一二八六）冬頃、石清水八幡宮に参詣した。八幡は念仏者を護る神であるとされている。

八幡愚童訓【はちまんぐどうくん】　広大無辺なる八幡大菩薩の霊験・神徳をだれにでも理解できるように説いた縁起。石清水《いわしみず》八幡宮の社僧により、鎌倉時代中後期に成立したとされる。『八幡大菩薩愚童訓』『八幡愚童記』など諸本があり、元寇についての記録としても有名である。

播州法語集【ばんしゅうほうごしゅう】　一遍が播磨《はりま》国弘嶺《ひろみね》八幡宮で時衆のために説いた法語を集めた書物。版本としては、安永五年（一七七六）に刊行された。編者は「持阿《じあ》」と記されているが、同名異人が多く、特定ができない。一遍の播磨国への遊行《ゆぎょう》は弘安九年（一二八六）から翌年にかけてである。しかし、『一遍聖絵』や『一遍上人縁起絵《いっぺんしょうにんえんぎえ》』には弘嶺八幡宮の参詣は描かれていない。収められた文章の内容が重ならないため、両絵伝とは別系統の編纂物であるとされている。

播州問答集【ばんしゅうもんどうしゅう】　一遍の法語集。貞享五年（一六八八）に量光《りょうこう》と円明《えんみょう》が出版したもので、漢文体で、上下二巻で構成される。一遍の法語集を整理し、問答の形式に直したものとみられている。

般舟讃【はんじゅさん】　詳しくは『依観経等明般舟三《えかんきょうとうみょうはんじゅざん》昧行道往生讃《まいぎょうどうおうじょうさん》』という。全一巻。善導《ぜんどう》の著作五部九巻のうちの一つ。『観無量寿経《かんむりょうじゅきょう》』を中心に、「浄《じょう》土三部経《どさんぶきょう》」と『般舟三昧経《はんじゅざんまいきょう》』によって般舟三昧行道を説き、浄土への往生を願う讃文《さんもん》を用いて教えを述べたもの。般舟三昧とは、九十日間、この経典にしたがって修行すれば阿弥陀仏や浄土を見ることができるということ、行道とは、右肩を仏に向けて周囲を回ることをいう。一遍が祖父河野通信《こうのみちのぶ》の墓の周囲を回って供養したのは、この『般舟讃』によるものであるとする説もある。

繁多寺【はんたじ】　愛媛県松山市畑寺町に所在し、東《ひがし》山瑠璃光院《やまるりこういん》と号する。「はたでら」とも呼ばれる。新義真言宗豊山派《ぶざんは》。『一遍聖絵』第十によると、正応元年（一二八八）、一遍は三日参籠《さんろう》して、父如仏《にょぶつ》から相伝した「浄土三部経《じょうどさんぶきょう》」を奉納した。

肥前前司貞泰【ひぜんのぜんじさだやす】　生没年不詳。徳大寺家の家臣。弘安五年（一二八二）、一遍が相模《さがみ》の国片瀬で別時《べつじ》念仏を行った際、紫雲が立ち、天から花が降るという奇跡が起きた。そのときの花びらを後々まで所持していた人物。『一遍聖絵』第六に収録。

聖【ひじり】　知徳が優れた人、あるいは高徳の僧。諸国をめぐって勧進《かんじん》、修行する僧で、特に高野聖《こうやひじり》や時衆の遊行聖《ゆぎょうひじり》をいう。「ひじりかた」「学侶《がくりょ》」「行人《ぎょうにん》」などともいう。一遍は『一遍聖絵』には「一遍聖」と記され、「上人」とは記されていない。

悲田院【ひでんいん】　京都鴨川の東、三条の北にあったという。三条にあったため、三条悲田院とも呼ばれる。本来孤児を養育する施設であったが、後に寺となった。『一遍聖絵』第七によると、一遍は弘安七年（一二八四）に京都四条釈迦堂に入って、三条悲田院に一日一夜いたという。

百利口語【ひゃくりくご】　『一遍上人語録《いっぺんしょうにんごろく》』上巻にある和讃《わさん》。百九十二句で構成される。六道輪廻や人生の苦しみを述べ、名号を称《とな》えるべきことを説く。室町時代中期以降の成立とされている。

備後国一宮【びんごのくにいちのみや】 広島県福山市にある吉備津神社《きびつじんじゃ》のこと。旧社格は国幣小社。大同元年（八〇六）に、吉備国の総鎮守であった吉備津神社を備後に分社して創建されたという。弘安十年（一二八七）に一遍が訪れた際には、わざわざ秦皇破陣楽《じんのうはじんらく》を見せた。『一遍聖絵』第十に収録。

普光【ふこう】（一五四三～一六二六）遊行《ゆぎょう》三十二代。常陸《ひたち》の佐竹《さたけ》の出身。佐竹氏の菩提寺浄光寺《じょうこうじ》（茨城県常陸太田市）十三世其阿《ごあ》を師とし、後に浄光寺十四代の住持《じゅうじ》となり、その後、遊行三十代有三《ゆうざん》、三十一代同念《どうねん》にしたがった。遊行上人となって後、宗門の建て直しと、荒廃した藤沢道場清浄光寺《しょうじょうこうじ》の再建を使命とした普光は、遊行世代を満悟《まんご》に譲位し、出身である佐竹氏の援助を受け、常陸国水戸に藤沢山神《とうたくさんじん》応寺《のうじ》（茨城県水戸市元山町）を開山した。その後、天正十八年（一五九〇）に小田原城が落城し、徳川家康が関東へ移ると、翌年に清浄光寺の旧領地が安堵された。慶長十二年（一六〇七）に清浄光寺が再建され、普光は、水戸神応寺から清浄光寺に移ることとなった。清浄光寺再建は、甲府一蓮寺《いちれんじ》の龍華院法《ほう》阿天順《あてんじゅん》が看主として再建に貢献した。そのため、法阿が藤沢山中興と称されている。

賦算【ふさん】「算《ふだ》を賦《くば》る」という意味である。一遍は、諸人に念仏を称《とな》えることを勧め、称えれば同行の証として「南無阿弥陀仏 決定《けつじょう》往生 六十万人」と書かれた札を渡している。これは、一遍が念仏勧進《かんじん》のために用いた方法である。六十万人とあるのは、一遍が目指した数であり、また、一切衆生《しゅじょう》を指している。一遍が生涯にくばった札の数は、『一遍聖絵』では「二十五億（万）一千七百二十四人」であるという。遊行四代呑海《どんかい》の『呑海上人御法語』には、「いにしへも自宗の師多といへとも正く念仏三昧を融通《ゆうずう》する事は此の勧進にすきたるはなし。故に利益西方にみちて六十万人の算及数遍者也（六十万人の算《ふだ》数遍に及ぶものなり）」とあることから、六十万人を目標として賦算され、さらには、それが数回繰り返されたことがうかがえる。高野山《こうやさん》に弘法大師空海《こうぼうだいしくうかい》自作とされる南無阿弥陀仏の版木が本尊として崇拝されており、高野聖《ひじり》がその版木を用いた念仏札をくばっていたことから、一遍もそれにならったのではないかとする説もある。

藤沢上人【ふじさわしょうにん】　正中二年（一三二五）、遊《ゆ》行《ぎょう》四代呑海《どんかい》は安国《あんこく》に遊行を譲り、藤沢に清浄光院《しょうじょうこういん》（後の清浄光寺《しょうじょうこうじ》）を創建して独住《どくじゅう》した。これ以降、遊行を引退して清浄光院に住んだ上人を、藤沢上人と称するようになった。

仏房号【ぶつぼうごう】　→　**弌房号**【いちぼうごう】

仏法上人【ぶっぽうしょうにん】　（一二〇〇～一二五二）　曹洞宗の開祖道元《どうげん》のこと。聖達《しょうだつ》は、もとは道元の門下で、禅の修行をし、後に西山派《せいざんは》證空《しょうくう》に会い、念仏一門に入ったという。『一遍聖絵』第九に収録。

別願和讃【べつがんわさん】　一遍が作った、阿弥陀仏の別願のうち第十八の念仏往生願についての和讃。七十句のものと、末尾に十六句加わった八十六句のものとがある。『一遍聖絵』『一遍上人縁起絵《いっぺんしょうにんえんぎえ》』にあるのは七十句。『一遍上人語録《いっぺんしょうにんごろく》』は八十六句である。末尾の十六句は後世の人の作といわれている。人生の無常を述べ、阿弥陀仏の本願を説き、もっぱら念仏を称《とな》えれば、臨終時に阿弥陀仏が来迎《らいこう》すると説いている。

別時念仏【べつじねんぶつ】　一定の時期を定めて、念仏を修行すること。現在、清浄光寺《しょうじょうこうじ》では、十一月二十四日から二十八日まで歳末別時念仏会《さいまつべつじねんぶつえ》が修行される。極楽浄土へ往生するという法式を実際に行って、観念だけではなく、具体的な実践行を通して体感させようとするものである。歳末に行うのには、一年間の罪障を懺悔《さんげ》して身心《しんじん》ともに清浄になって、新しい年を迎えるという意義がある。なお、中日すなわち二十七日の夜にはこの行事の山場ともいうべき御《お》滅灯《めっとう》の儀「一ツ火」が行われる。

法事讃【ほうじさん】　『浄土法事讃』ともいう。全二巻。善導《ぜんどう》の著作五部九巻のうちの一つ。広く浄土往生の実践を明らかにした著作である。人々に浄土に往生しようと願わせるため、『阿弥陀経』に基づき、讃《さん》文《もん》を立てて、阿弥陀仏とその浄土の功徳を讃えたもの。

北条氏【ほうじょうし】 伊豆《いず》国田方郡北条を本拠とする武士。鎌倉幕府執権職を世襲するほか、連署・六波《ろくは》羅《ら》探題《たんだい》・鎮西《ちんぜい》探題・評定衆・各国守護などに任じられて幕府政治を支えた。元弘三年（一三三三）、鎌倉東勝寺《とうしょうじ》にて一族は滅亡した。

北条時宗【ほうじょうときむね】（一二五一～一二八四） 鎌倉幕府八代執権。時頼の子。得宗《とくそう》権力の強化をはかり、異国警護番役を設置して、二度の元寇を防いだ。弘安五年（一二八二）、時宗の一行と遭遇した一遍は、鎌倉入りを果たせなかった。『一遍聖絵』第六に収録。

北条時頼【ほうじょうときより】（一二二七～一二六三） 鎌倉幕府五代執権。泰時《やすとき》の孫。時氏の子。康元元年（一二五六）、病のため執権職を長時に譲り、出家し、最明寺入道と号す。引退後も政治の実権を握っていたため、得宗専制政治の先駆けとなった。

北条泰時【ほうじょうやすとき】（一一八三～一二四二） 鎌倉幕府三代執権。義時の子。貞永元年（一二三二）、御成敗式目五十一か条を制定し、多発する所領紛争に対し、武家社会の道理の法典として公平な裁判のための基準を示した。

法然【ほうねん】（一一三三～一二一二） 平安時代末期・鎌倉時代初期の僧。浄土宗の開祖。法然房源空《ほうねんぼうげんくう》。初め比叡山《ひえいざん》で天台教学を学び、承安五年（一一七五）、『観無量寿経疏《かんむりょうじゅきょうしょ》』により善導《ぜんどう》の思想に深く傾倒し、称名《しょうみょう》念仏による専修《せんじゅ》念仏に帰して、浄土宗を開く。比叡山を下り、吉水《よしみず》（京都市東山区円山町時宗安養寺付近）に住み、念仏の教えを広めた。初期浄土宗諸派の始祖となった證空《しょうくう》、聖光《しょうこう》（弁長《べんちょう》）、親鸞《しんらん》などが入門した。『選択本願念仏集《せんちゃくほんがんねんぶつしゅう》』などの著作がある。『一遍聖絵』第八には、弘安八年（一二八五）、但馬《たじま》国「くみ」の浜で念仏する一遍のもとに龍が念仏結縁《けちえん》にやってきたということに関して、先例として法然を挙げている。

奉納縁起記【ほうのうえんぎき】 二祖真教《しんきょう》著。嘉元四年（一三〇六）、『一遍上人縁起絵《いっぺんしょうにんえんぎえ》』十巻を熊野本宮《くまのほんぐう》に奉納する趣意を記したもの。『一遍上人縁起絵《いっぺんしょうにんえんぎえ》』そのものは、原本・写本ともに現存しておらず、『奉納縁起記』の江戸時代の版本のみが伝えられている。『時宗宗典』上巻に収録。

法灯国師【ほっとうこくし】　→　**覚心**【かくしん】

ま行

麻山集【まざんしゅう】　神奈川県相模原市南区当麻《たいま》にある当麻《たいま》山《さん》無量光寺《むりょうこうじ》の縁起。全二巻。元禄四年（一六九一）成立で、著者は他阿是名《たあぜみょう》。無量光寺ならびに当麻派の正当性を明らかにしようとしたもの。向得《こうとく》寺《じ》（相模原市中央区田名塩田）蔵本と無量光寺蔵本がある。

松原八幡宮【まつばらはちまんぐう】　兵庫県姫路市白浜町にある神社。天平宝字七年（七六三）に石清水《いわしみず》八幡宮を勧請したという。また、地元の海から上がった八幡大菩薩の文字が書かれた霊木を祀ったことが始まりともされる。

御影堂派【みえいどうは】　時宗十二派のうちの一派。派名は、京都五条河原町にあった本寺の御影堂新善光《しんぜんこう》寺《じ》（現在は滋賀県長浜市西上坂に移転）に由来する。御影堂新善光寺は、天長年中（八二四〜八三四）、空海《くうかい》を招請して嵯峨《さが》天皇の皇后橘《たちばな》嘉智子《かちこ》が開創した尼寺で、信濃《しなの》善光寺の本尊を模した阿弥陀三尊を安置したことから、御影堂と称する。弘安五年（一二八二）、王阿《おおあ》が真言宗から時宗に改め、再興したという。そのため、派名を王阿派ともいう。創建当初は京都東洞院春日にあり、承安年中（一一七一〜一一七五）、火災により東河原院に移り、応永二十八年（一四二一）に六条佐女牛《さめうし》室町の北、大永八年（一五二八）もしくは翌年の享禄二年（一五二九）に五条新町の北、天正十五年（一五八七）に首途《かどで》八幡の西にと、移転している。

三島【みしま】　静岡県三島市。『一遍聖絵』第六によると、一遍は弘安五年（一二八二）七月に相模《さがみ》片瀬を発ち、三島に寄ったという。そのとき、時衆の七、八人がここで往生をとげている。

三嶋大社【みしまたいしゃ】　静岡県三島市大宮町に鎮座

する。三島大明神《みしまだいみょうじん》とも呼ばれる。伊豆《いず》国一宮。大《おお》山祇命《やまつみのみこと》と積羽八重事代主神《つみはやえことしろぬしのかみ》を祀る。愛媛県今治市大三島町宮浦にある伊予《いよ》国一宮大山祇《おおやまづみ》神社（大山積《おおやまづみの》神《かみ》を祀る）は河野《こうの》氏の氏神で、一遍の祖父河野通信《こうのみちのぶ》は三島七島社務職であったという。一遍は弘安五年（一二八二）に三嶋大社、正応元年（一二八八）に大山祇神社に参詣している。『一遍聖絵』第六、第十に収録。

美作国一宮【みまさかのくにいちのみや】　岡山県津山市一宮にある中山《なかやま》神社のこと。鏡作神《かがみつくりのかみ》を祀る。慶雲四年（七〇七）の創建とされる。弘安八年（一二八五）、一遍らは、穢れをおもんぱかって神社の中には入らず、門外に一時滞在した後、「かなもり」に移動した。しかし、一遍をもう一度招くようにとの夢告があったため、禰宜《ねぎ》は一遍らを呼び戻し、拝殿に招き入れた。このとき、「みごくのかま」（神御供の釜）が鳴るので占うと、この釜で粥を作るようにとの託宣があった。粥を作り、一遍らに供養すると、鳴る音が消えた。『一遍聖絵』第八に収録。

無量光寺【むりょうこうじ】　神奈川県相模原市南区当麻《たいま》にあり、当麻山金光院《たいまさんこんこういん》と号す。当麻道場と称する、当麻派の大本山。開山を一遍とする説と、二祖真《しん》教《きょう》とする説がある。一遍説の根拠として、『麻山《まざん》集《しゅう》』の、一遍が弘長元年（一二六一）、文永七年（一二七〇）、弘安（一二八一）と三回にわたり当麻に立ち寄り、無量光寺を開山したとする記事がある。真教説の根拠としては、『一遍上人縁起絵《いっぺんしょうにんえんぎえ》』や『他阿《たあ》上人法語《しょうにんほうご》』によって、真教が当麻で活動したことが明確であることや、『麻山集』に収められた「無量光寺再営之事　付伝記之事」に、嘉元元年（一三〇三）、真教が宗祖の縁ある当地に堂宇を建立し、独住《どくじゅう》した記事などが挙げられている。

無量寿経【むりょうじゅきょう】　上下二巻からなり、「双《そう》巻経《かんぎょう》」ともいう。また、『阿弥陀経』を「小経《しょうきょう》」というのに対して「大経《だいきょう》」という。四十八願を説くため、「四十八願経《しじゅうはちがんきょう》」ともいう。曹魏《そうぎ》・康僧鎧《こうそうがい》の訳とされてきたが、近年は、仏陀跋陀羅《ぶっだばつだら》・宝雲《ほううん》の訳とされる。法蔵《ほうぞう》が四十八の誓願を成就して阿弥陀仏となり、西方極楽世界が完成したことが説かれる。

や行

山内入道【やまのうちにゅうどう】　生没年不詳。丹波《たんば》国の住人。信濃《しなの》国善光寺《ぜんこうじ》参詣を所望した際、一遍のもとに善光寺如来がいるという霊夢を見て、一遍に帰依《きえ》し、時衆に入ったが、弓や刀などの所持を一遍に戒められた。『一遍聖絵』第九に収録。

遊行寺【ゆぎょうじ】　→　**清浄光寺**【しょうじょうこうじ】

遊行上人【ゆぎょうしょうにん】　一遍は、遊行廻国する僧であったため、遊行聖《ひじり》と呼ばれた。一方、一遍の跡を継いだ二祖真教《しんきょう》は、遊行上人と呼ばれた。その後、遊行上人は時衆の指導者を指すようになった。遊行派では、一遍を初代、真教を二代（二祖）、智得《ちとく》を三代、呑海《どんかい》を四代として、現在の七十四代真円《しんえん》まで続いている。二代以降の歴代の上人は他阿弥陀仏《たあみだぶつ》、略して他阿《たあ》と称される。ただし、遊行上人という道号は遊行二十九代体光《たいこう》からといわれている。

遊行上人縁起絵【ゆぎょうしょうにんえんぎえ】　→　**一遍上人縁起絵**【いっぺんしょうにんえんぎえ】

遊行日鑑【ゆぎょうにっかん】　近世における遊行廻国の公用記録で、清浄光寺《しょうじょうこうじ》に所蔵されている。正徳元年（一七一一）から明治十七年（一八八四）に及ぶ。各地方の遊行の受け入れ体制や、遊行先での別時念《べつじねん》仏会《ぶつえ》ほか主要行事の様子などを知ることができる。

遊行派【ゆぎょうは】　一遍入滅《にゅうめつ》後、時衆は二祖真教《しんきょう》を指導者として遊行を続けた。真教が遊行を三代智得《ちとく》に譲って当麻山無量光寺《たいまさんむりょうこうじ》に独住《どくじゅう》した後は、各地に門弟が派遣され、道場が営まれた。智得はもっぱら遊行廻国し、真教は諸国の道場にて僧尼の指導にあたった。真教・智得が入滅すると、四代呑海《どんかい》と、智得の弟子である無量光寺の内阿真光《ないあしんこう》とが対立した。呑海は、無量光寺に対抗して藤沢に藤沢山清浄光《とうたくさんしょうじょうこう》院《いん》（後の清浄光寺《しょうじょうこうじ》）を建立し、ここに独住して全国末寺を指導した。遊行上人は、次代に遊行を譲ると、清浄光寺に独住して藤沢上人《ふじさわしょうにん》として門末を指導した。そのため清浄光寺は、本山の役割を果たすこととなった。一方、七条道場金光寺《こんこうじ》は、遊行上人の寺として、宮中や公家とも接触することが多く、僧侶が学問を究め、高い文化に触れる場でもあった。清浄光寺、金光寺とその末寺は、遊行派と呼ばれる。室町時代には、藤沢と七条の両道場（清浄光寺と金光寺）を中心として、遊行派は大いに発展した。しかし戦国時代になると、清浄光寺は戦火で焼失して廃絶状態となり、また遊行廻国もままならず、教勢はいちじるしく衰退した。江戸時代になると、幕府の宗教政策によって、過去に分かれた各派や、類似した教義・法式を持つ教団が、強制的に時宗の枠にはめ込まれた。こうした各派を総称して、時宗十二派という。遊行派は、十二派中では最大で、時宗全体を代表し、統括する権限を与えられた。なお、江戸時代に遊行派が大きな発展をとげたのは、遊行廻国に対する幕府の保護によるものである。

予章記【よしょうき】　伊予河野《いよこうの》氏の由緒や歴代の事績を記録したもの。応永元年（一三九四）河野通義《みちよし》の死後に成立したとされる。いくつかの異本が存在するが、高野山《こうやさん》の上蔵院《じょうぞういん》本が最古とされ、長福寺本がもっとも多く流布している。『高祖一遍聖人行状図《こうそいっぺんしょうにんぎょうじょうず》』（藤沢山清浄光寺《とうたくさんしょうじょうこうじ》蔵版）などに書かれる一遍の系譜は『予章記』がもととなっている。

ら行

来迎【らいこう】　一遍は、来迎を待つのではなく、称《しょう》名《みょう》していること自体が本当の来迎であるとしている。つまり、六字の名号にすべての真実が存在しているから、称名をすること自体が来迎を招く（「称名即《すなわち》来迎」）というのである。

領解【りょうげ】　心から理解したこと。さとることをいう。一遍は、己心《こしん》領解として、「十一不二頌《じゅういちふにじゅ》」と呼ばれる頌（漢詩）を作った。

霊山派【りょうぜんは】　時宗十二派のうちの一派。本寺は無量寿院正法寺《むりょうじゅいんしょうぼうじ》（京都市東山区清閑寺霊山町）。派名は本寺の所在地一帯が霊山《りょうぜん》と呼ばれており、山号もまた霊山（霊鷲山《りょうじゅせん》）と号することに由来する。派祖は国阿随心《こくあずいしん》。『国阿上人伝』によれば、遊行《ゆぎょう》七代託何《たくが》の弟子である国阿が、永徳三年（一三八三）、天台宗別院であった霊山寺の光英僧都から住持《じゅうじ》職を譲り受け、寺内に阿弥陀堂を建立して正法寺と号し、時宗に改宗したのが始まりという。後小松《ごこまつ》天皇や将軍足利義満の帰依《きえ》を得たと伝える。末寺には、京都円山安養寺《あんようじ》・東山長楽寺《ちょうらくじ》・塩小路白蓮寺《びゃくれんじ》・敦賀来《らい》迎寺《こうじ》・大津正福寺《しょうふくじ》・兵庫薬仙寺《やくせんじ》などがあった。安政元年（一八五四）十二月、遊行派の配下となる。本寺である正法寺は、明治二十六年（一八九三）の火災により、本堂（もとの開山堂）・書院を残すのみとなった。

良忠【りょうちゅう】（一一九九〜一二八七）鎌倉時代中期の僧。然阿《ねんな》。記主《きしゅ》禅師とも呼ばれる。浄土宗三祖。鎮西派《ちんぜいは》。鎌倉の悟真寺《ごしんじ》（浄土宗大本山光明寺《こうみょうじ》の前身）を創建した。比叡山《ひえいざん》で受戒して天台・真言・倶舎《くしゃ》・法相《ほっそう》・禅・戒律などを学び、故郷である石見《いわみ》の多陀《ただ》寺《じ》にて念仏修行に専念した後、浄土宗二祖弁長《べんちょう》の弟子となり、関東各地や鎌倉、京都など諸国をめぐって教化に努め、多くの著書を著し、弟子の育成にも努めた。『決答授手印疑問鈔《けっとうじゅしゅいんぎもんしょう》』『観経疏伝通記《かんぎょうしょでんずうき》』などの著者がある。

良忍【りょうにん】（一〇七二〜一一三二）平安時代の僧。融通《ゆうずう》念仏宗の開祖。良仁、聖応大師、光静房などとも称される。『一遍聖絵』第三に、一遍が熊野権現《くまのごんげん》から神勅《しんちょく》を得た際、先例として同じく良忍が阿弥陀仏から示現を受けたことを記している。

蓮光院【れんこういん】京都中京区姉小路通大宮西入姉西町に所在する。弘仁山《こうにんさん》と号す。真言宗で、不動を本尊とする。『一遍聖絵』第七によると、一遍は弘安七年（一二八九）、この寺に立ち寄ったといい、住職と一遍は、歌をやりとりしている。

六条派【ろくじょうは】時宗十二派のうちの一派。派名は、本寺である歓喜光寺《かんきこうじ》の以前の所在地（京都六条大路南・烏丸小路東）に由来する（現在は京都市山科区大宅奥山田に移転）。派祖は聖戒《しょうかい》。歓喜光寺は紫苔山河原《しだいさんかわら》院《いん》と号し、六条道場と称した。聖戒は正応四年（一二九一）春、石清水八幡宮《いわしみず》（男山八幡《おとこやま》）の南の善導寺《ぜんどうじ》に招かれた。後に九条忠教《くじょうただのり》の外護によって河原院に善導寺を移転し、菅原是善《すがわらのこれよし》（道真《みちざね》の父）旧邸の天満宮と神宮寺《じんぐうじ》の歓喜寺とを合併して歓喜光寺を建立したとされている。寺地は後に、六条大路東・堀川南や、高辻烏丸に移転し、天正年間（一五七三〜九二）に京極錦に移って近代を迎えた。明治四十一年（一九〇八）に東山五条法国寺《ほうこくじ》を合併し、さらに昭和五十年（一九七五）に山科区大宅に移り、現在に至る。江戸時代には塔頭十三軒（満願寺・覚恩寺・金台寺・与願寺・行福寺・安念寺・清浄心院・長寿院・芳泉院・端月院・玉林院・正面庵・道照庵）があり、境内に錦《にしき》天神・塩釜《しおがま》社などがあった。六条派は延宝四年（一六七六）に清浄光寺《しょうじょうこうじ》の支配下に入り、遊行派《ゆぎょうは》に属している。

六波羅蜜寺【ろくはらみつじ】　京都市東山区にあり、普《ふ》陀落山《だらくさん》と号す。真言宗智山派。『一遍聖絵』第七によると、弘安七年（一二八四）に一遍が訪れている。一遍が自身の先達と仰ぐ空也《くうや》と関わりが深い場所である。

（飯田　彰・奥田裕幸・桑原聴善・高木灌照・高野　修・遠山元浩・長澤昌幸・長島崇道・牧野純山・峯﨑賢亮）

附録

参考資料

一遍と時宗を学ぶ——学習の進め方

一遍の思想や時宗の教えについて学習するにあたっては、ほかの宗祖・宗派と大きく違う点がある。それは一遍の著作が残っていないという点である。そのため、一遍の生涯における行状と、仏教、特に浄土教一般についての基礎的知識を身につけることが重要となる。

一遍については、『一遍聖絵《いっぺんひじりえ》』や『一遍上人縁起《いっぺんしょうにんえんぎ》絵《え》』『一遍上人語録《いっぺんしょうにんごろく》』を学ぶとともに、これらに引用されている典籍を学ぶことが欠かせない。

経典では、「浄土三部経《じょうどさんぶきょう》」と呼ばれる『無量寿《むりょうじゅ》経《きょう》』『観無量寿経《かんむりょうじゅきょう》』『阿弥陀経』は、もっとも重要である。これらは浄土宗、浄土真宗、時宗の読誦《どくじゅ》経典として、朝夕のお勤めのほか、広く用いられている。

経典のほか、一遍の思想と行動に多大な影響を与えた註釈書などに目を通すことも必要である。唐の善導《ぜんどう》の『観無量寿経』の注釈書である『観無量寿《かんむりょうじゅ》経疏《きょうしょ》』（『観経疏』）『法事讃《ほうじさん》』『往生礼讃《おうじょうらいさん》』、法然《ほうねん》の『選択本願念仏集《せんちゃくほんがんねんぶつしゅう》』などである。

学びの場

大正大学（東京都豊島区西巣鴨三－二〇－一）には、時宗の研究室があり、一遍や時宗に関する講座を開いている。一遍の教えや時宗教団の歴史、勤行《ごんぎょう》や礼《らい》讃《さん》など法式、声明《しょうみょう》などを解説しており、これは、聴講生として学ぶこともできる。ほかの仏教系の大学でも浄土教に関する講座を開いているところは多い。

ので、一遍の思想的背景となった浄土教を知るために、積極的に聴講の可否や手続きについて問い合わせてみてほしい。

　総本山清浄光寺《しょうじょうこうじ》（遊行寺《ゆぎょうじ》。神奈川県藤沢市西富一－八－一）では、「遊行寺仏教文化講座」（毎年十月開催）、「月例法話会」（毎月二十三日）が行われている。一般に公開されているので、真剣に学ぶ気持ちのある人は、事前に確認の上、参加してみてはいかがだろうか。

一遍の三大行儀《ぎょうぎ》

　浄土教の系統の宗祖の中でも、一遍は異彩を放っている。一遍や時宗への理解を深めたいときには、文献上の学習だけではなく、一遍の三大行儀とされる「遊行《ゆぎょう》」「賦算《ふさん》」「踊り念仏」を見聞きし、体験することが大切である。

　遊行に関しては、『一遍聖絵《いっぺんひじりえ》』が一遍の念仏思想とその行実を描いた絵巻であること、そこに描出された一遍の人物像が、絵巻制作を発願し、自ら詞書《ことばがき》を書いた聖戒《しょうかい》の目を通して得られたものであることの二点を念頭に、一遍の遊行の地や寺社に足を踏み入れ、多くの「ゆかりの地」を訪れることが、一遍に近づくことになるかもしれない。

　賦算というのは、念仏札をくばることである。一遍は、四天王寺《してんのうじ》において、初めて「南無阿弥陀仏決定《けつじょう》往生六十万人」の念仏札をくばり、人々に念仏を勧めた。その後、賦算は一遍の生涯を通じて続けられ、一遍亡き後も、代々の遊行上人が受け継いだ。遊行上人手ずから念仏札をくばることが、現在も続けられている。

　札は、年間いつでも配られるが、毎年一月十一日は「お札切り」といって、遊行上人がその年にくばる念仏札を刷り始める日とし、賦算は行われない。翌日の十二日、「ご賦算始め」といって、朝の勤行が終わると、本山の僧尼、関係者、参詣者らが、遊行上人から初札《はつふだ》として受けるのである。

　踊り念仏に関して、一遍の踊り念仏を現在に伝えるとされるものに、「跡部《あとべ》の踊り念仏」がある。長野県佐久市跡部の西方寺《さいほうじ》（浄土宗）の本堂で、毎年四月の第一日曜日に行われる。

清浄光寺《しょうじょうこうじ》では、四月二十一日より二十四日まで春季開山忌（呑海忌《どんかいき》）が、九月二十一日より二十四日まで秋季開山忌（一遍忌）が営まれる。四月、九月のいずれも、二十三日の午後に、保存会による踊り念仏が行われる。

また、九月十五日には本堂で、薄念仏会《すすきねんぶつえ》が行われる。本堂内陣の机の前に置かれた大花瓶に、ススキ・松・青竹を生けて、青竹の上部に遊行四十二代他阿《たあ》尊任《そんにん》の「笹名号《ささみょうごう》」をかける。それを中心に、遊行上人および六人の僧が、首に鉦《かね》をかけ、これを打ちながら念仏を称《とな》えて行道をする。内陣と外陣との境には、十八張の白張提灯《しらはりちょうちん》が吊るされる。

『一遍聖絵』第五、一遍の祖父河野通信《こうのみちのぶ》の墓の図では、大きな塚のまわりに僧尼が坐って念仏を称えている。塚の上には、ススキが二、三本描かれている。ここでも、踊り念仏が行われたと考えられ、薄念仏会は、これにちなむものとされている。

九月十六日には、毎年、真光寺（兵庫県神戸市兵庫区松原通一－一－六十二）で一遍の御忌《ぎょき》法要が営まれ、法要後、一遍の墓所である五輪塔前で踊り念仏が行われている。

歳末別時念仏会《さいまつべつじねんぶつえ》

清浄光寺《しょうじょうこうじ》の行事として、一遍の時代から七百年続いている歳末別時念仏会「一ツ火」がある。これは、中国浄土教の大成者である善導《ぜんどう》の『観無量寿《かんむりょうじゅ》経疏《きょうしょ》』に、念仏を勧める喩《たとえ》として説かれた「二河《にが》白道図《びゃくどうず》」を、現代において実修するものである。毎年、歳末別時念仏会は、十一月十八日から二十八日にかけて営まれており、「一ツ火」はこのうち二十七日に行われ、一般にも公開されている。

本堂の内陣を、この世である穢土《えど》と、極楽浄土である報土《ほうど》とに分ける。この世には、釈尊の像が描かれた掛軸をかけ、極楽浄土には南無阿弥陀仏の名号をかける。その間にはゴザを数枚敷いて「白道」に見立てて、実際に僧尼たちがその上を渡って、極楽浄土の側に「報土入り」をする。そして、また「白道」を渡ってこの世に戻って、衆生《しゅじょう》を済度《さいど》する（還《げん》来穢国《らいえこく》）ということを示す行事である。

歳末別時念仏会は、真光寺でも毎年行われており、京都市内の時宗寺院でも行われている。

寺院では、正月の修正会《しゅしょうえ》、二月の追儺式《ついなしき》、釈尊《しゃくそん》涅槃会《ねはんえ》、三月の春彼岸会、四月の釈尊降誕会《どうたんえ》（花祭り）などのほか、年間を通じていろいろな行事が行われている。一般に参加できる行事が多いので、積極的に足を運ぶことが好ましい。行事に関する説明やパンフレットにより意味を理解し、信仰に根づいた寺の行事を深く知ってほしい。

（長島尚道・古賀克彦）

文献紹介

ここには、一遍と時宗に関する文献を掲げた。『定本時宗宗典』については、一部の図書館や時宗寺院にしか所蔵されていないが、基本文献として掲げた。同様に、現在は入手しづらい文献も一部に含まれている。

【入門書・一般書】

井上宏生『一遍　遊行に生きた漂泊の僧』新人物往来社、二〇一〇年
今井雅晴『捨聖一遍』吉川弘文館、一九九九年
梅谷繁樹『捨聖・一遍上人』講談社現代新書、一九九五年
大橋俊雄『一遍と時宗教団』教育社歴史新書、一九七八年
大橋俊雄『一遍』（新装版）吉川弘文館、一九八八年
大橋俊雄『一遍入門』春秋社、一九九一年
金井清光『一遍上人ものがたり』東京美術選書、一九八八年
金井清光・梅谷繁樹『一遍語録を読む』法藏選書、一九八四年

亀井宏『踊る一遍上人』（小説）東洋経済新報社、一九九七年
栗田勇『一遍上人』新潮文庫、二〇〇〇年
栗田勇『捨ててこそ生きる——一遍遊行上人』NHK出版、二〇〇一年
黒田日出男編『朝日百科　日本の歴史別冊　歴史を読みなおす　中世を旅する人々——「一遍聖絵」とともに』、一九九三年
五来重『踊り念仏』平凡社ライブラリー、一九九八年
坂村真民『一遍上人語録　捨て果てて』大蔵出版、一九九四年
坂村真民『詩集　念ずれば花ひらく』サンマーク出版、一九九八年
時宗教学研究所編『時宗入門』時宗宗務所、一九九七年
釈徹宗『法然　親鸞　一遍』新潮新書、二〇一一年
瀬戸内寂聴『花に問え』（小説）中公文庫、一九九四年
橘俊道『一遍のことば』雄山閣、一九七八年
長島尚道編『絵で見る一遍上人伝』長島尚道、一九九六年
畑山博『一遍——癒しへの漂泊』（小説）学陽書房、二〇〇〇年
望月宏二『一遍——その鮮烈な生涯』朝日カルチャーセンター、一九九七年
柳宗悦『南無阿弥陀仏』岩波文庫、一九八六年
『週刊朝日百科　仏教を歩く十二　一遍　捨ててこそ救われる』（改訂版）二〇一三年
『週刊朝日百科　仏教を歩く十九　空也・源信　念仏で浄土へ』（改訂版）二〇一三年

【専門書】

今井雅晴『一遍——放浪する時衆の祖』三省堂、一九九七年
大橋俊雄『一遍——その行動と思想』評論社、一九七一年
大橋俊雄『時宗の成立と展開』吉川弘文館、一九七

三年
大橋俊雄『踊り念仏』大蔵出版、一九七四年
金井清光『一遍と時衆教団』角川書店、一九七五年
時衆の美術と文芸展実行委員会編『時衆の美術と文芸——遊行聖の世界』東京美術、一九九五年
清浄光寺史編集委員会編『清浄光寺史』藤沢山無量光院清浄光寺、二〇〇七年
砂川博『中世遊行聖の図像学』岩田書院、一九九九年
砂川博『一遍聖絵研究』岩田書院、二〇〇三年
砂川博『徹底検証　一遍聖絵』岩田書院、二〇一二年
砂川博編『一遍聖絵の総合的研究』岩田書院、二〇〇二年
髙野修『一遍聖人と聖絵』岩田書院、二〇〇一年
髙野修『時宗教団史』岩田書院、二〇〇三年
髙野修・遠山元浩『遊行寺』時宗宗務所・時宗総本山清浄光寺、二〇〇五年
竹村牧男『親鸞と一遍』法藏館、一九九九年
橘俊道『遊行寺——中世の時宗総本山』名著出版、一九七八年
冨永航平『一遍上人と遊行の寺』朱鷺書房、一九八八年
禰宜田修然『時宗の寺々』禰宜田修然、一九八〇年
古川雅山『解説　一遍聖絵』一遍会、一九七八年

【辞典・年表・索引】

今井雅晴編『一遍辞典』東京堂出版、一九八九年
時宗教学研究所編『時宗辞典』時宗宗務所教学部、一九八九年
長島尚道・岡本貞雄編『一遍聖絵索引』文化書院、一九八六年
峰島旭雄監修『浄土教の事典——法然・親鸞・一遍の世界』東京堂出版、二〇一一年
望月華山編『時衆年表』角川書店、一九七〇年

【典籍】

大橋俊雄校注『一遍上人語録』岩波文庫、一九八五

年
大橋俊雄校注『一遍聖絵』岩波文庫、二〇〇〇年
小松茂美編『一遍上人絵伝』（日本の絵巻）中央公論社、一九八八年
高野修編『原文対照・現代語訳　一遍上人語録』岩田書院、二〇〇九年
『国宝・一遍聖絵』（図録）京都国立博物館、二〇〇二年
『一遍聖絵』（新修日本絵巻物全集）角川書店、一九七五年
『遊行上人縁起絵』（新修日本絵巻物全集）角川書店、一九七九年

【全集】

時宗宗務所編『定本時宗宗典』（上・下）山喜房仏書林、一九七九年
橘俊道・梅谷繁樹編『一遍上人全集』（新装版）春秋社、二〇一二年

一遍略年譜

和暦	西暦	一遍の年齢	一遍の生涯
延応　元	一二三九	一歳	伊予で誕生。幼名を松寿丸という。
宝治　二	一二四八	十歳	母に死別。出家して随縁と名のる。
建長　三	一二五一	十三歳	春、僧善入と九州太宰府の聖達を訪れる。その勧めで肥前清水の華台に預けられ修学する。このとき、智真と改名する。
建長　四	一二五二	十四歳	聖達のもとに帰り、浄土教を学ぶこと十二年。
弘長　三	一二六三	二十五歳	五月二十四日、父通広（如仏）が亡くなり、故郷に帰る。これより半僧半俗の生活を送る。
文永　八	一二七一	三十三歳	この頃一念発起してふたたび出家する。師聖達を再訪。 春、善光寺へ参籠、「二河の本尊」を描き、念仏一路の決意をする。 秋、伊予の窪寺に閑居し、念仏三昧の修行をする。 「十一不二頌」を作り、一切を捨てて衆生済度の志を立てる。
文永　十	一二七三	三十五歳	七月、菅生の岩屋寺に参籠し、遁世の素意を祈る。田園舎宅を捨てて、諸国修行に出る。
文永十一	一二七四	三十六歳	二月八日、同行三人と伊予を後にして、遊行の旅に出る。桜井で聖戒と別れる。 四天王寺に参籠、十重禁戒を受け、念仏賦算を始める。 夏、高野山を経て熊野に参籠する。 本宮証誠殿で熊野権現より念仏賦算の神託を受け、「六十万人頌」を感得し、「六十万人知識一遍」と号す。 六月十三日、新宮から聖戒に便りして念仏の形木を送り、他力念仏の真義を教える。

建治　二	一二七六	三十八歳	ふたたび伊予を通って九州へ渡り、聖達を訪ね、一遍の念仏を説く。大隅正八幡宮に参詣する。豊後大友頼泰が帰依する。ここで後の二祖他阿真教が入門する。
弘安　元	一二七八	四十歳	夏、伊予へ。秋、安芸の厳島。冬、備前藤井で吉備津宮の神主の子息夫婦を教化。出家する者が二百八十余人。
弘安　二	一二七九	四十一歳	春、都へ上り因幡堂に宿す。八月、因幡堂を出て善光寺に向かう。十二月、信濃国佐久郡伴野で歳末別時念仏を修行する。大井太郎が帰依する。踊り念仏を始める。
弘安　三	一二八〇	四十二歳	秋、下野小野寺。白河関を越えて奥州に入り、江刺郡で祖父通信の墓（ひじり塚）を訪れる。
弘安　四	一二八一	四十三歳	松島・平泉をめぐり、常陸を修行。武蔵石浜（浅草）で時衆四、五人病み伏す。
弘安　五	一二八二	四十四歳	三月一日、鎌倉に入ろうとして武士に制止される。片瀬の地蔵堂で念仏を勧めるため滞在。踊り念仏も行う。七月十六日、片瀬を発ち、伊豆三島明神に参詣。
弘安　六	一二八三	四十五歳	尾張甚目寺、萱津、美濃、近江をめぐる。
弘安　七	一二八四	四十六歳	閏四月十六日、近江関寺から京都四条釈迦堂に入る。因幡堂、三条悲田院、蓮光寺、雲居寺、六波羅蜜寺、市屋とめぐる。五月二十二日、市屋を発って桂に移る。秋、北国に向かい、穴生寺に参籠する。
弘安　八	一二八五	四十七歳	五月上旬、丹後久美浜・但馬くみで龍神と結縁する。因幡、伯耆、美作をめぐる。美作一宮へ参詣。

弘安　九	一二八六	四十八歳	天王寺、住吉、聖徳太子廟、當麻寺。冬、石清水八幡宮、淀の「うえの」、印南野教信寺に一夜泊まる。ふたたび四天王寺に戻り別時念仏をする。
弘安　十	一二八七	四十九歳	一月一日、天王寺如一亡くなる。一遍ら葬送する。尼崎、兵庫光明福寺とめぐり、春、播磨書写山、松原八幡で「別願和讃」を作る。三月一日、十二道具の持文を書く。備中軽部宿、備後一宮、安芸厳島と遊行する。
正応　元	一二八八	五十歳	伊予に渡る。菅生岩屋寺、繁多寺に三か月参籠する。十二月十六日、大三島大山祇神社に参籠して帰る。
正応　二	一二八九	五十一歳	二月六日、ふたたび大三島へ参り、生贄をとめる。讃岐善通寺、曼陀羅寺をめぐる。六月一日、阿波・大鳥里河辺で発病する。七月初め、阿波を発ち、淡路島福良に移る。二宮、しつき天神社。七月十八日、明石に渡る。兵庫より迎えの舟が来て兵庫観音堂に入る。八月二日、遺誡の詞を聖戒に書き取らせる。八月十日、所持の書籍など、持ち物を焼く。八月二十三日辰の始（朝七時）入滅する。

江刺
21
平泉
23
22
松島
白川の関
1280
20
善光寺
1271
17 1279
小野寺
18
19
佐久
常陸国
24
石浜
25
美濃国
30
甚目寺
1283
29
関寺
三島
28
27
26
片瀬
1282
四天王寺
3 1274
39
45 1286

一遍遊行廻国図（1239〜89年）

本図は『一遍聖絵』から作成した。
地図上の丸付き番号は「一遍遊行廻国表」の丸付き数字と対応している。
遊行地の現在地比定は作成者が判断した。
遊行の経路（点線）は推定。
作成に際して次の文献を参照した。
・高野修「一遍遊行廻国図」（神奈川県立博物館『遊行の美術』〈1985〉所収）
・「一遍、遊行の足跡図」（時衆の美術と文芸展実行委員会『時衆の美術と文芸』〈東京美術、1995〉所収）

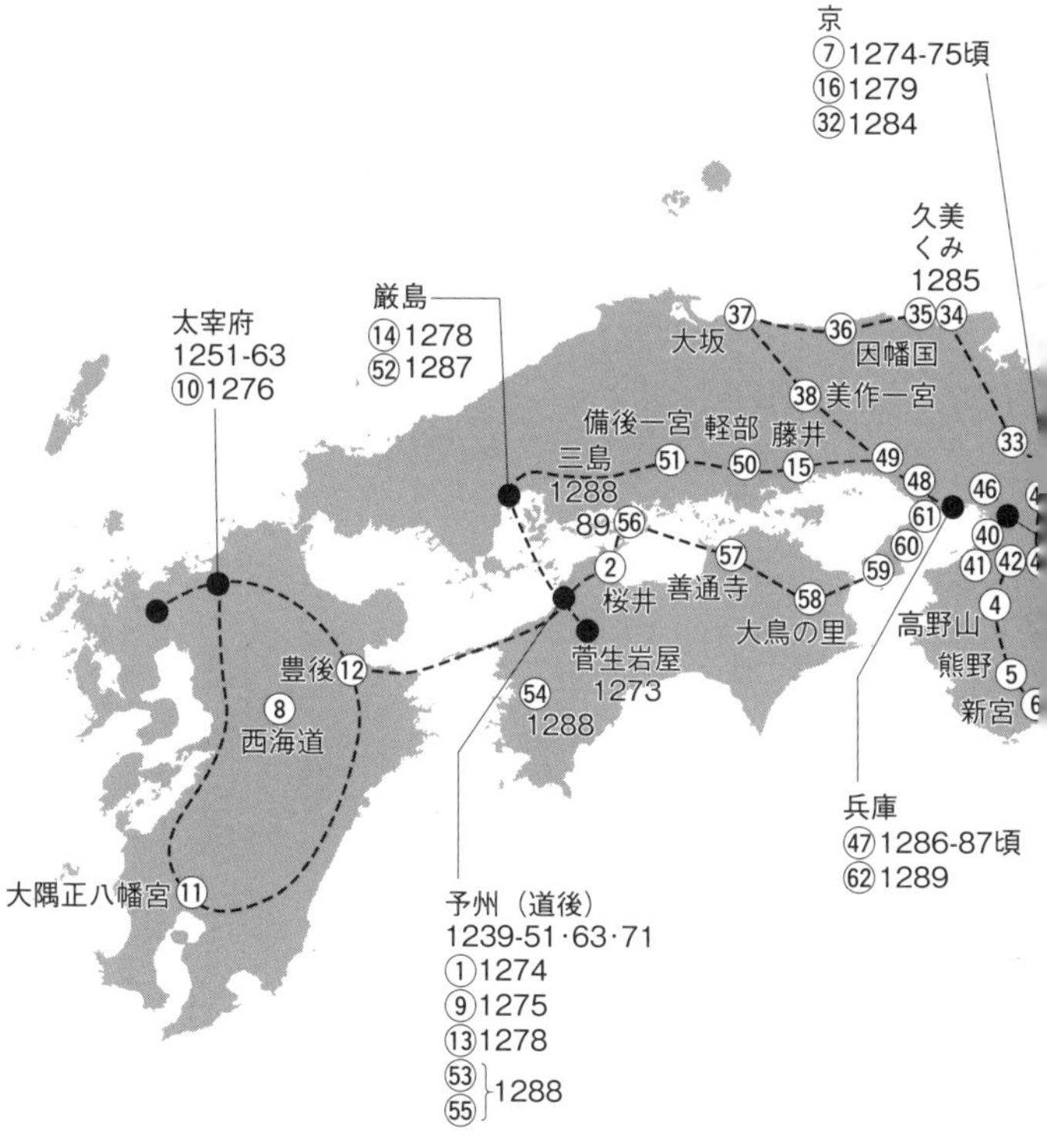

一遍遊行廻国表

『一遍聖絵』から作成した。記載地名は原典のままとした。「一遍遊行廻国表」（時衆の美術と文芸展実行委員会編『時衆の美術と文芸』〈東京美術、一九九五〉所収）を参照した。

和暦	西暦	月日	遊行地 号番	遊行地 記載地名	遊行地 記事	現在地	一遍の年齢	一遍聖絵 巻-段
延応元	一二三九			予州	誕生。	愛媛県松山市	一	一-一
宝治二	一二四八			予州	母と死別。出家して随縁と名乗る。	愛媛県松山市	十	一-一
建長三	一二五一	春		太宰府	善入とともに聖達を訪ねる。	福岡県太宰府市	十三	一-一
				肥前国清水	聖達の勧めで華台を訪ね、勉学修行する。名を智真と改める。	佐賀県小城市		一-一
建長四	一二五二	春頃		太宰府	聖達のもとに帰る。十二年間浄土教を学ぶ。	福岡県太宰府市	十四	一-二
弘長三	一二六三			本国	五月二十四日、父如仏が亡くなり、伊予へ帰る。これより半僧半俗の生活を送る。	愛媛県松山市	二十五	一-二
文永八	一二七一			太宰府	この頃、一念発起してふたたび出家する。師聖達を再訪。	福岡県太宰府市	三十三	一-二
		春		善光寺	善光寺へ参籠する。「二河の本尊」を描き、念仏一路の決意をする。	長野市		一-三

		秋頃		予州窪寺	伊予の窪寺に閑居し、念仏三昧の修行をする。「十一不二頌」を作り、一切を捨てて衆生済度の志を立てる。	愛媛県松山市		一-四
文永十	一二七三	七月		菅生の岩屋	菅生の岩屋に参籠し遁世の素意を祈る。	愛媛県上浮穴郡久万高原町	三十五	二-一
文永十一	一二七四	二月八日	①	予州	超一、超二、念仏房とともに遊行の旅に出る。	愛媛県松山市	三十六	二-二
			②	同国桜井	桜井で聖戒と別れる。	愛媛県今治市		二-二
			③	天王寺	四天王寺に参籠する。十重禁戒を自ら受け、念仏賦算を始める。	大阪市天王寺区		二-三
		夏	④	高野山	高野山へ参詣する。	和歌山県伊都郡高野町		二-四
			⑤	熊野	本宮証誠殿で熊野権現より念仏賦算の神託を受け、「六十万人頌」を感得し、六十万人知識一遍と号す。	和歌山県田辺市本宮町		三-一
		六月十三日	⑥	新宮	新宮から聖戒に便りして念仏の形木を送る。	和歌山県新宮市		三-二
			⑦	京		京都市		三-二
			⑧	西海道		九州		三-二

建治元	一二七五		⑨	本国	国中くまなく勧進し、いずこともなく出立する。	愛媛県松山市	三十七	三-二
建治二	一二七六		⑩	九国	ふたたび伊予を通り九州へ渡り、聖達を訪ね、一遍の念仏を説く。	福岡県太宰府市	三十八	三-三
			⑪	筑前国	ある武士の館を訪ねる。	福岡県		四-一
				大隅正八幡宮	大隅正八幡宮に参詣する。	鹿児島県国分市		四-二
			⑫		豊後の大友頼泰帰依。ここで後の二祖他阿真教が入門する。	大分県		四-三
弘安元	一二七八	夏頃	⑬	予州	九州より海を渡り伊予へ。	愛媛県松山市	四十	四-三
		秋	⑭	安芸の厳島	厳島神社へ参詣する。	広島県廿日市市宮島町		四-三
			⑮	備前国藤井	吉備津宮の神主の子息の妻を教化、出家させる。	岡山市		四-三
				福岡の市	吉備津宮の神主の子息も出家する。出家する者二百八十余人。	岡山県瀬戸内市長船町		四-三
弘安二	一二七九	春頃	⑯	みやこ	京へ上り、因幡堂に宿す。	京都市中京区	四十一	四-四
			⑰	善光寺	因幡堂を出て善光寺へ向かう。	長野市		四-五

		歳末	⑱	信濃国佐久郡伴野	市庭の在家で歳末別時念仏会を修行する。	長野県佐久市		四－五
				小田切の里	ある武士の館で踊り念仏を始める。	長野県佐久市		四－五
		冬		信州佐久郡	大井太郎が帰依する。館で踊り念仏を行う。	長野県佐久市		五－一
弘安三	一二八〇		⑲	下野国小野寺	雨宿りをする。	栃木県下都賀郡岩舟町	四十二	五－二
			⑳	白川の関	白河の関を越えて奥州に入る。	福島県白河市		五－三
			㉑	奥州江刺の郡	江刺郡で祖父河野通信の墳墓を訪れる。	岩手県北上市		五－三
弘安四	一二八一		㉒	松島		宮城県宮城郡松島町	四十三	五－四
			㉓	平泉		岩手県西磐井郡平泉町		五－四
			㉔	常陸国	常陸国を遊行、中風の男を治す。	茨城県		五－四
			㉕	武蔵国石浜	武蔵国石浜で時衆四、五人病み伏す。	東京都台東区		五－四

弘安五	一二八二	春	㉖	ながさご	鎌倉入りのため三日間逗留する。	神奈川県横浜市南区永谷または神奈川県藤沢市長後	四十四	五－五
		三月一日		こぶくろざか	鎌倉に入ろうとして武士に制止される。	神奈川県鎌倉市		五－五
		三月二日		かたせの館の御堂	断食して別時念仏会を行う。	神奈川県鎌倉市		六－一
		三月七日		かたせの浜の地蔵堂	念仏を勧め滞在する。	神奈川県藤沢市片瀬		六－一
		三月末		同道場（地蔵堂）	紫雲が立つ。踊り念仏を行う。	神奈川県藤沢市片瀬		六－一
			㉗	伊豆国三島	七月十六日、片瀬を発ち伊豆三島明神に参詣する。	静岡県三島市		六－一
			㉘	蒲原	武蔵国のあぢさか入道が富士川に入水往生をとげる。	静岡市清水区蒲原		六－二
弘安六	一二八三		㉙	尾張国甚目寺	七日の行法を行う。	愛知県あま市甚目町	四十五	六－四

				萱津	毘沙門天が霊徳を現わす。	愛知県あま市甚目町		六-四
			㉚	美濃		岐阜県		七-一
			㉛	近江国草津		滋賀県草津市		七-一
				関寺	七日の行法を行う。	滋賀県大津市		
弘安七	一二八四	四月十六日	㉜	四条京極の釈迦堂	近江・関寺から京四条釈迦堂に入る。	京都市中京区	四十六	七-二
				因幡堂		京都市下京区		七-二
				三条悲田院		京都市東山区		七-二
				蓮光院		京都市中京区		七-二
				雲居寺		京都市東山区		七-三
				六波羅蜜寺		京都市東山区		七-三
				空也上人の遺跡市屋	踊り念仏を修す。	京都市下京区		七-三

弘安七	一二八四	五月二十二日	㉜	桂	市屋を発って桂に移る。	京都市西京区	四十六	七-四
		秋頃		桂	桂を発って北国へ向かう。	京都市西京区		八-一
			㉝	篠村		京都府亀岡市		八-一
				穴生	穴生寺（穴太寺）に参籠する。	京都府亀岡市		八-一
弘安八	一二八五	五月上旬	㉞	丹後の久美の浜	海中より龍が現われる。	京都府京丹後市久美浜町	四十七	八-二
			㉟	但馬国のくみ	ふたたび海中より龍が現われる。	兵庫県豊岡市竹野町		八-二
			㊱	因幡国		鳥取県		八-二
			㊲	伯耆国おほさか		鳥取県西伯郡伯耆町大坂		八-二
			㊳	美作一宮	参詣する。	岡山県津山市		八-三
弘安九	一二八六		㊴	天王寺	参籠する。	大阪市天王寺区	四十八	八-四

弘安十	一二八七		㊵	住吉	住吉大社に参詣する。	大阪市住吉区		八-五
			㊶	和泉国		大阪府		八-五
			㊷	太子御墓	三日間参籠。	大阪府南河内郡太子町		八-五
			㊸	當麻寺	参詣する。	奈良県葛城市		八-五
		冬頃	㊹	八幡宮	石清水八幡宮に参詣。	京都府八幡市		九-一
				よとのうへの	淀の「うえの」へ。	京都市伏見区		九-一
		歳末	㊺	天王寺	歳末別時念仏会を行う。天王寺如一を葬送する。	大阪市天王寺区		九-二
			㊻	尼崎		兵庫県尼崎市		九-三
			㊼	兵庫		兵庫県神戸市兵庫区		九-三
			㊽	いなみのの教信寺	印南野の教信寺に一夜泊る。	兵庫県加古川市		九-三
		春	㊾	播磨国書写山	「諸国遊行の思い出はただ当山巡礼である」という。	兵庫県姫路市	四十九	九-四

弘安十	一二八七		㊾	松原	松原八幡で「別願和讃」を作る。	兵庫県姫路市	四十九	九-四
			㊿	備中国軽部宿	三月一日「十二道具の持文」を書く。	岡山県都窪郡早島町		十-一
			(51)	備後の一宮		広島県福山市新市町		十-二
			(52)	安芸の厳島		広島県廿日市市宮島町		十-二
正応元	一二八八		(53)	伊予		愛媛県松山市	五十	十-三
			(54)	菅生の岩屋	巡礼する。	愛媛県上浮穴郡久万高原町		十-三
			(55)	繁多寺	三か月参籠する。	愛媛県松山市		十-三
		十二月十六日	(56)	三島	大三島大山祇神社に参籠する。	愛媛県今治市大三島町		十-三

正応二	一二八九	二月六日			ふたたび大三島に参り、生贄《いけにえ》をとめる。	愛媛県今治市大三島町	五十一	十-三
			㊼	善通寺	善通寺、曼陀羅寺をめぐる。	香川県善通寺市		十一-一
				曼陀羅寺		香川県善通寺市		十一-一
		六月一日	㊽	大鳥の里河辺	阿波、大鳥の里河辺で発病する。	徳島県名西郡石井町または徳島県吉野川市鴨島町		十一-一
								十一-一
		七月初め		阿波国	出立する。	徳島県		十一-一
			㊾	淡路の福良の泊	淡路島福良に移る。	兵庫県南あわじ市		十一-一
				二宮		兵庫県南あわじ市		十一-一
			㊿	しつき	北野天神を訪れる。	兵庫県淡路市志筑		十一-二

正応二	一二八九	七月十八日	(61)	明石浦	淡路島から明石へ渡る。	兵庫県明石市	五十一	十一-三
			(62)	兵庫	兵庫の観音堂に入る。	兵庫県神戸市兵庫区松原通		十一-三
		八月二日		兵庫観音堂	遺誡の詞を聖戒に書き取らせる。			十一-四
		八月十日			書籍など、持ち物を焼く。			十一-四
		八月二十三日			辰の始（朝七時頃）往生する。			十二-三

二祖真教遊行廻国図（1289〜1304年）

本図は真光寺蔵『遊行縁起』（『一遍上人縁起絵』）から作成した。
地図上の丸付き数字は「二祖真教遊行廻国表」の丸付き数字と対応している。
一遍上人とともに遊行した時期と当麻独住（1304年）以降の遊行地は省略した。
遊行の現在地の比定は作成者が判断した。
作成に際して次の文献を参照した。

- 今井雅晴「他阿真教の遊行地」（同『時衆成立史の研究』〈吉川弘文館、1981〉所収）
- 「一遍遊行の足跡図」（時衆の美術と文芸展実行委員会『時衆の美術と文芸』〈東京美術、1995〉所収）

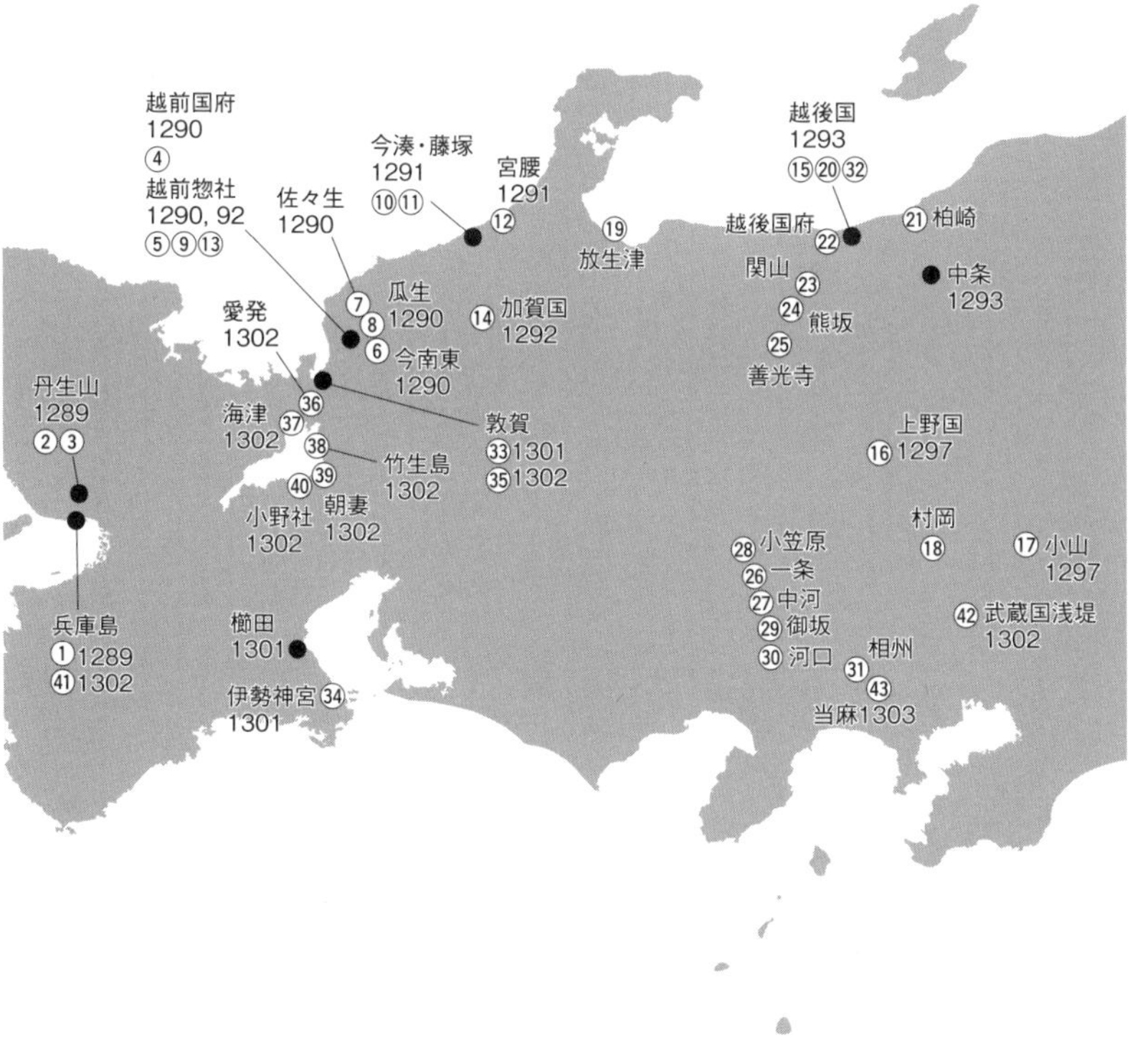

二祖真教遊行廻国表

真光寺蔵『遊行縁起』（『一遍上人縁起絵』）から作成した。記載地名は原典のままとした。「真教遊行廻国表」（時衆の美術と文芸展実行委員会『時衆の美術と文芸』〈東京美術、一九九五〉所収）を参照した。

和暦	西暦	月日	遊行地 号番	遊行地 記載地名	遊行地 記事	現在地	真教の年齢	遊行縁起 巻-段
正応二	一二八九	八月	①	兵庫島観音堂	一遍、往生する。	兵庫県神戸市兵庫区	五十三	四-五
			②	丹生山	真教、一遍の後を追って臨終しようとする。	兵庫県神戸市北区		五-一
			③	極楽浄土寺	粟河の領主の所望によって賦算する。	兵庫県神戸市北区		五-一
正応三	一二九〇	夏	④	越前の国府	機縁により入府する。	福井県越前市	五十四	五-二
			⑤	越前の惣社	七日間参籠する。	福井県越前市		五-二
			⑥	今南東	国府在家人、霊夢を見る。	福井県越前市または福井県今立郡池田町		五-二

		秋頃	⑦	佐々生	修行。	福井県丹生郡越前町		五-三
			⑧	瓜生	修行。	福井県越前市瓜生町		五-三
		厳冬	⑨	惣社	歳末別時念仏会を修行したとき、明神が神主の肩に影向する。	福井県越前市		五-三
正応四	一二九一	八月	⑩	加賀国今湊	真教、道場に押し入り悪事をはばからない小山律師を教化する。	石川県白山市	五十五	五-四
			⑪	藤塚	藤塚から宮越へ向かい、住人の争いを避けて、洪水の川を徒歩で渡るとき、不動明王、毘沙門天の加護を受け、川は浅瀬となる。	石川県白山市		五-四
			⑫	宮越		石川県金沢市		五-五
正応五	一二九二	秋頃	⑬	越前国惣社	越前国惣社で参詣中に、平泉寺の衆徒らに襲われる。	福井県越前市	五十六	六-二
			⑭	加州		石川県		六-二
正応六	一二九三		⑮	越後国	越後国波多岐庄中条七郎蔵人が出家して浄阿弥陀仏を名乗り、光明に照らされて往生をとげる。	新潟県十日町市	五十七	八-三

永仁五	一二九七		⑯	上野	上野国で武勇の士が時衆に入ることを願い出たが、真教は許さない。武士は念仏を称えながら往生する。	群馬県	六十一	六-三
		六月	⑰	下野国小山	下野国小山新善光寺に逗留する。瑞花が降り、紫雲たなびく。	栃木県小山市		六-四
永仁六	一二九八		⑱	武州村岡	真教、村岡で病む。時衆のため教誡を書く。	埼玉県熊谷市	六十二	七-一
年代未詳			⑲	越中国放生津	南条九郎が真教と往生について問答の後、念仏者となる。	富山県射水市		七-二
年代未詳			⑳	越後国池	越後国の池の某が病中に、真教の弟子に看病される夢を見て全快する。	新潟県上越市		七-三
年代未詳			㉑	柏崎	越後国萩崎極楽寺の契範円観房が真教に法門を尋ね、帰依する。	新潟県柏崎市		七-四
年代未詳			㉒	越後国府		新潟県上越市		七-五
年代未詳			㉓	関山		新潟県妙高市		七-五
年代未詳			㉔	熊坂		長野県上水内郡		七-五
年代未詳			㉕	善光寺	真教、信濃国善光寺に詣でる。参籠中、日中の念仏を御前の舞台で修行する。	長野市		七-五

年代未詳			㉖	甲斐国一条	一条の某の問いに答える。	山梨県甲府市		七-六
年代未詳			㉗	同国中河	人々に和歌を書き与える。	山梨県笛吹市		七-六
年代未詳			㉘	同国小笠原	日蓮の衆徒らが道場に乱入し、念仏を誹謗する。真教、教えさとしてことなきを得る。	山梨県南アルプス市または山梨県北杜市明野		八-一
年代未詳			㉙	御坂	板垣入道、河口まで真教を送る。板垣入道、宿に帰り、真教の真影の前で往生する。	山梨県笛吹市		八-二
年代未詳			㉚	河口		山梨県南都留郡富士河口湖町		八-二
年代未詳			㉛	相州		神奈川県		八-二
年代未詳			㉜	越後国	浄阿弥陀仏、光明に照らされて往生をとげる。	新潟県十日町市		八-三
正安三	一三〇一		㉝	敦賀気比	真教、自ら浜の砂を担ぎ、敦賀気比大神宮の参道をつくる（お砂持ち）。	福井県敦賀市	六十五	八-四

正安三	一三〇一		㉞	伊勢	伊勢神宮へ参詣する。真教の手より金色の光を放つ。内宮に参拝し、間道にて念仏を称える。	三重県伊勢市	六十五	九-一
乾元元	一三〇二	春	㉟	越前敦賀	真教のもとへ江州小野社の神主実信より召請の書状が届き、三月四日近江へ出立する。	福井県敦賀市	六十六	九-二
			㊱	あらちの山		福井県敦賀市愛発山		九-二
			㊲	海津の浜	船を待つ。	滋賀県高島市		九-二
		三月九日	㊳	竹生島	竹生島に参詣する常住たちが、巌飛びの水練を披露する。	滋賀県長浜市		九-二
			㊴	朝妻	一宿する。	滋賀県米原市		九-二
			㊵	小野社	参詣する。	滋賀県彦根市		九-二
		八月十五日	㊶	摂津国兵庫島	兵庫に着く。一遍の御影堂に詣でる。十七日より観音堂で七日間の別時念仏会を行う。	兵庫県神戸市兵庫区真光寺		十-一
		秋頃	㊷	武州浅堤	逗留中に江州小野社の神主実信より御正体一面が届けられる。	未詳（諸説あり）		十-二

嘉元元	一三〇三	歳末	㊸	相州当麻	相模国当麻で歳末の別時念仏会を修す。群集、雨のごとく参詣する。	神奈川県相模原市	六十七	十-三

※史料上では、正応六年（一二九三）⑮越後国「浄阿弥陀仏を名乗り、光明に照らされて往生をとげる」の記事は、⑮番に入れるべきところ、㉜番に入れられている。

法然門下系図

『法水分流記』をもとに作成

- 法然房源空
  - 多念義　皆空房隆寛
  - 法蓮房信空
  - 鎮西義　聖光房弁長
    - 然阿良忠
      - 木幡派　良空慈心
      - 一条派　礼阿然空
      - 三条派　了恵道光
      - 名越派　良弁尊観
      - 白幡派　良暁寂慧
      - 藤田派　性心
      - 一向派　一向俊聖
  - 一念義　成覚房幸西
  - 一向義　善信房親鸞

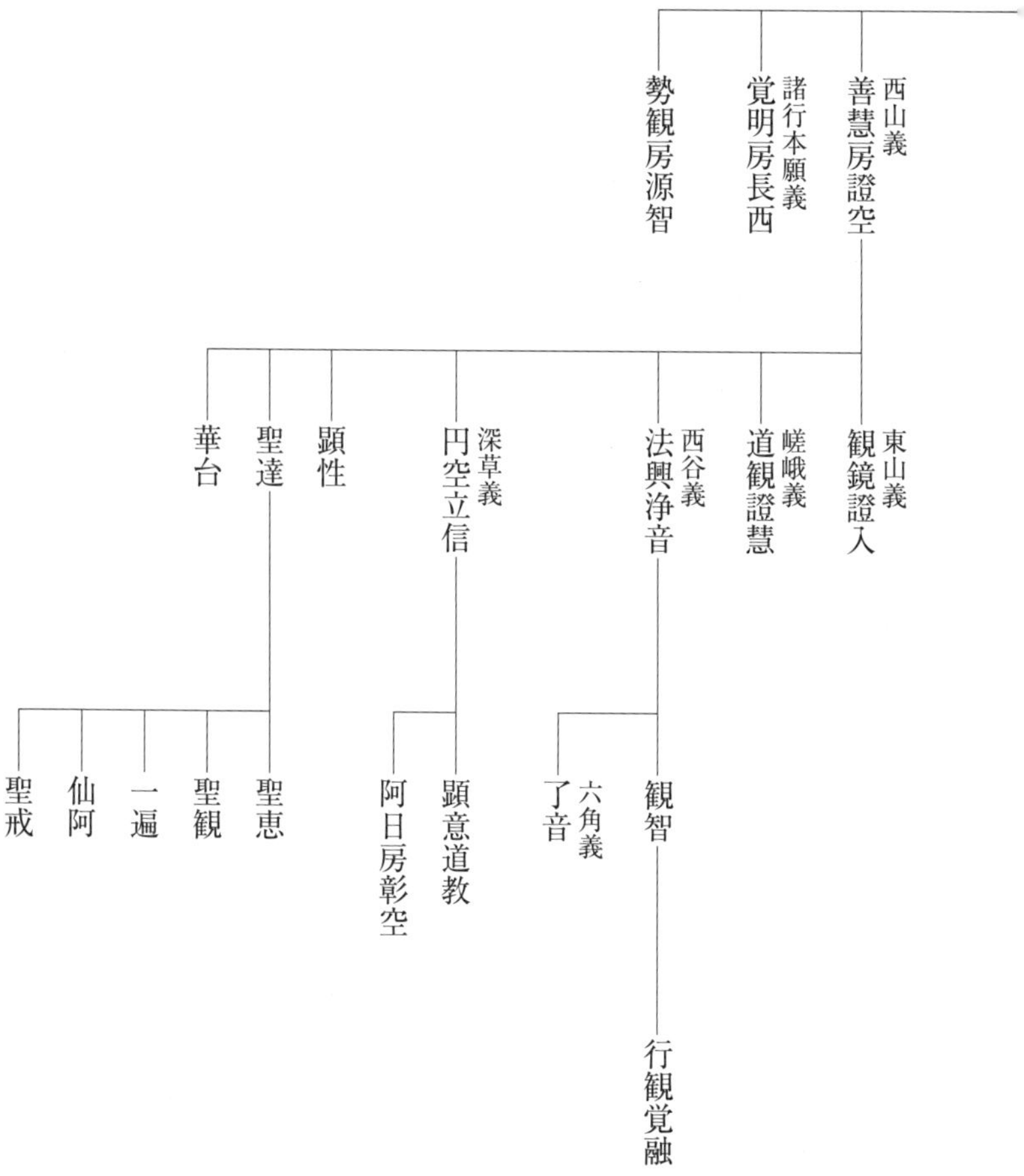
西山義
善慧房證空
諸行本願義
覚明房長西
勢観房源智
東山義
観鏡證入
嵯峨義
道観證慧
西谷義
法興浄音
深草義
円空立信
顕性
聖達
華台
観智
六角義
了音
行観覚融
顕意道教
阿日房彰空
聖恵
聖観
一遍
仙阿
聖戒

遊行・藤沢歴代上人一覧

地名・人名などは、史料により明確でない部分もある。

諱	遊行上人代数	藤沢上人代数	生年	没年	師僧	廟所
一遍	一		一二三九	一二八九	聖達	神戸真光寺
真教	二		一二三七	一三一九	一遍	無量光寺
智得	三		一二六一	一三二〇	真教	無量光寺
呑海	四	一	一二六二	一三二七	真教	清浄光寺
安国	五	二	一二七九	一三三七	智得	清浄光寺
一鎮	六	三	一二七七	一三五五	真教	清浄光寺
託何	七		一二八五	一三五四	智得	金光寺*
渡船	八	四	一三〇五	一三八一	呑海	清浄光寺
白木	九		一三一四	一三六七	一鎮	駿河長善寺
元愚	十	五	一三二四	一三八七	託何	清浄光寺
自空	十一	六	一三二九	一四一二	渡船	清浄光寺
尊観	十二		一三四九	一四〇〇	渡船	下関専念寺
尊明	十三	七	一三五〇	一四一七	白木	清浄光寺
太空	十四	八	一三七五	一四三九	自空	清浄光寺
尊恵	十五		一三六四	一四二九	白木	金光寺
南要	十六	九	一三八七	一四七〇	尊明	清浄光寺
暉幽	十七		一三九八	一四六六	尊明	金光寺

如象	十八	十	一四一九	一四九四	太空	清浄光寺
尊皓	十九	十一	一四二七	一四九六	南要	下関専念寺
一峯	二十	十二	一四五〇	一五一二	南要	清浄光寺
知蓮	二十一		一四五九	一五一三	如象	駿河長善寺
意楽	二十二		一四六五	一五一八	南要	近江上坂乗台寺（廃寺）
称愚	二十三		一四七〇	一五一八	尊皓	豊州称名寺（不明）
不外	二十四		一四六〇	一五二六	南要	豊後西教寺（廃寺）
仏天	二十五		一四八七	一五七一	一峯	井川新善光寺
空達	二十六		一四八〇	一五三六	一峯	越後田伏極楽寺（不明）
真寂	二十七		一五〇〇	一五四八	一峯	内子願成寺
遍円	二十八		一五〇九	一五五一	仏天	安芸潮音寺（浄土宗）
体光	二十九		一五〇一	一五六二	一峯	個人廟（山形県鶴岡市藤沢）
有三	三十		一五一二	一二八三	不外	敦賀西方寺
同念	三十一		一五一八	一五八七	仏天	宮崎光照寺
普光	三十二	十三	一五四三	一六二六	太田浄光寺十三世其阿	清浄光寺
満悟	三十三		一五三七	一六〇六	体光	周防善福寺（廃寺）
燈外	三十四	十四	一五六一	一六四四	満悟	清浄光寺
法爾	三十五		一五六三	一六四〇	有三	甲府一蓮寺
如短	三十六	十五	一五七八	一六四六	甲府一蓮寺十八世義道	清浄光寺

託資	三十七	十六	一五九一	一六五八	普光	清浄光寺
卜本	三十八		一五九一	一六五三	燈外	秋田声体寺
慈光	三十九	十七	一六一一	一六六二	燈外	清浄光寺
樹端	四十	十八	一六二三	一六八三	慈光	清浄光寺
独朗	四十一		一六一七	一六六七	一蓮寺二十世法阿	出雲松江信楽寺（浄土宗）、出雲高勝寺
尊任	四十二	十九	一六二五	一六九一	大願寺十九世	清浄光寺
尊真	四十三		一六二九	一六九一	託資	金光寺
信碩		二十	一六二三	一六九六	大願寺十九世	清浄光寺
尊通	四十四		一六四〇	一六九五	託資	神戸真光寺
尊遵	四十五	二十一	一六三八	一七〇七	託資	清浄光寺
尊証	四十六		一六四四	一七〇〇	尊任	土佐枡形称名寺（浄土宗）
唯称	四十七	二十二	一六五〇	一七〇八	樹端	清浄光寺
賦国	四十八	二十三	一六五六	一七一一	樹端	清浄光寺
転真		二十四	一六三七	一七二〇	鎌倉光照寺	清浄光寺
一法	四十九	二十五	一六六四	一七二五	樹端	清浄光寺
快存	五十	二十六	一六七一	一七五三	尊任	清浄光寺
如意		二十七	一六六七	一七三五	尊通	清浄光寺
賦存	五十一	二十八	一六八二	一七五六	賦国	清浄光寺

一海	五十二	二十九	一六八七	一七六六	尊遵	清浄光寺
呑快		三十	一六七〇	一七六九	賦国	清浄光寺
任称		三十一	一六九八	一七七三	転真	清浄光寺
尊如	五十三	三十二	一七一一	一七七九	快存	清浄光寺
諦如		三十三	一七二〇	一七九九	快存	清浄光寺
尊祐	五十四	三十四	一七三四	一八〇七	快存、尊如	清浄光寺
一空	五十五	三十五	一七四七	一八一五	山形光明寺快倫	清浄光寺
弘海		三十六	一七四四	一八二一		清浄光寺
傾心	五十六	三十七	一七五八	一八三五		清浄光寺
一道		三十八	一七七三	一八三五	尊如	清浄光寺、甲府一蓮寺
一如		三十九	一七七三	一八四六	諦如	清浄光寺
一念	五十七	四十	一七七九	一八五八	一道	清浄光寺
尊澄	五十八	四十一	一七八七	一八七〇	傾心	清浄光寺
本暁		贈位四十二				甲府一蓮寺
尊教	五十九	四十二	一八〇六	一八八五	見付西光寺其阿俊道、傾心	清浄光寺
一真	六十	四十三	一八二一	一八九〇	東山法国寺義天	清浄光寺
尊覚	六十一	四十四	一八一八	一九〇三	三条乗蓮寺広善	清浄光寺
尊龍	六十二	四十五	一八二五	一九〇六	二条聞名寺専察	清浄光寺
尊純	六十三	四十六	一八三四	一九一一	山口善福寺其阿慈観	清浄光寺

尊昭	六十四	四十七	一八五九	一九二三	尊覚	清浄光寺
尊光	六十五	四十八	一八六二	一九二九	真光寺河野往阿	清浄光寺
無外	六十六	四十九	一八五四	一九三〇	常称寺桑田栄俊	清浄光寺
尊浄	六十七	五十	一八六七	一九三六	尊覚	清浄光寺
一教	六十八	五十一	一八七〇	一九四四	大沢東養寺久我徹祐	清浄光寺
一蔵	六十九	五十二	一八七五	一九四六	品川長徳寺水島随全	清浄光寺
一求	七十	五十三	一八八〇	一九五四	鎌倉光触寺飯田良善	清浄光寺
隆宝	七十一	五十四	一八八八	一九八一	大浜称名寺藤井恵然	清浄光寺
一心	七十二	五十五	一八九七	一九九〇	結城常光寺中村琢音	清浄光寺
一雲	七十三	五十六	一九一〇	二〇〇四	甲府一蓮寺河野良心	清浄光寺
真円	七十四	五十七	一九一九		熱田円福寺足利灌住	

＊金光寺は七条道場金光寺で、現在は長楽寺となっている。

索　引

第１部から第４部までの語句を適宜抽出した。

あ

明石の浦　あかしのうら　52, 189
足利尊氏　あしかがたかうじ　129, 133
足利持氏　あしかがもちうじ　130
足利義教　あしかがよしのり　130
足利義満　あしかがよしみつ　134
足利義持　あしかがよしもち　130, 250
『安食問答』　あじきもんどう　121
飛鳥　あすか　207
安達泰盛　あだちやすもり　181
穴生（穴太）　あのう　46, 209
阿弥陀　あみだ　26, 64
阿弥陀経　あみだきょう　53, 96, 100-102, 104, 106
阿弥陀経宗　あみだきょうしゅう　104
阿弥陀仏号　あみだぶつごう　79, 80, 262
粟井坂　あわいざか　69
粟河殿（淡河殿）　あわかわどの（おうごどの）　117
淡路　あわじ　51, 52
安国　あんこく　129
安心　あんじん　25, 27, 32
『安心決定抄』　あんじんけつじょうしょう　77
『安楽集』　あんらくしゅう　106

い

戦語り　いくさがたり　234
石浜　いしはま　39
石浜道場　いしはまどうじょう　39
一条道場一蓮寺　いちじょうどうじょういちれんじ　138
市屋道場　いちやどうじょう　37, 38, 45, 46, 81, 187, 188
一海　いっかい　93
一気十念　いっきじゅうねん　217
厳島神社　いつくしまじんじゃ　35, 38, 218, 219, 243
一光三尊　いっこうさんぞん　223
一向俊聖　いっこうしゅんしょう　235
一真　いっしん　141
一鎮　いっちん　129
『一遍上人絵詞伝』　いっぺんしょうにんえしでん　→『一遍上人縁起絵』いっぺんしょうにんえんぎえ
『一遍上人絵詞伝直談鈔』　いっぺんしょうにんえしでんじきだんしょう　87
『一遍上人縁起絵』　いっぺんしょうにんえんぎえ　84, 88, 89
『一遍上人行状』　いっぺんしょうにんぎょうじょう　87
『一遍上人語録』　いっぺんしょうにんごろく　87, 90, 93
『一遍上人語録諺釈』　いっぺんしょうにんごろくげんしゃく　93
『一遍上人年譜略』　いっぺんしょうにんねんぷりゃく　88
『一遍上人法門抜書』　いっぺんしょうにんほうもんぬきがき　90, 92
『一遍念仏法語』　いっぺんねんぶつほうご　90, 91
『一遍聖絵』　いっぺんひじりえ　23,

82, 88, 144
一峰　いっぽう　134
因幡堂　いなばどう　36, 45, 172
印南野　いなみの　52, 189, 210
石清水八幡宮　いわしみずはちまんぐう　48, 74, 209, 210

う

上杉禅秀の乱　うえすぎぜんしゅうのらん　131, 132
雲居寺　うんごじ　45

え

廻向発願心　えこうほつがんしん　63
江刺　えさし　22, 38, 39, 71
円意居士　えんいこじ　93
宴聰　えんそう　41
円伊　えんに　146, 165
琰魔堂　えんまどう　41

お

大上人　おおしょうにん　81
大隅正八幡宮　おおすみしょうはちまんぐう　34, 35, 98, 216, 217, 243
大友兵庫頭頼泰　おおともひょうごのかみよりやす　35, 79, 113
大三島　おおみしま　38, 70, 200
大山祇神社　おおやまづみじんじゃ　38, 67, 200, 201, 227
奥谷派　おくたには　73
小田切　おだぎり　37, 178
男山　おとこやま　48, 74
踊り念仏　おどりねんぶつ　41-43, 45, 46, 116, 176, 240
「踊念仏記」　おどりねんぶつき　92
踊り屋　おどりや　38, 45
小野寺　おのでら　38, 185
小山　おやま　38
園城寺　おんじょうじ　44, 83, 84, 206

か

『開山弥阿上人行状』　かいさんみあしょうにんぎょうじょう　83
覚阿玄秀　かくあげんしゅう　98, 105
覚心　かくしん　92
学寮　がくりょう　265, 267, 269
片瀬　かたせ　40, 43, 226
加藤実法　かとうじっぽう　267
角川源義　かどかわげんよし　234-237, 239, 240, 243, 270
金井清光　かないきよみつ　238, 240-243, 249, 250, 270
鎌倉　かまくら　39, 40, 122, 179, 180, 182
鎌倉新仏教　かまくらしんぶっきょう　24
河内飛鳥　かわちあすか　207
願成寺　がんじょうじ　73
観念法門　かんねんほうもん　108
『観無量寿経』　かんむりょうじゅきょう　54, 65, 97, 99, 101, 103, 105, 107, 110
『観無量寿経疏』　かんむりょうじゅきょうしょ　63, 97, 101, 107, 109, 110

き

帰三宝　きさんぽう　55, 116
吉備津宮　きびつのみや　36, 38, 166, 169-171, 219, 220
『器朴論』　きぼくろん　99
教信　きょうしん　49, 52, 189, 210, 211
教信寺　きょうしんじ　49, 50, 52, 210, 211
京都時宗青年同盟　きょうとじしゅうせ

いねんどうめい 268
『玉葉和歌集』 ぎょくようわかしゅう 125

く

空也 くうや 37, 45, 81, 112
九条兼実 くじょうかねざね 109
九条忠教 くじょうただのり 74, 84
窪寺 くぼでら 27, 59, 60, 73
熊野 くまの 30, 31, 34, 60, 68, 74, 121, 150, 158, 205
熊野川 くまのがわ 32
熊野権現 くまのごんげん 32, 67, 98, 158-161, 163
熊野新宮 くまのしんぐう 30, 32, 158, 205
熊野神勅 くまのしんちょく 30, 32, 163
熊野本宮 くまのほんぐう 30, 32, 115, 158, 205
熊野本宮証誠殿 くまのほんぐうしょうじょうでん 31, 60, 87, 159, 161, 217
『久万山真景絵巻』 くまやましんけいえまき 151, 152
鳩摩羅什 くまらじゅう 102
くみ くみ 46, 47
久美浜 くみのはま 46
軍記物語 ぐんきものがたり 234

け

継教寺 けいきょうじ 23, 77
華台 けだい 23, 72, 78, 215

こ

其阿賞山 ごあしょうざん 87
其阿如海 ごあにょかい 105
河野往阿 こうのおうあ 99, 267
河野通信 こうのみちのぶ 22, 38, 70-72, 152, 199, 224
河野通広 こうのみちひろ 22, 24, 72, 77, 145, 198, 199, 215
興福寺 こうふくじ 49
弘法大師空海 こうぼうだいしくうかい 30, 59, 150, 153, 155, 199, 203
光明福寺 こうみょうふくじ 52, 53, 213
高野山 こうやさん 30, 200, 203-205, 237, 262
高野山金剛三昧院 こうやさんこんごうさんまいいん 90
高野聖 こうやひじり 92, 204
古今楷定 ここんかいじょう 107
後白河法皇 ごしらかわほうおう 50
御親教 ごしんきょう 140
己心領解 こしんりょうげ 27, 59, 68, 200
後鳥羽上皇 ごとばじょうこう 22, 70
小林勘平 こばやしかんべい 93, 94
小林宗兵衛 こばやしそうべえ 93
御廟所 ごびょうしょ 213
巨福呂坂 こぶくろざか 179, 182, 225

さ

歳末別時念仏会 さいまつべつじねんぶつえ 37, 48, 65, 84, 117, 120, 172
佐久 さく 35, 38, 40
桜井 さくらい 29
「実盛」 さねもり 249, 252, 254
三界 さんがい 66
散善観 さんぜんかん 101

し

持阿 じあ 89

自空 じくう 254
時宗 じしゅう 32, 35, 48, 60, 62, 65, 85, 88, 94, 96-98, 100, 102, 104-106, 114, 127, 128, 133, 137-140, 265-270
時衆 じしゅう 36, 105, 179, 182, 184, 234, 242-244, 262
『時宗概説』 じしゅうがいせつ 267
『時宗規則』 じしゅうきそく 266
『時宗綱要』 じしゅうこうよう 99, 267, 268
時宗宗学林 じしゅうしゅうがくりん 267
「時宗制誡」 じしゅうせいかい 79, 124
『時宗聖典』 じしゅうせいてん 267
『時宗番帳』 じしゅうばんちょう 78
『時宗要義集』 じしゅうようぎしゅう 98
『時宗要略譜』 じしゅうようりゃくふ 105
四条道場金蓮寺 しじょうどうじょうこんれんじ 121, 128, 134, 240
四条の辻 しじょうのつじ 38
七条道場金光寺 しちじょうどうじょうこんこうじ 127, 128, 133, 259, 262, 265
しつき しつき 51
十劫正覚 じっこうしょうがく 59, 111
四天王寺 してんのうじ 29, 38, 48, 49, 78, 202-204
篠村 しのむら 46
甚目寺 じもくじ 43, 227
釈迦・釈尊 しゃか・しゃくそん 26, 54, 64, 65
釈迦堂 しゃかどう 44, 45, 185-187
「十一不二頌」 じゅういちふにじゅ 25, 67, 68, 87, 94, 150, 200
重豪 じゅうごう 41, 42
十二光箱 じゅうにこうばこ 53, 124
十二光仏 じゅうにこうぶつ 65, 79
春渓寺 しゅんけいじ 90, 93
俊鳳妙瑞 しゅんぽうみょうずい 93
聖戒 しょうかい 27, 34, 53, 57, 62, 73, 82, 144, 146, 148, 150, 153, 155-159, 161-163, 165, 173-175, 182, 186, 190, 191, 194
承久の乱 じょうきゅうのらん 22, 70, 72, 224
性空 しょうくう 50, 212
證空 しょうくう 23, 37, 58, 62, 71, 72, 77, 110, 215
浄光寺 じょうこうじ 137
『称讃浄土経』 しょうさんじょうどきょう 47, 208
『聖衆之友』 しょうじゅのとも 268
正定業 しょうじょうごう 107
清浄光寺 しょうじょうこうじ 58, 65, 83, 90, 132-134, 136-140, 144, 265
浄信寺 じょうしんじ 90, 92, 93
聖達 しょうだつ 23, 24, 34, 58, 72, 77, 87, 145, 215
聖道門 しょうどうもん 110
聖徳太子 しょうとくたいし 29, 202, 208
聖徳太子廟 しょうとくたいしびょう 47
「浄土三部教」 じょうどさんぶきょう 72, 78, 99, 103, 104, 110
浄土宗西山派 じょうどしゅうせいざんは 23, 37, 58, 72
浄土門 じょうどもん 110
助業 じょごう 108

書写山圓教寺 しょしゃざんえんぎょうじ 47, 50, 53, 96, 211, 212
白河の関 しらかわのせき 38
神祇 じんぎ 66-68
真教 しんきょう 35, 54, 79-81, 85, 88, 89, 98, 113-128
真光寺 しんこうじ 86, 95, 96, 116, 119, 212, 213
『真宗要法記』 しんしゅうようほうき 104
真俗二諦 しんぞくにたい 24
晨朝礼讃 じんちょうらいさん 55, 116, 191
神応寺 じんのうじ 138
親鸞 しんらん 49, 62, 76

す

随縁 ずいえん 23, 72, 78, 145
菅生の岩屋 すごうのいわや 28, 30, 59, 73, 74, 154, 155, 199, 200
捨聖 すてひじり 66, 112

せ

世阿 ぜあ 250, 252, 254, 260-262
「誓願偈文」 せいがんげもん 48
関寺 せきでら 41, 44, 184, 206
善光寺 ぜんこうじ 25, 36, 59, 64, 73, 118, 172, 223, 243
善光寺聖 ぜんこうじひじり 243
専修念仏 せんじゅねんぶつ 66
『選択本願念仏集』 せんちゃくほんがんねんぶつしゅう 99, 109, 110
善通寺 ぜんつうじ 51
善導 ぜんどう 48, 63, 64, 78, 79, 97, 101, 106, 109, 110
善入 ぜんにゅう 23, 145, 146, 148

そ

宗俊 そうしゅん 85
『曾我物語』 そがものがたり 235, 236, 237
染殿院 そめどのいん 44
尊観 そんかん 134
尊通 そんつう 95
尊如 そんにょ 95
尊恵 そんね 131
尊明 そんみょう 130

た

他阿慈眼 たあじげん 88
『他阿上人歌集』 たあしょうにんかしゅう 121, 125
『他阿上人法語』 たあしょうにんほうご 99, 124
他阿弥陀仏 たあみだぶつ 35, 80, 113, 115
『他阿弥陀仏同行用心大綱』 たあみだぶつどうぎょうようじんたいこう 118
太空 たいくう 131, 250, 259
体光 たいこう 136, 137
「大衆帳」 だいしゅちょう 266
『太平記』 たいへいき 235, 237, 244, 245
當麻寺 たいまでら 47, 48, 136, 207
当麻道場 たいまどうじょう → 無量光寺 むりょうこうじ
平清盛 たいらのきよもり 52, 213, 218
託何 たくが 92, 106, 198
太宰府 だざいふ 23, 24, 75, 77, 87, 145, 215
丹生山 たんじょうさん 117
壇ノ浦の戦い だんのうらのたたかい

22, 70, 224

ち

智真　ちしん　23, 78, 215
智得　ちとく　80, 98, 114, 127
中将姫　ちゅうじょうひめ　47
長安寺　ちょうあんじ　44, 206, 207
調声役　ちょうしょうやく　54, 116
知蓮　ちれん　104, 134

て

敵味方供養塔　てきみかたくようとう　131
寺沼琢明　てらぬまたくみょう　268
『天狗草子絵巻』　てんぐぞうしえまき　42

と

道後　どうご　22, 198
『道場誓文』　どうじょうせいもん　120, 124
『藤沢山過去帳』　とうたくさんかこちょう　135, 139
洞天　どうてん　95
同念　どうねん　136, 137
独住　どくじゅう　114, 120, 122, 123
得能通綱　とくのうみちつな　198, 199
渡船　とせん　129
伴野　ともの　22, 71, 175
呑海　どんかい　127, 128
呑了　どんりょう　105

な

内阿真光　ないあしんこう　128
南都重源流　なんとちょうげんりゅう　262

に

「二河白道図」　にがびゃくどうず　26, 27, 59, 223, 224
「二河白道の喩」　にがびゃくどうのたとえ　31, 62-65, 67, 79, 108
日輪寺　にちりんじ　105
如海　にょかい　98
如仏　にょぶつ　69, 72, 74, 77, 78, 87, 145

ね

念仏勧進　ねんぶつかんじん　40, 53, 58, 62, 117, 122, 129, 204, 225, 226
念仏の形木　ねんぶつのかたぎ　33, 87, 158
念仏札　ねんぶつふだ　29, 31, 32, 40, 45, 52, 74, 116, 117, 123, 161, 162, 165, 179, 180, 184, 188, 203

の

『野守鏡』　のもりのかがみ　42

は

白木　はくぼく　129
葉広　はびろ　22, 71
原山　はらやま　23, 216
『播州法語集』　ばんしゅうほうごしゅう　89, 91, 95, 97
『播州問答集』　ばんしゅうもんどうしゅう　90, 94, 99
『播州問答集私考鈔』　ばんしゅうもんどうしゅうしこうしょう　95
『播州問答領解鈔』　ばんしゅうもんどうりょうげしょう　95
『般舟讃』　はんじゅさん　108
繁多寺　はんたじ　72, 78

ひ

比叡山 ひえいざん 24, 41
毘沙門天 びしゃもんてん 44, 228
兵庫観音堂 ひょうごかんのんどう 47, 52, 54, 56, 96, 189, 190, 213
兵庫の島 ひょうごのしま 52, 189
平田諦善 ひらたたいぜん 268
弘嶺八幡宮 ひろみねはちまんぐう 89
備後国一宮 びんごのくにいちのみや 51, 222

ふ

福岡 ふくおか 166, 170, 219
普光 ふこう 136-138
賦国 ふこく 105
賦算 ふさん 29, 162, 172, 183, 185, 203
藤井 ふじい 36, 166, 219
藤沢上人 ふじさわしょうにん 128-130, 136-138, 141
藤沢道場 ふじさわどうじょう → 清浄光寺 しょうじょうこうじ
補陀洛浄土 ふだらくじょうど 205
仏天 ぶってん 135

へ

『平家物語』 へいけものがたり 237
『別時念仏結番』 べつじねんぶつけちばん 120

ほ

法阿天順 ほうあてんじゅん 138
宝厳寺 ほうごんじ 22, 72, 198
『法事讃』 ほうじさん 108
北条高時 ほうじょうたかとき 129
北条時政 ほうじょうときまさ 71
北条時宗 ほうじょうときむね 40, 179, 225
法然 ほうねん 23, 24, 58, 60, 62, 77, 99, 109, 110
『奉納縁起記』 ほうのうえんぎき 67, 89
「発願文」 ほつがんもん 48
本地 ほんじ 60, 67, 205, 219

ま

『麻山集』 まざんしゅう 88
俣野五郎景平 またのごろうかげひら 128
満悟 まんご 137, 138
満済 まんさい 251
曼荼羅 まんだら 208
曼荼羅寺 まんだらじ 51
曼荼羅堂 まんだらどう 47

み

弥阿輪山 みありんざん 84
御影堂 みえいどう 56, 119, 193, 213, 214
御教書 みぎょうしょ 130, 134, 250
三嶋大社 みしまたいしゃ 43, 201, 226
三島大明神 みしまだいみょうじん 67, 69, 201, 227
源頼朝 みなもとのよりとも 69, 70
美作国一宮 みまさかのくにいちのみや 220, 221
名号 みょうごう 33, 34, 38, 54, 61, 62, 64, 66, 79, 102-104, 107, 109, 212, 257, 258
『妙好華』 みょうこうげ 268

む

無問自説経 むもんじせつきょう 102

無量光寺　むりょうこうじ　84, 88, 114, 120, 127
無量寺　むりょうじ　23, 216
『無量寿経』　むりょうじゅきょう　99, 100

も

守山　もりやま　41, 173

ゆ

遺誡　ゆいかい　53
有三　ゆうざん　137
融通念仏　ゆうずうねんぶつ　48, 68, 159, 188, 262
遊行　ゆぎょう　67, 70, 80, 268
『遊行縁起』　ゆぎょうえんぎ　130
遊行寺　ゆぎょうじ　→　清浄光寺　しょうじょうこうじ
遊行上人　ゆぎょうしょうにん　58, 236, 242, 255, 256, 258, 259
『遊行上人縁起絵』　ゆぎょうしょうにんえんぎえ　→　『一遍上人縁起絵』　いっぺんしょうにんえんぎえ

よ

吉川賢善　よしかわけんぜん　268
吉水道場法国寺　よしみずどうじょうほうこくじ　207

り

量光　りょうこう　95

れ

蓮光院　れんこういん　45

ろ

「六十万人頌」　ろくじゅうまんにんじゅ　67, 87, 94
『六条縁起』　ろくじょうえんぎ　83
六条道場歓喜光寺　ろくじょうどうじょうかんきこうじ　74, 83, 128, 194
『六時礼讃偈』　ろくじらいさんげ　108
六波羅蜜寺　ろくはらみつじ　45

わ

和讃　わさん　116, 240

高校教諭、正眼短期大学講師を経て、現在、広島経済大学教授。〈研究分野〉一遍教学。

〈主要著書〉『一遍聖絵索引』（共著、文化書院、1986）、『小寺の灯』（編著、大東出版社、2004）、『学生が聞いた禅』（編著、ノンブル社、2006）

長澤昌幸（ながさわ　まさゆき）
1975年生まれ。大正大学人間学部卒業。大正大学大学院文学研究科仏教学専攻博士後期課程単位取得満期退学。京都西山短期大学講師を経て、現在、時宗宗学林学頭、大正大学仏教学部講師、時宗教学研究所所員、滋賀県大津市長安寺住職。博士（仏教学）。〈研究分野〉時宗教学。
〈主要著書・論文〉『清浄光寺史』（共著、清浄光寺、2007）、『経典とは何か１』（共著、平楽寺書店、2010）、「『器朴論』書誌考」（『時宗教学年報』29、2002）、「門流における一遍呼称の変遷について」（『西山学苑研究紀要』3、2010）

執筆者（五十音順）

飯田　彰（いいだ　あきら）
1971年生まれ。大正大学講師
奥田裕幸（おくだ　ひろゆき）
1985年生まれ。時宗教学研究所研究員
桑原聰善（くわはら　そうぜん）
1988年生まれ。時宗教学研究所研究員
古賀克彦（こが　かつひこ）
1962年生まれ。国府台女子学院高等部教諭、武蔵野大学仏教文化研究所研究員
髙木灌照（たかぎ　かんしょう）
1987年生まれ。時宗教学研究所研究員
遠山元浩（とおやま　もとひろ）
1968年生まれ。遊行寺宝物館館長
長島崇道（ながしま　しゅうどう）
1986年生まれ。時宗教学研究所研究員
牧野純山（まきの　じゅんざん）
1971年生まれ。時宗教学研究所研究員
峯﨑賢亮（みねざき　けんりょう）
1956年生まれ。時宗教学研究所研究員

執筆者紹介

編著者

長島尚道（ながしま　しょうどう）
1941年生まれ。大正大学仏教学部卒業。同大学院文学研究科修士課程修了。同大学院文学研究科博士課程満期退学。大正大学仏教学部講師、時宗宗学林学頭を経て、現在、時宗教学研究所長、兵庫県神戸市真光寺住職。〈研究分野〉印度学。仏教学。
〈主要著書〉『大正大学所蔵チベット大蔵経・ナルタン版甘殊爾目録』（大正大学創立50年記念論文集、1975）、『一遍聖絵索引』（共著、文化書院、1986）、『絵で見る一遍上人伝』（清浄光寺、2007）、『絵で見る遊行上人伝』（真光寺、2012）

髙野　修（たかの　おさむ）
1935年生まれ。法政大学経済学部卒業。横浜聖光学院教諭、藤沢市図書館司書、藤沢市史編纂室員、藤沢市文書館長、学習院大学講師・早稲田大学大学院講師を経て、現在、時宗教学研究所顧問、時宗宗学林講師。〈研究分野〉文書館学。時衆教団史。
〈主要著書〉『地域文書館論』（岩田書院、1995）、『日本の文書館』（岩田書院、1997）、『一遍上人と聖絵』（岩田書院、2001）、『時宗教団史』（岩田書院、2003）、『一遍聖とアシジの聖フランシスコ』（岩田書院、2009）、『藤沢と遊行寺』（藤沢市文書館、2010）

砂川　博（すながわ　ひろし）
1947年生まれ。鳥取大学教育学部卒業。兵庫県立の高等学校教諭、北九州市立大学文学部教授、相愛大学人文学部教授を経て、現在、相愛大学名誉教授。博士（文学）。〈研究分野〉時衆学。日本文学。
〈主要著書〉『平家物語新考』（東京美術、1982）、『軍記物語の研究』（桜楓社、1990）、『中世遊行聖の図像学』（岩田書院、1999）、『平家物語の形成と琵琶法師』（おうふう、2001）、『一遍聖絵研究』（岩田書院、2003）、『軍記物語新考』（おうふう、2011）、『徹底検証　一遍聖絵』（岩田書院、2012）

岡本貞雄（おかもと　さだお）
1952年生まれ。日本大学法学部卒業。大正大学文学研究科仏教学専攻博士後期課程満期退学。大正大学綜合仏教研究所研究員、松ヶ岡文庫研究員、広陵

一遍《いっぺん》読《よ》み解《と》き事典《じてん》

2014年５月25日　第１刷発行

編著者　長島尚道　髙野　修　砂川　博
　　　　岡本貞雄　長澤昌幸

発行者　富澤凡子
発行所　柏書房株式会社
　　　　東京都文京区本郷2-15-13（〒113-0033）
　　　　電話（03）3830-1891［営業］
　　　　　　（03）3830-1894［編集］

装　丁　桂川　潤
組　版　有限会社一企画
印　刷　壮光舎印刷株式会社
製　本　株式会社ブックアート

ISBN978-4-7601-4406-8